글로벌 기업 리더의 시크릿 노트

외국계 기업, 이것만 알면 임원까지 간다

글로벌 기업 리더의 시크릿 노트

외국계 기업, 이것만 알면 임원까지 간다

초판 1쇄 발행 2025년 12월 1일

지은이 김원석
펴낸이 장현수
펴낸곳 메이킹북스
출판등록 제 2019-000010호

디자인 홍규선
편집 최미영
교정 안지은
마케팅 이지현

주소 서울특별시 구로구 경인로 661, 핀포인트타워 912-914호
전화 02-2135-5086
팩스 02-2135-5087
이메일 making_books@naver.com
홈페이지 www.makingbooks.co.kr

ISBN 979-11-6791-806-2(03320)
값 20,000원

홈페이지 바로가기

메이킹북스는 저자님의 소중한 투고 원고를 기다립니다.
출간에 대한 관심이 있으신 분은 making_books@naver.com로 보내 주세요.

SECRET

[외국계 기업, 이것만 알면 임원까지 간다]

글로벌 기업 리더의 시크릿 노트

김원석

외국계 기업에서 필수 생존 및 성장 비법

NOTE

메이킹북스

| 프롤로그 |

글로벌 무대의 '생존왕', 여러분을 초대합니다!

존경하는 미래의 글로벌 리더 여러분께,

'외국계 기업' 하면 어떤 장면이 떠오르시나요? 맥북을 든 사람들이 자유롭게 커피를 마시며 영어로 토론하는, 근사한 영화 속 한 장면이 떠오르지는 않으셨나요? 첫 출근 날, 잔뜩 긴장한 채 정장 차림으로 자동문을 밀고 들어서던 순간, 제 머릿속도 딱 그랬습니다. '이제 나도 글로벌 기업인이 되는구나!'라는 근거 없는 자신감과 함께 말이죠.

하지만, 현실은 냉혹했습니다. 영화는 영화일 뿐이었죠. 회의는 영어가 절반이었고, 저에게 온 메일은 "Thanks."가 대부분이었습니다. 먼저 말 거는 사람 하나 없는 외로운 점심시간, 저는 혼자 식당을 전전하며 수없이 되뇌었습니다.

"이게 꿈의 직장이 맞나?"

제가 그토록 바라던 '수평적이고 자율적인 조직' 속에서 '이 세상에 나 혼자만 남겨진 것 같은' 고립감을 처음 맛보게 된 것이지요.

이 책은 바로 그 지점에서 시작됩니다. 영화 속 주인공처럼 멋지게 성공하는 법이 아니라, 낯설고 치열했던 글로벌 조직에서 '생존'하고 '성장'하며 마침내 '최고의 리더' 자리까지 오를 수 있었던 저의 솔직한 이야기를 썼습니다. 28년이라는 긴 시간 동안 수많은 시행착오와 실패를 겪으며 얻은 '진짜' 노하우를 여러분과 나누고자 합니다.

이 길은 결코 쉽지 않을 것입니다. 하지만 저는 여러분이 이 책을 통해 막연했던 미래를 구체적으로 그려보고, 예상치 못한 난관에 부딪혔을 때 현명하게 헤쳐 나갈 지혜를 얻기를 바랍니다. 제가 겪은 성공과 실패의 순간들이 여러분의 시행착오를 줄이고, 더 빠르고 단단하게 성장하는 데 작은 등불이 되기를 진심으로 소망합니다.

목차

3부. 성과주의의 세계에서 '잘 버티고 잘 크기'

부제: KPI, 피드백, 성장 마인드셋

4부. 나만의 강점을 만드는 법

부제: 차별화된 나만의 성장 전략

5부. 리더가 되기 위한 길

부제: 영향력을 가진 최고의 리더로 성장하기

스페셜 종합 정리 :

외국계 기업에서 필수 생존 및 성장 비법 33가지

1. 영어, 원어민처럼 유창하지 않아도 된다: 자신의 의견을 명확히 전달하는 데 집중하라

외국계 기업에 처음 입사하면, 유창한 영어를 구사하는 원어민 동료들 앞에서 자신감이 위축될 수 있습니다. 완벽한 발음과 문법에 집착하다 보면 정작 중요한 '내 의견'을 제대로 전달하지 못하는 경우가 발생합니다. 정작 외국계 기업에서 중요하게 생각하는 것은 '언어 능력'이 아니라 '의사소통 능력'입니다. 즉, 문법적으로 완벽하지 않더라도, 자신의 의견을 또박또박 명확하게 전달하는 것이 훨씬 더 중요합니다. 영어는 그저 목표를 달성하기 위한 도구일 뿐이라는 점을 인식해야 합니다.

사례 1: 서투른 영어로도 핵심을 전달해 인정받은 팀원 A

신규 프로젝트 아이디어 회의에서 팀원 A는 자신의 아이디어를 발표해야 했습니다. 그는 아직 영어로 유창하게 말하는 것이 서툴렀습니다. 그는 완벽한 문장을 만들려 애쓰기보다, 핵심 키워드와 간결한 문장으로 자신의 생각을 전달하기로 마음먹었습니다.

- **팀원 A의 발표:** "My idea is 'New Platform for Gen Z'. (제 아이디어는 Z세대를 위한 새로운 플랫폼입니다.) Why? Because Gen Z market is growing fast. (왜냐하면 Z세대 시장이 빠르게 성장하고 있기 때문입니

다.) My plan is two steps. First, build mobile app. Second, create social campaign on TikTok. (제 계획은 두 단계입니다. 첫째, 모바일 앱을 만듭니다. 둘째, 틱톡에서 소셜 캠페인을 벌입니다.) This plan is low cost, but big impact.(이 계획은 비용은 적게 들지만 큰 효과를 낼 것입니다.)"

- **결과:** 그의 영어는 완벽하지 않았고, 문법적으로 틀린 부분도 있었습니다. 하지만 그의 메시지는 명확했습니다. 그는 '무엇을', '왜', '어떻게' 할 것인지 핵심만 짚어 전달했습니다. 리더와 동료들은 그의 아이디어에 집중했고, A의 용기 있는 발표에 박수를 보냈습니다. 그는 '영어가 좀 서툴러도 핵심을 정확하게 전달하는 유능한 동료'로 인정받게 되었습니다.

사례 2: 유창한 영어에 집착하다 메시지를 놓친 동료 B

반면, 동료 B는 유창한 영어를 구사하지만, 중요한 발표에서 자신의 아이디어를 명확하게 전달하지 못했습니다. 그는 멋진 표현과 복잡한 문장을 사용하려다, 정작 자신의 아이디어의 핵심을 놓치고 말았습니다.

- **팀원 B의 발표:** "The market landscape for the younger generation is undergoing a significant transformation, and we must not be complacent in our approach to this dynamic environment. My proposal is to strategically leverage various digital touchpoints to forge a strong connection with this demographic, thereby fostering brand loyalty and driving engagement..."

- **결과:** 그의 발표는 겉보기에는 유려했지만, 청중은 "그래서 구체적으로 뭘 하자는 건가?"라는 의문을 가졌습니다. 복잡한 문장 속에 핵심 메시지가 숨어 있었고, 청중은 그 메시지를 찾아내기 위해 애써야 했습니다. 결국 그의 발표는 깊은 인상을 남기지 못했고, '영어를 잘하지만, 말하고자 하는 바를 알기 어려운 사람'이라는 평가를 받게 되었습니다.

'명확한 전달'이 '완벽한 영어'보다 중요한 이유

- **의사결정의 효율성:** 외국계 기업은 복잡한 논의 속에서 핵심을 빠르게 파악하고 의사결정을 내리는 것을 중요하게 생각합니다. 명확한 전달은 불필요한 오해와 시간 낭비를 줄여 팀의 생산성을 높입니다.

- **신뢰 구축:** 자신의 생각을 정확하게 전달하는 능력은 당신이 업무에 대해 명확한 이해를 하고 있음을 보여줍니다. 이는 동료와 리더에게 신뢰를 주는 가장 중요한 요소입니다.

- **자신감 향상:** 유창함에 대한 부담을 내려놓고 '명확성'에 초점을 맞추면,

영어로 말하는 것에 대한 두려움이 줄어들고 자신감이 높아집니다. 이 자신감은 곧 적극적인 소통으로 이어져 당신의 잠재력을 발휘하는 데 큰 도움이 됩니다.

2. 프레젠테이션의 성공 여부는 첫 1분이 좌우한다: 두괄식 프레젠테이션의 중요성

외국계 기업의 회의 문화는 '시간'을 가장 중요한 자원으로 여깁니다. 따라서 장황한 서론이나 배경 설명 없이, 결론부터 명확하게 전달하는 '두괄식'프레젠테이션은 필수적인 소통 방식입니다. 특히, 리더와 팀원의 집중력이 최고조에 달하는 프레젠테이션의 첫 1분은 당신의 메시지를 각인시키고, 청중의 흥미를 유발하는 결정적인 시간이 됩니다. 이 시간을 효과적으로 활용하는 방법과 그렇지 못한 사례를 비교하여, 두괄식 프레젠테이션의 중요성을 명확히 보여드리겠습니다.

사례 1: 첫 1분 안에 핵심을 전달해 프로젝트 승인을 얻은 팀장 A

팀장 A는 신규 마케팅 프로젝트를 제안하는 프레젠테이션을 맡았습니다. 그는 복잡한 데이터 분석 결과부터 시작하려는 기존의 관행을 버리고, 첫 1분에 모든 것을 걸기로 했습니다.

- **A 팀장의 첫 1분:** "오늘 저는 B2B 시장 점유율을 10% 확대할 수 있는 'OOO 솔루션'도입을 제안합니다. 현재 우리 제품의 시장점유율은 5%에 불과합니다. 경쟁사들은 이미 이 솔루션을 도입해 시장을 선점하고 있습니다. 우리도 지금 바로 이 솔루션을 도입하지 않으면 경쟁에서 뒤처질

것입니다. 프레젠테이션을 통해 이 솔루션이 어떻게 우리 시장점유율을 10%까지 끌어올릴 수 있는지, 그리고 예상되는 ROI는 얼마인지 구체적으로 설명 드리겠습니다."

- **결과:** 그의 프레젠테이션은 시작부터 청중의 귀를 사로잡았습니다. 리더는 "그래서 무엇을 하자는 건가?", "결론이 뭔가?"라는 질문을 던질 필요가 없었습니다. 첫 1분 안에 명확한 목표(시장점유율 10% 확대), 제안(솔루션 도입), 그리고 기대효과를 제시했기 때문입니다. 프레젠테이션이 끝난 후, 프로젝트는 신속하게 승인되었고, A 팀장은 '효율적으로 일하는 리더'라는 인식을 심어주었습니다.

사례 2: 장황한 서론으로 집중력을 잃게 한 팀원 B

반면, 팀원 B는 업무 보고 프레젠테이션을 진행했습니다. 그녀는 보고서 작성 배경과 데이터 수집 과정부터 장황하게 설명하기 시작했습니다.

- **팀원 B의 첫 1분:** "지난주 팀장님께서 지시하신 '신규 시장 동향 분석'보고서 발표를 맡게 되었습니다. 먼저 이 보고서를 작성하게 된 배경을 말씀드리겠습니다. 최근 B2C 시장의 성장 둔화로 인해, 저희 팀은 새로운 성장 동력을 찾아야 한다는 숙제를 안게 되었습니다. 그래서 지난 3일 동안 다양한 채널을 통해 데이터를 수집했고, 이 과정에서..."

- **결과:** 청중은 보고서의 핵심 내용이 나오기까지 5분 이상을 기다려야 했습니다. 그들의 머릿속에는 '결론이 뭐지?', '그래서 지금 여기서 말하고 싶은 게 뭐지?'라는 의문이 가득했습니다. 결국, 리더는 중간에 말을 끊고 "결론부터 말해주세요"라고 지시해야 했습니다. 그녀의 프레젠테이션은 준비 과정의 노력은 인정받지 못하고, 비효율적인 소통 방식만 각인시키는 결과를 낳았습니다.

첫 1분 두괄식 프레젠테이션이 가져오는 긍정적인 효과

① 시간 존중과 효율성: 두괄식 프레젠테이션은 청중의 시간을 존중하는 가장 효과적인 방법입니다. 핵심을 먼저 전달함으로써, 불필요한 논의를 줄이고, 생산적인 의사결정으로 바로 나아갈 수 있습니다.

② 전문가 이미지 구축: 결론부터 명확하게 말하는 태도는 당신이 '자신이 무엇을 말하고 싶은지 명확히 아는 사람'이라는 인상을 줍니다. 또한 당신이 자신의 업무에 대해 깊이 이해하고 있는 '전문가'라는 이미지를 구축하는 데 큰 도움이 됩니다.

③ 청중의 집중력 유지: 첫 1분 안에 흥미로운 결론을 던지면, 청중은 나머지 내용에 대한 기대감을 가지고 프레젠테이션에 집중하게 됩니다. 당신의 메시지가 더 효과적으로 전달되도록 돕습니다.

3. 모든 미팅에는 적극적으로.... 질문에 올인하자 (좋은 질문에 대한 부담 NO!!)

직장 생활에서 미팅(회의)은 그저 정보를 전달받는 자리가 아니라, **나의 존재감과 역량을 드러내고, 팀의 성장에 기여하는 중요한 기회**입니다. 특히 미팅에 적극적으로 참여하는 가장 효과적인 방법은 **'질문'에 올인하는 것**입니다. 많은 사람들이 좋은 질문만 해야 한다는 부담감 때문에 침묵하지만, 사실은 어떤 질문이라도 좋습니다. 질문은 당신이 회의에 집중하고 있다는 것을 보여주고, 팀 전체의 사고를 확장하는 중요한 역할을 합니다.

왜 미팅에서 질문을 해야 하는가?

① 관심과 몰입도 표현: 질문은 당신이 회의의 주제에 깊은 관심을 가지고 경청하고 있다는 것을 보여줍니다. 이는 발표자에게 동기를 부여하고, 당신에 대한 긍정적인 인상을 심어줍니다. 침묵은 때때로 '관심이 없다'는 오해를 불러일으킬 수 있습니다.

② 명확한 이해 확인: 미팅에서 발표되는 모든 내용을 완벽하게 이해하기는 어렵습니다. 질문을 통해 모호한 부분을 명확히 하면, 잘못된 이해로 인해 발생할 수 있는 업무상의 실수를 방지할 수 있습니다.

③ 집단 지성의 활성화: 당신의 질문은 다른 팀원들이 미처 생각하지 못했던 부분을 환기시켜, 새로운 관점을 제시하고 집단 지성을 활성화하는 촉매제가 될 수 있습니다. "왜 이 전략을 선택했죠?"와 같은 간단한 질문이 더 나은 해결책을 찾는 시작점이 될 수 있습니다.

'좋은 질문'에 대한 부담을 내려놓는 법

많은 사람들이 '좋은 질문'을 해야 한다는 부담감 때문에 질문을 포기합니다. 하지만 '좋은 질문'은 논리적이고 복잡한 질문이 아니라, '궁금한 점을 솔직하게 묻는 것'입니다.

① 궁금한 점이 있다면 즉시 물어보라: "이게 무슨 뜻이죠?"와 같이. 궁금한 것을 솔직하게 물어보는 것을 두려워하지 마세요. 질문을 통해 당신은 배우고, 다른 팀원들도 같은 궁금증을 해결할 수 있습니다.

② 질문이 '질문'임을 명확히 하라: "이건 이렇게 하는 게 좋지 않을까요?"와 같이 의견을 제시하는 듯한 질문보다는, "이 부분에 대한 근거가 궁금합니다"와 같이 순수한 의문을 표현하는 것이 좋습니다.

③ 질문을 통해 대화를 이어가라: "그럼 다음 단계는 어떻게 진행되나요?"와 같이 질문을 통해 미팅의 다음 단계로 대화를 이끌어갈 수 있습니다.

미팅에서 질문으로 성공을 거둔 사례

신입사원 A는 회의 때마다 침묵하는 자신의 모습이 걱정되었습니다. 어느 날 그는 '좋은 질문을 해야 한다'는 부담을 내려놓고, 궁금한 점이 있으면 무조건 손을 들고 질문하기 시작했습니다.

- **질문 내용:**
  - ❖ "이 프로젝트의 목표가 '매출 증대'라고 하셨는데, 구체적인 목표치가 어떻게 되나요?"
  - ❖ "이 데이터는 어떤 기준에서 수집된 것인지 궁금합니다."
  - ❖ "지금 말씀하신 내용이 앞서 논의한 내용과 어떻게 연결되는지 다시 한번 설명해 주실 수 있을까요?"

- **결과:** 처음에는 간단한 질문이었지만, A의 질문 덕분에 미팅의 논의는 더 명확하고 구체적으로 진행되기 시작했습니다. 상사와 동료들은 A가 회의에 집중하고 있다는 것을 알게 되었고, 그의 질문은 팀의 방향성을 명확히 하는 데 큰 도움이 되었습니다. A는 질문을 통해 '이해력이 높고 적극적인 팀원'이라는 인상을 주었고, 입사 6개월 만에 중요한 프로젝트의 실무 담당자로 발탁되었습니다.

이처럼 미팅에서 질문을 하는 것은 당신의 존재감을 드러내고, 팀의 성장에 기여하는 가장 쉽고 효과적인 방법입니다. '좋은 질문'을 해야 한다는 부담을 내려놓고, 지금 바로 질문을 시작하세요.

4. 보스를 절대 놀라게 하지 말 것

직장 생활에서 '보스를 절대 놀라게 하지 말라(Never surprise your boss)'는 불문율은 단순히 상사를 기쁘게 하라는 의미를 넘어, **신뢰를 구축하고 효과적인 협업을 유지하는 핵심 원칙**입니다. 예상치 못한 문제나 상황을 뒤늦게 보고하는 것은 상사에게 통제력을 잃었다는 불안감을 주고, 나아가 신뢰의 손실로 이어집니다. 예측 가능한 보고는 상사에게 상황을 미리 인지하고 대비할 시간을 제공하여, 문제가 발생했을 때 함께 해결할 수 있는 파트너십을 형성합니다.

왜 보스를 놀라게 하면 안 되는가?

- **신뢰와 통제감:** 상사는 팀의 성과와 결과에 대한 책임을 집니다. 따라서 그들은 항상 팀의 진행 상황을 파악하고 있어야 합니다. 예상치 못한 문제나 실패를 뒤늦게 알게 되면 상사는 통제력을 잃었다고 느끼며, 이는 보고자에 대한 신뢰를 잃게 되는 주요 원인이 됩니다.

- **전략적 판단의 방해:** 상사는 팀의 업무를 기반으로 더 큰 그림을 그리고 전략적인 결정을 내립니다. 중요한 정보가 제때 공유되지 않으면, 상사의 판단이 왜곡되거나 잘못된 방향으로 흐를 수 있습니다.

- **문제 해결 기회 상실:** 문제가 발생했을 때 즉시 보고하면, 상사의 경험과 지혜를 활용하여 더 효과적이고 신속하게 해결책을 찾을 수 있습니다. 혼자 문제를 끌어안고 있다가 결국 실패를 보고하는 것보다 훨씬 좋은 결과를 낳습니다.

'놀라게 하지 않는' 효과적인 보고 방법

- **정기적인 진행 상황 공유:** 프로젝트의 성공뿐만 아니라, 예상치 못한 어려움이나 일정 지연 등도 미리미리 보고하는 습관을 들여야 합니다. 주간 보고나 간단한 메일 한 통으로도 충분합니다.

- **'문제'는 '기회'로 전환**: 단순히 "문제가 생겼습니다"라고 보고하는 대신, "A 문제가 발생했습니다. 원인은 B이고, 제가 생각한 해결책은 C입니다. 검토 부탁드립니다"와 같이 문제의 원인과 함께 해결 방안을 제시하면 상사에게 깊은 인상을 남길 수 있습니다.

- **'나쁜 소식'을 먼저 보고:** 프로젝트가 잘 진행될 때보다, 예상치 못한 난관에 부딪혔을 때 더 적극적으로 소통해야 합니다. 나쁜 소식일수록 더 빨리, 솔직하게 공유하는 것이 장기적인 신뢰를 쌓는 길입니다.

사례: "보스를 놀라게 하지 말라"의 성공과 실패

1. 실패 사례: '혼자 해결하려다 큰 실패로 이어지는 경우'

팀원 A는 중요한 고객사 프로젝트의 납품 일정이 2주 정도 지연될 것 같다는 사실을 알게 되었습니다. 그는 상사에게 부정적인 소식을 전하기 꺼려하며, 밤샘 근무를 해서라도 어떻게든 일정을 맞추려 했습니다. 하지만 결국 그는 혼자 해결하지 못했고, 납기일을 하루 앞두고서야 상사에게 모든 상황을 보고했습니다.

- **결과:** 상사는 이미 고객사와 약속된 상황에서 갑작스러운 소식에 크게 당황했습니다. 문제를 미리 알았다면, 상사는 고객사와 협상을 하거나 다른 팀의 지원을 받아 해결책을 찾을 수 있었을 것입니다. A는 혼자 문제를 해결하려 했다는 점에서 무능력하다는 평가를 받게 되었고, 신뢰를 잃었습니다.

2. 성공 사례: '예측 가능한 보고로 위기를 기회로 만드는 경우'

팀원 B는 자신의 담당 프로젝트에서 핵심 부품 수급에 문제가 생겨 일정이 늦어질 수 있다는 사실을 조기에 파악했습니다. 그는 즉시 상사에게 상황을 공유하고, "부품 수급 문제로 납기가 늦어질 수 있습니다. 제가 찾아본 대안은 1) 다른 부품 업체 탐색, 2) 생산 공정 일부 수정입니다. 두 가지 모두 검토 중이며, 상사님께서 고객사 쪽에 상황을 미리 설명해 주시면 좋을 것 같습니다"라고 보고했습니다.

- **결과:** 상사는 B의 신속하고 명확한 보고에 안심했습니다. 상사는 즉시 고객사와 소통하여 납기 조율을 시도했고, B는 상사의 조언을 받아 대안을 실행하여 결국 큰 문제 없이 프로젝트를 마무리할 수 있었습니다. 이 일로 B는 문제 해결 능력을 인정받았으며, 상사와의 신뢰 관계를 더욱 공고히 했습니다.

이처럼 '보스를 놀라게 하지 않는 것'은 단기적인 불편함을 피하는 데 그치지 않고, 궁극적으로 자신의 역량을 입증하고 상사와의 신뢰를 바탕으로 더 큰 성장을 이루는 중요한 태도입니다.

5. 보스의 성장과 나의 성장의 궤를 함께할 것

성공적인 직장 생활은 개인의 성과를 내는 것을 넘어, **상사와의 관계를 '보스의 성장'과 '나의 성장'이라는 두 바퀴가 함께 굴러가는 윈-윈 관계로 만드는 것**에 달려 있습니다. 상사를 '관리의 대상'이나 '나의 발전을 가로막는 존재'로 여기는 대신, '나의 성장을 돕는 파트너'이자 '공동의 목표를 달성하는 팀 리더'로 인식해야 합니다. 상사의 성공이 곧 나의 성공으로 이어지고, 나의 성과가 상사의 성공에 기여하는 선순환 구조를 만들어야 합니다.

왜 보스와 함께 성장해야 하는가?

- **상사의 성공은 곧 나의 기회:** 상사가 성공적인 프로젝트를 이끌고 승진하게 되면, 자연스럽게 나의 역할과 책임도 커지게 됩니다. 이는 새로운 기회, 더 높은 연봉, 더 중요한 프로젝트를 맡을 수 있는 발판이 됩니다.

- **신뢰를 기반으로 한 지원:** 상사는 팀원 중 누구에게 중요한 업무를 맡길지, 누구를 승진시킬지 항상 고민합니다. 상사의 성공에 기여하는 팀원은 자연스럽게 상사의 신뢰를 얻게 되고, 상사는 나의 성장을 적극적으로 돕는 후원자(Sponsor)가 됩니다.

- **지식과 경험의 확장:** 상사는 나보다 더 많은 경험과 지식을 가지고 있습니다. 상사의 성공을 위해 노력하는 과정에서 나는 그들의 노하우, 통찰력, 리더십 스타일을 자연스럽게 배울 수 있습니다.

보스와 함께 성장하는 구체적인 방법

- **상사의 우선순위를 파악하고 지원하기:** 상사가 현재 가장 중요하게 생각하는 업무나 프로젝트가 무엇인지 파악해야 합니다. 나의 업무가 상사의 우선순위와 어떻게 연결되는지 이해하고, 그에 맞춰 일을 진행할 수 있도록 적극적으로 기여해야 합니다. 상사가 중요하게 여기는 보고서나 발표 자료 준비를 먼저 챙기는 것도 좋은 방법입니다.

- **미래를 함께 논의하기:** 일상적인 업무 보고 외에, 상사와의 1:1 면담 시간을 활용해 '팀의 미래'나 '산업의 변화'와 같은 큰 그림에 대해 의견을 나누어야 합니다. "앞으로 3년 뒤 저희 팀이 나아가야 할 방향에 대해 어떻게 생각하십니까?"와 같은 질문은 상사에게 나의 의욕과 비전 제시 능력을 보여주는 좋은 기회가 됩니다.

- **성과를 상사와 함께 공유하기**: 나의 성과를 혼자만의 것으로 생각해서는 안 됩니다. "덕분에 이번 프로젝트를 성공적으로 마무리할 수 있었습니다"와 같이 상사의 기여를 인정하고 성과를 함께 공유하면, 상사는 나와의 파트너십을 더욱 긍정적으로 평가하게 됩니다.

보스의 성공이 곧 나의 성공이 된 사례

팀원 A는 상사인 팀장 B의 승진 프로젝트를 돕기 위해 자원했습니다. 팀장 B는 회사의 새로운 비즈니스 모델을 구상하는 프로젝트를 맡았고, A는 이 프로젝트에 필요한 시장 조사와 데이터 분석을 도맡았습니다. A는 밤낮으로 자료를 분석하며 프로젝트의 성공을 위해 헌신했습니다. 이 과정에서 A는 시장 분석 능력과 전략적 사고를 크게 향상시킬 수 있었습니다.

- **결과**: 팀장 B는 A의 적극적인 지원 덕분에 성공적으로 프로젝트를 마무리했고, 임원으로 승진하게 되었습니다. B는 임원이 된 후 A를 자신의 핵심 인재로 여기고, 그가 더 큰 역할을 맡을 수 있도록 적극적으로 추천했습니다. A는 팀장 B의 후원 덕분에 다른 팀원들보다 빠르게 승진할 수 있었고, 더 중요한 프로젝트의 리더를 맡게 되었습니다.

이처럼 보스와 나의 성장의 궤를 함께하는 것은 직장 생활을 위한 기술일 뿐 아니라, **장기적인 성공을 위한 가장 확실한 투자**입니다. 상사를 나의 성장을 가속화하는 파트너로 만들고, 그들의 성공을 돕는 것에서부터 나의 성공이 시작된다는 것을 명심해야 합니다.

6. 보스가 내 옆에 있다고 느낄 정도로 정기적인 보고를 할 것

성공적인 커리어 관리는 단순히 업무를 잘 처리하는 것을 넘어, **상사와 효과적으로 소통하고 협력하는 '상사 관리(Managing Up)' 능력**에 달려 있습니다. 특히, '보스가 내 옆에 있다고 느낄 정도로 정기적인 보고를 하는 것'은 상사에게 신뢰를 주고, 업무의 투명성을 확보하며, 나의 기여도를 명확히 하는 가장 효과적인 방법입니다. 이는 상사가 통제감을 느끼게 하고, 중요한 의사결정을 내릴 때 나의 의견을 반영할 가능성을 높여줍니다.

왜 정기적인 보고가 중요한가?

① 상사의 불안감 해소: 상사는 팀원들이 어떤 업무를 진행하고 있는지, 예상치 못한 문제는 없는지 항상 궁금해합니다. 정기적인 보고는 상사의 이러한 불안감을 해소하고, 프로젝트의 진행 상황을 투명하게 알림으로써, 상사에게 '이 팀원은 믿을 수 있다'는 확신을 줍니다.

② 문제의 조기 발견 및 해결: 문제가 발생했을 때 혼자 고민하다가 상황을 악화시키기보다, 정기적인 보고를 통해 문제를 초기에 상사와 공유하면 더 빠르고 효과적인 해결책을 찾을 수 있습니다. 상사의 경험과 지혜를 활용할

수 있는 기회가 됩니다.

③ 나의 기여도 각인: 정기적인 보고는 내가 어떤 업무를 얼마나 효율적으로 진행하고 있는지 상사에게 지속적으로 상기시킵니다. 이는 나의 성과를 가시화하고, 연말 평가나 승진 기회에서 긍정적인 요인으로 작용합니다.

정기적인 보고를 위한 구체적인 방법

① 보고의 빈도와 형식 설정: 상사와의 합의를 통해 주간 또는 일일 보고 등 적절한 보고 빈도와 형식을 정해야 합니다. 주간 보고는 간단한 이메일로, 긴급한 사안은 메신저로 즉시 보고하는 등 상황에 맞는 채널을 활용하는 것이 좋습니다.

② 결과보다 '과정'중심의 보고: 보고서에는 단순히 "프로젝트 완료"와 같은 최종 결과만 담는 것이 아니라, "이번 주에 진행한 주요 업무(A, B, C)", "발생한 문제점과 해결 방안", "다음 주 계획"등을 포함하여 과정 중심의 내용을 담아야 합니다. 이러한 과정 중심의 보고는 상사가 당신이 진행하고 있는 프로젝트에 대해 깊이 있게 이해할 수 있도록 돕습니다.

③ '결과+의견'포함: 보고서의 마지막에는 단순히 사실을 나열하는 것을 넘어, "이러한 결과로 보아, 앞으로는 D라는 전략에 더 집중해야 할 것 같습니다"와 같이 나의 분석과 의견을 덧붙여야 합니다. 의견을 포함함으로써, 당

신이 단순히 지시 받은 일을 처리하는 사람이 아니라, 프로젝트의 성공을 고민하는 주체적인 인재라는 인상을 남길 수 있습니다.

정기적인 보고로 성공한 사례

팀원 A는 신제품 개발 프로젝트를 맡았습니다. 그는 매주 월요일 아침, 상사에게 한 주간의 성과, 발생한 문제, 그리고 다음 주 계획이 담긴 이메일을 보냈습니다. 특히, 그는 단순히 문제점을 보고하는 것에 그치지 않고, "문제의 원인은 A이며, 해결을 위해 B와 C라는 대안을 검토하고 있습니다"와 같이 구체적인 해결 방안을 함께 제시했습니다.

- **결과:** 상사는 A의 정기적인 보고 덕분에 프로젝트의 진행 상황을 완벽하게 파악할 수 있었고, 예상치 못한 문제에 대해서도 함께 고민하고 해결책을 모색할 수 있었습니다. A는 상사에게 깊은 신뢰를 얻었고, 프로젝트의 성공적인 마무리를 넘어 다음 프로젝트의 리더로 발탁되었습니다. A는 정기적인 보고를 통해 자신의 역량을 꾸준히 증명하고, 상사와의 신뢰 관계를 공고히 하는 데 성공했습니다.

이처럼 정기적인 보고는 상사와의 관계를 단순한 보고-지시 관계가 아닌, 서로 신뢰하고 함께 성장하는 파트너 관계로 발전시키는 핵심적인 방법입니다.

7. 항상 긍정적인 관점에서 업무를 분석하고 또한 보고할 것

직장 생활에서 '항상 긍정적인 관점에서 업무를 분석하고 보고하는 것'은 문제를 해결하고 신뢰를 구축하는 가장 효과적인 커뮤니케이션 기술입니다. 특히 복잡하고 어려운 프로젝트일수록, 부정적인 상황을 그대로 전달하기보다 긍정적인 프레임을 활용하여 보고하는 것이 팀과 조직에 더 큰 가치를 제공합니다.

왜 긍정적인 관점이 중요한가?

① 리더의 에너지 관리: 상사는 팀의 사기와 에너지를 책임지는 사람입니다. 팀원이 부정적인 소식만을 전달할 경우, 상사는 리더십을 발휘할 에너지가 소진되고 문제 해결에 대한 의욕을 잃을 수 있습니다. 긍정적인 관점은 상사에게 문제 해결에 대한 희망과 동기를 부여합니다.

② 해결책 중심의 사고 유도: "이 프로젝트는 망했습니다"와 같은 부정적인 보고는 듣는 사람을 절망하게 만들고, 문제의 원인을 찾는 데 집중하게 만듭니다. 반면, "이 프로젝트에서 A라는 예상치 못한 난관이 발생했습니다. 하지만 B라는 기회가 될 수도 있습니다"와 같이 긍정적인 관점에서 접근하면, 듣는 사람은 자연스럽게 해결책을 모색하는 데 집중하게 됩니다.

③ 능동적이고 주도적인 인재로 인식: 긍정적인 관점에서 보고한다는 것은, 단순히 문제를 보고하는 것이 아니라 '문제를 해결하려는 의지'를 보여주는 것입니다. 이는 상사에게 당신이 주어진 일만 하는 수동적인 사람이 아니라, 주도적으로 문제를 해결하는 능동적인 인재라는 인상을 줍니다.

긍정적인 보고를 위한 구체적인 방법

① '문제점'을 '개선점'으로 프레임 전환: 부정적인 상황을 그대로 보고하는 대신, 그 상황을 어떻게 개선할 수 있을지에 초점을 맞춰야 합니다.

- ❖ (나쁜 예): "광고 캠페인 성과가 기대 이하였습니다. 예산 낭비인 것 같습니다."
- ❖ (좋은 예): "이번 캠페인 성과는 기대치에 미치지 못했습니다. 하지만, 이 데이터를 분석해 보니 A라는 새로운 타깃층이 B라는 키워드에 반응한다는 것을 발견했습니다. 다음 캠페인에서는 이 부분을 강화하여 더 좋은 성과를 낼 수 있을 것입니다."

② '현재의 성공'과 '미래의 기회'를 함께 제시: 보고할 때, 현재까지 이룬 성과를 먼저 언급하고, 이를 바탕으로 미래에 어떤 기회를 창출할 수 있는지 설명해야 합니다.

(예시): "이번 분기 영업 목표 달성에는 실패했습니다. 하지만, 신규 고객 유입률은 역대 최고치를 기록했습니다. 이것은 우리의 브랜드 인지도가 상승하고 있다는 긍정적인 신호입니다. 이 신규 고객들을 장기 고객으로 전환하

는 데 집중하면 다음 분기에는 목표를 초과 달성할 수 있을 것입니다."

③ 'I'대신 'We'사용: 보고서에서 '나(I)'의 관점보다는 '우리(We)'의 관점을 사용하여 팀 전체의 노력을 강조해야 합니다. 개인의 역량뿐만 아니라, 팀워크를 중시하는 리더십 역량까지 보여주는 효과를 낳습니다.

긍정적인 보고로 성공을 거둔 사례

팀원 A는 자신이 맡은 신사업 프로젝트에서 예상치 못한 기술적 난관에 부딪혔습니다. 그는 상사에게 보고하기 전에, 혼자서 문제의 원인을 분석하고 해결책을 모색했습니다. 그는 상사와의 정기 보고에서 다음과 같이 말했습니다.

- **보고 내용:** "프로젝트에서 핵심 기술 개발에 예상보다 시간이 더 소요되고 있습니다. 하지만 이 과정에서 B라는 새로운 기술적 가능성을 발견했습니다. 이 기술을 도입하면, 초기 일정은 조금 늦어지더라도, 장기적으로는 더 혁신적인 제품을 만들 수 있는 기회가 될 것입니다. 이 기술 도입을 위해 C라는 자원이 필요합니다."

- **결과:** 상사는 A의 보고에 감명을 받았습니다. A가 단순히 문제를 보고하는 데 그치지 않고, 그 속에서 새로운 기회를 발견하고 해결책을 제시했기 때문입니다. 상사는 A의 제안을 적극적으로 지지했고, 필요한 자원을

지원했습니다. A는 위기를 기회로 바꾸는 능력을 인정받았고, 팀의 신뢰를 얻는 리더로 성장했습니다.

위 사례와 같이, 항상 긍정적인 관점에서 업무를 분석하고 보고하는 것은 당신의 문제 해결 능력과 주도적인 태도를 증명하는 가장 강력한 무기가 될 것입니다.

8. 잠재적인 문제가 실질적인 문제로 커지기 전에 미리 보고할 것

성공적인 직장 생활은 단순히 문제를 해결하는 것을 넘어, **'문제가 될 수 있는' 잠재적인 상황을 조기에 발견하고 미리 보고하는 것**에 달려 있습니다. 이러한 선제적 보고는 상사에게 '이 팀원은 리스크를 관리할 줄 아는 능동적인 인재'라는 신뢰를 심어주고, 작은 문제가 돌이킬 수 없는 큰 문제로 커지는 것을 막는 가장 효과적인 방법입니다.

왜 잠재적인 문제를 미리 보고해야 하는가?

① 리스크 관리의 첫걸음: 모든 프로젝트에는 예상치 못한 리스크가 존재합니다. 잠재적인 문제를 미리 보고하는 것은 리스크가 현실화되기 전에 대비책을 마련할 시간을 벌어주는 행위입니다. 이는 프로젝트의 안정성을 높이는 가장 기본적인 방법입니다.

② 상사에게 통제감 부여: 상사는 팀의 업무를 총괄하며 전체적인 그림을 그립니다. 잠재적인 문제를 미리 보고하면, 상사는 상황을 미리 인지하고 필요한 자원을 할당하거나, 전략을 수정하는 등 통제권을 유지할 수 있습니다. 이는 상사에게 안정감을 줍니다.

③ 문제 해결을 위한 파트너십 형성: 잠재적인 문제를 혼자 끙끙 앓기보다 상사에게 미리 공유하면, 상사의 경험과 지혜를 활용하여 문제를 예방하거나 더 나은 해결책을 찾을 수 있습니다. 이는 상사와의 관계를 단순히 보고-지시 관계가 아닌, 문제 해결을 위한 파트너십으로 발전시킵니다.

잠재적인 문제를 미리 보고하는 구체적인 방법

① 문제의 징후를 놓치지 말 것: 프로젝트 진행 중 예상치 못한 변수(예: 팀원의 개인적인 어려움, 외부 업체와의 소통 문제, 예상보다 높은 비용 등)가 발생하면, 그저 '작은 문제'로 치부하지 말고 잠재적인 위험 요소로 인식해야 합니다.

② '문제+예상 영향+대비책'을 함께 보고: 단순히 "문제가 생길 것 같습니다"라고 보고하는 것은 효과적이지 않습니다. "현재 A라는 문제가 발생할 가능성이 있습니다. 이 문제가 현실화되면 프로젝트 일정에 B만큼의 영향을 줄 것으로 예상됩니다. 저는 C라는 대비책을 마련하고 있습니다. 검토 부탁드립니다"와 같이 문제의 심각성, 예상 영향, 그리고 내가 생각하는 해결 방안을 함께 제시해야 합니다.

③ 시기 적절한 보고: 문제가 발생할 '가능성'이 있을 때 즉시 보고해야 합니다. '문제가 확실해지면 보고해야지'라고 생각할 때는 이미 늦은 경우가 많습니다. '빠르게', '그리고 자주'보고하는 것이 리스크를 관리하는 핵심입니다.

잠재적인 문제 보고로 성공을 거둔 사례

팀원 A는 신규 서비스를 론칭하는 프로젝트를 맡았습니다. 그는 개발 과정에서 외부 서버 업체와의 기술적인 문제로 인해 서비스 론칭 일정이 3일 정도 지연될 수 있다는 잠재적인 문제를 발견했습니다. A는 이 문제를 혼자 해결하려 하지 않고, 즉시 상사에게 보고했습니다.

- **보고 내용:** "현재 서버 업체와의 기술적인 문제로 인해 론칭 일정이 3일 정도 늦어질 수 있습니다. 하지만, 제가 2순위로 고려했던 서버 업체에 문의한 결과, 그곳을 활용하면 일정에 차질이 없을 것 같습니다. 2순위 업체의 기술적인 안정성과 비용을 검토해 주시면 좋을 것 같습니다."

- **결과:** 상사는 A의 신속한 보고와 대안 제시 능력에 감탄했습니다. 상사는 2순위 업체의 검토를 지시했고, A는 빠르게 대안을 실행하여 론칭 일정에 차질 없이 프로젝트를 마무리할 수 있었습니다. A는 단순히 문제를 발견하는 것을 넘어, 리스크를 예측하고 대비책을 마련하는 능력을 인정받아 상사에게 깊은 신뢰를 얻게 되었습니다.

이처럼 잠재적인 문제를 미리 보고하는 것은 당신의 위기관리 능력과 책임감을 보여주는 가장 강력한 무기가 될 것입니다.

9. 절대 본사를 비방하거나 부정적인 시각을 공유하지 말 것

글로벌 기업의 지사(支社)에서 근무하는 직장인에게 '본사를 비방하거나 부정적인 시각을 공유하지 않는 것'은 윤리적 규범을 넘어, **자신의 커리어와 회사에 대한 신뢰를 지키는 가장 중요한 원칙**입니다. 본사에 대한 비방은 긍정적인 결과를 가져오기보다, 자신과 팀에 대한 부정적인 이미지를 강화하고 협업 관계를 해치는 독으로 작용하게 됩니다.

왜 본사를 비방하면 안 되는가?

① 자신에 대한 신뢰 손실: 당신이 본사에 대한 불만을 외부 채널이나 사내에서 공개적으로 표출하는 순간, '문제 해결을 시도하기보다 불평만 하는 사람'으로 낙인찍힐 위험이 있습니다. 상사나 동료들은 당신이 회사에 대한 충성심이 낮고, 팀에 부정적인 에너지를 퍼뜨린다고 판단하게 될 것입니다.

② 프로의식 결여: 프로페셔널한 직장인은 문제가 발생했을 때 감정적으로 대응하기보다, 문제의 원인을 분석하고 해결책을 모색합니다. 본사에 대한 부정적인 발언은 당신의 커뮤니케이션 능력이 부족하고, 문제를 성숙하게

다루지 못한다는 인상을 줄 수 있습니다.

③ 협업 관계 악화: 본사의 결정에 대한 부정적인 시각은 본사와의 협업 관계를 악화시킵니다. '본사를 비판하는 팀'으로 인식되면, 중요한 정보나 자원에서 소외될 수 있고, 결국 지사의 성과에 직접적인 악영향을 미칩니다.

④ 외부 평판 손상: 소셜 미디어 등 외부 채널에 본사에 대한 불만을 표출하는 것은 당신 개인의 평판뿐만 아니라, 회사 전체의 이미지에도 손상을 입힙니다. 그리하여 장기적으로 보았을 때, 당신의 커리어에 부정적인 영향을 미치게 됩니다.

부정적인 이슈를 현명하게 다루는 방법

본사의 결정이 비합리적이라고 느껴질 때도 있을 것입니다. 이때 중요한 것은 감정적인 비방이 아닌, 논리적이고 건설적인 방법으로 문제를 제기하는 것입니다.

① 공식적인 채널을 통한 의견 제시: 불만이 있다면 비공식적인 자리에서 뒷담화를 하거나 SNS에 글을 올리는 대신, 공식적인 회의나 이메일을 통해 근거와 함께 의견을 제시해야 합니다. "본사의 A 정책이 현지 시장의 특수성 때문에 B와 같은 문제점을 야기할 수 있다고 생각합니다. C라는 대안을 검

토해 주시면 어떨까요?"와 같이 구체적인 데이터와 함께 논리적으로 접근하는 것이 효과적입니다.

② 긍정적인 개선에 초점: 본사와의 소통은 비판이 아닌 '개선을 위한 제안'이어야 합니다. "본사 정책이 틀렸다"고 말하기보다는, "본사의 목표 달성을 위해 현지에서는 D와 같은 전략이 더 효과적일 것 같습니다"와 같이 건설적인 태도를 보여주어야 합니다.

③ 내부 관계 강화: 본사와의 관계를 개선하기 위해 노력해야 합니다. 본사의 팀원들과 정기적으로 소통하고, 그들의 업무를 이해하며, 서로의 문화 차이를 존중하는 태도를 보여주어야 합니다. 이러한 노력은 본사와의 신뢰를 쌓을 수 있게 하고, 향후 발생할 수 있는 문제에 대해 더 유연하게 대처할 수 있는 기반이 됩니다.

사례: 본사에 대한 부정적인 태도가 가져온 결과

팀원 A는 본사의 새로운 마케팅 정책이 현지 시장에 맞지 않는다고 생각했습니다. 그는 사내 동료들에게 지속적으로 본사 정책에 대한 불만을 토로했고, 회식 자리에서는 "본사 사람들은 우리 상황을 전혀 모른다"며 공개적으로 비난했습니다.

- **결과:** 팀원 A는 팀 내에서 '부정적인 사람'으로 낙인 찍혔습니다. 그의

상사는 A가 팀의 사기를 저하시킨다고 판단하여 중요한 프로젝트에서 그를 제외했습니다. 결국 A의 부정적인 태도는 본사에까지 전해졌고, 그는 본사와의 협업 업무에서 배제되었습니다. A의 경력은 본사에 대한 불만을 표출하는 데 그치면서 정체되었고, 결국 회사를 떠나게 되었습니다.

이처럼 본사에 대한 비방은 문제 해결에 아무런 도움이 되지 않으며, 오히려 스스로의 발목을 잡는 행동이 될 수 있습니다. **프로다운 태도와 건설적인 소통을 통해 문제를 해결하려는 노력이 당신을 더 유능한 인재로 만들어 줄 것입니다.**

10. 이메일은 시차를 고려하여 가급적 늦은 시간에 작성하고 송부할 것

글로벌 기업에서 효과적인 커뮤니케이션은 시차(時差, Time difference)를 이해하고 활용하는 데서 시작됩니다. 단순히 상대방의 근무 시간에 맞춰 보내는 것을 넘어, **상대방의 '다음 업무 시작'시점에 맞춰 이메일을 보내는 전략은 업무의 효율성과 상사 및 동료의 몰입도를 크게 높일 수 있습니다.**

왜 늦은 시간에 이메일을 작성해야 하는가?

① 상대방의 '아침'을 선점하라: 상대방의 근무 시간이 시작되는 아침, 가장 먼저 확인하는 이메일 중 하나가 되도록 보내는 것이 중요합니다. 시차가 있는 경우, 근무가 끝나는 저녁 무렵이 상대방에게는 새로운 하루가 시작되는 아침일 수 있습니다.

- ❖ **효과:** 아침에 도착한 이메일은 하루의 업무 계획을 세우는 데 즉각적으로 반영될 가능성이 높습니다. 급한 사안일 경우, 상대방은 나의 이메일을 확인하는 즉시 회신하거나 필요한 조치를 취할 수 있습니다. 이는 문제 해결 속도를 높이는 효과를 낳습니다.

② 상대방의 '몰입 시간'을 방해하지 않는다: 이메일은 알림음과 함께 상대

방의 집중을 방해할 수 있습니다. 상대방이 한창 업무에 몰입하고 있을 때 이메일을 보내면, 그들은 중요한 업무 흐름을 끊고 이메일을 확인해야 할 수도 있습니다.

❖ **효과:** 상대방의 퇴근 시간 또는 근무 외 시간에 이메일을 보내면, 그들의 몰입을 방해하지 않으면서도 나의 이슈를 다음 날 우선순위에 올릴 수 있습니다. 상사나 동료가 퇴근 후나 다음 날 아침에 편안한 마음으로 이메일을 검토할 시간을 주는 것은 장기적으로 신뢰를 쌓는 중요한 배려입니다.

시차를 활용한 이메일 작성 및 송부 전략

- **한국(오후 6시) → 미국 뉴욕(오전 5시):** 한국에서 근무가 끝날 무렵인 오후 6시는 뉴욕의 아침 5시입니다. 이 시간에 이메일을 보내면, 뉴욕에 있는 동료는 출근하여 하루를 시작할 때 나의 이메일을 가장 먼저 확인할 수 있습니다.

- **한국(오전 9시) → 유럽 런던(오전 1시):** 한국의 오전 9시는 런던의 오전 1시입니다. 이 시간에 이메일을 보내면 런던의 동료는 한창 자고 있을 때이므로, 그들의 휴식 시간을 방해하지 않으면서, 다음 날 근무 시작 시점에 이메일을 확인할 수 있게 됩니다.

- **시차 계산 도구 활용:** 세계 시계를 보여주는 웹사이트나 스마트폰 앱을

활용하여 상대방의 현재 시간을 정확하게 확인하고 이메일 전송 시간을 계획하는 습관을 들이는 것이 좋습니다.

사례: 이메일 전송 시간을 전략적으로 활용한 경우

팀원 A는 미국 본사와 협업하는 프로젝트를 맡고 있습니다. 그는 항상 한국 시간으로 근무가 끝나기 직전인 오후 5~6시쯤, 미국 본사에 있는 상사와 동료들에게 업무 현황과 다음 단계에 대한 이메일을 보냈습니다.

- **전략:** A가 이메일을 보내는 시간은 미국 본사의 근무가 시작되는 아침 7~8시경이었습니다. 그는 급한 문제가 아니라면 항상 이 시간을 활용했습니다.

- **결과:** 상사와 동료들은 아침에 출근하자마자 A의 이메일을 확인하고, 하루 업무 계획에 바로 반영했습니다. 이로 인해 소통의 공백이 최소화되었고, 프로젝트의 진행 속도가 훨씬 빨라졌습니다. A는 '일 잘하는'직원을 넘어, '타인을 배려하며 효율적으로 일하는'사람으로 인정받게 되었습니다.

이처럼 이메일 전송 시간을 전략적으로 활용하는 것은 단순히 업무 효율성을 높이는 것을 넘어, 상대방에 대한 존중과 배려를 보여주는 중요한 커뮤니케이션 기술입니다.

11. 자신만의 브랜딩 그리고 이미지를 구축할 것

경쟁이 치열한 현대 사회에서 **'자신만의 브랜딩과 이미지'를 구축하는 것**은 선택이 아닌 필수입니다. 특히 직장 생활에서 브랜딩은 단순히 개인의 개성을 드러내는 것을 넘어, **나의 전문성과 가치를 상사와 동료, 그리고 고객에게 각인시키는 강력한 도구**가 됩니다. '나'라는 상품을 어떻게 포장하고 판매할 것인지 전략을 세우는 것, 바로 '개인 브랜딩'의 핵심입니다.

왜 개인 브랜딩이 중요한가?

① 차별화된 전문성: 비슷한 역량을 가진 사람들이 많은 직장에서, '나'를 특별하게 만드는 요소가 필요합니다. 개인 브랜딩은 내가 어떤 분야의 전문가인지, 어떤 가치를 제공하는 사람인지를 명확히 하여 다른 사람들과 차별화하는 역할을 합니다.

② 신뢰와 인지도 구축: 일관된 이미지와 전문성을 바탕으로 개인 브랜드를 구축하면, 사람들은 나를 신뢰하게 됩니다. "이 분야는 전문가인 김 팀장에게 맡기면 돼"와 같은 인지도를 얻게 되면, 중요한 프로젝트나 기회가 자연스럽게 나에게 오게 됩니다.

③ 성장의 기회 확장: 개인 브랜딩은 현재의 직장 내에서뿐만 아니라, 외부에서도 나의 가치를 높입니다. 세미나 발표, 외부 칼럼 기고, SNS 활동 등을 통해 나의 전문성을 알리면, 업계 전체에서 나의 인지도가 높아지고 더 넓은 기회(이직, 강연 등)를 얻을 수 있습니다.

자신만의 브랜딩과 이미지를 구축하는 구체적인 방법

① 핵심 가치와 전문 분야 정의하기: 내가 가장 잘하는 것, 열정을 느끼는 분야, 그리고 다른 사람들에게 어떤 가치를 제공하고 싶은지 명확하게 정의해야 합니다. 예를 들어, '데이터 분석을 통해 비즈니스 성과를 극대화하는 전문가'또는 '사람들의 성장을 돕는 리더'와 같이 나의 핵심 가치를 한 문장으로 정리해 보세요.

② 일관된 이미지 관리: 나의 전문성과 가치를 뒷받침할 수 있는 일관된 이미지를 구축해야 합니다. '이미지'에는 업무 스타일(꼼꼼하고 신속한), 커뮤니케이션 방식(명확하고 간결한), 심지어 옷차림까지 모두 포함됩니다. 예를 들어, '혁신적인 아이디어를 제시하는 사람'이라는 이미지를 만들고 싶다면, 항상 새로운 기술 트렌드를 학습하고, 회의에서 창의적인 제안을 하는 모습을 보여주어야 합니다.

③ 온라인 콘텐츠로 나만의 존재감 만들기: 블로그, 링크드인, 유튜브 등을 활용하여 나의 전문성을 보여주는 콘텐츠를 꾸준히 만들어야 합니다. 전문

지식에 대한 글을 쓰거나, 산업 동향에 대한 당신의 의견을 공유해 보세요. 개인 브랜딩을 강화하는 효과적 방법일 뿐 아니라, '당신'이라는 브랜드를 가장 확실하게 온라인상에 각인시킬 수 있을 겁니다.

사례: 개인 브랜딩으로 성공한 경우

디자이너 K는 뛰어난 디자인 실력 외에도 '디자인 지식 공유 전문가'라는 자신만의 브랜드를 구축했습니다. 그녀는 퇴근 후 자신의 블로그에 디자인 트렌드와 새로운 툴 사용법에 대한 글을 꾸준히 올리고, 링크드인을 통해 업계 동료들과 활발하게 소통했습니다. 그녀의 콘텐츠는 많은 디자이너들에게 좋은 반응을 얻었고, K는 업계에서 인지도를 얻게 되었습니다.

결과: 그녀의 상사는 K가 외부에서 얻은 인지도를 높이 평가했고, 회사 제품의 브랜딩 전략을 전적으로 K에게 맡겼습니다. 또한, 외부 기업에서 그녀에게 강연 요청이 들어오기 시작했고, 그녀는 자신의 전문성을 더욱 확장할 수 있었습니다. K는 단순히 회사에서 시키는 일만 하는 디자이너가 아닌, '업계의 선두주자'로서 자신만의 영향력을 구축하는 데 성공했습니다.

이처럼 자신만의 브랜딩과 이미지를 구축하는 것은 나의 가치를 스스로 높이는 가장 전략적인 행위입니다. '나'를 하나의 브랜드로 생각하고, 소비자들에게 어떤 가치를 제공할 것인지 끊임없이 고민해야 합니다.

12. 자신만의 루틴을 가질 것

성공적인 삶과 커리어를 만들어가는 사람들에게는 공통점이 하나 있습니다. 바로 '자신만의 루틴'을 가지고 있다는 점입니다. 루틴은 단지 반복적인 습관을 뜻하지는 않습니다. 삶의 주도권을 잡고, 불확실한 상황 속에서도 흔들리지 않는 중심을 잡아주는 강력한 무기입니다. 특히 바쁘고 예측 불가능한 직장 생활에서 자신만의 루틴은 심리적 안정감을 제공하고, 효율적인 업무 성과를 내는 데 필수적인 요소입니다.

왜 자신만의 루틴이 중요한가?

① 뇌의 피로도 감소: 매일 아침 무엇을 할지, 어떤 옷을 입을지, 어떤 순서로 업무를 시작할지 고민하는 것은 뇌의 에너지를 소모하는 일입니다. 루틴은 이러한 사소한 결정을 자동화하여, 뇌가 정말 중요한 의사결정에 집중할 수 있도록 돕습니다.

② 생산성 향상: 일정한 시간에 특정 행동을 반복하는 루틴은 우리 몸과 마음에 '이제 집중할 시간'이라는 신호를 보냅니다. 예를 들어, 아침에 커피를 마시며 그날의 할 일을 정리하는 루틴은 자연스럽게 업무 모드로 전환하게 해 생산성을 높여줍니다.

③ 심리적 안정감 제공: 루틴은 예측 불가능한 외부 환경 속에서 내가 통제할 수 있는 유일한 영역입니다. 아침에 30분 일찍 일어나 운동을 하거나 책을 읽는 루틴은, 아무리 바쁘고 스트레스가 많은 날에도 '나는 내 삶을 통제하고 있다'는 안정감을 줍니다.

효과적인 루틴을 만들기 위한 구체적인 방법

- **목표에 맞는 루틴 설계:** 루틴은 단순히 습관을 넘어, 나의 목표 달성을 돕는 도구여야 합니다. 예를 들어, 영어 실력을 향상시키고 싶다면, '아침에 출근길에 팟캐스트로 영어 뉴스 듣기'와 같은 루틴을 만들 수 있습니다. 건강을 관리하고 싶다면 '점심 식사 후 15분 산책하기'를 루틴에 추가해 보세요.

- **작고 쉬운 것부터 시작:** 처음부터 거창한 루틴을 만들면 쉽게 포기할 수 있습니다. '매일 아침 1시간 운동하기'보다는 '아침에 일어나서 물 한 잔 마시기'와 같은 작고 쉬운 습관부터 시작하는 것이 중요합니다. 작은 성공 경험이 쌓이면, 더 큰 루틴으로 확장할 수 있는 자신감이 생깁니다.

- **루틴을 기록하고 검토하기:** 루틴을 꾸준히 실천하고 있는지 확인하는 것도 중요합니다. 다이어리나 앱을 활용하여 나의 루틴 실천 여부를 기록하고, 한 달에 한 번 정도는 루틴이 나의 목표에 부합하는지, 더 보완할 점은 없는지 검토하는 시간을 가지세요.

루틴을 통해 성장을 이룬 사례

팀장 A는 항상 바쁜 업무와 잦은 야근으로 스트레스를 받았습니다. 그는 삶의 주도권을 되찾고 싶어 '나만의 아침 루틴'을 만들었습니다.

A의 아침 루틴:

- 오전 6시 기상
- 30분간 명상 및 스트레칭
- 20분간 그날의 업무 우선순위 정리
- 건강한 아침 식사

- **결과:** 이 루틴을 꾸준히 실천한 후, A는 전보다 훨씬 차분하고 안정된 상태로 하루를 시작할 수 있게 되었습니다. 중요한 업무에 대한 집중력이 높아져 야근이 줄었고, 스트레스를 효과적으로 관리할 수 있게 되었습니다. 그의 팀원들은 A의 안정된 리더십을 신뢰하게 되었고, 팀 전체의 성과도 향상되었습니다.

이처럼 자신만의 루틴은 일시적인 유행이 아니라, 꾸준히 성장하며 성공을 이끌어가는 사람들의 가장 기본적인 습관입니다. 지금부터라도 나만의 작은 루틴을 만들어, 흔들리지 않는 삶의 중심을 잡아 보세요.

저만의 루틴을 공유합니다.

- 기상 후 즉시 스트레칭(15-20분) : 바로 누워서 팔과 다리 올리고 털기 1분 / 좌&우 몸통 스트레칭 15초씩 3세트/ 윗몸일으키기 25회씩 3세트 / 바로 누워서 무릎 굽히고 다리 쳐들기 100회 / 전갈 자세 15초 3세트 / 팔&가슴 스트레칭 5회 3세트 / 겨드랑이 두드리기 50회 2세트 / 주먹 쥐었다 펴기 빠르게 15회
- 미지근한 물 마시기 120CC
- 올리브유 한 큰 술
- 두유에 13가지 잡곡 가루 + 유산균 믹싱 마시기(조식 대용)
- 영양제 : 루테인 + 비타민 C + 기타 필수 영양제 6가지
- 저녁 식사 전 : 사과식초를 120cc 물잔에 희석하여 마시기
- 저녁 식사 후 TV 시청 간에 팔굽혀 펴기 100회 / 스쿼트 100회(사무실에서 가끔 동일한 짬짬이 운동 시행)
- 저녁 산책 : 10,000보 이상 걷기
- 상시로 얼굴 스트레칭 및 웃는 연습 / 세안 간에 냉수 세안으로 마무리 / 세안 & 샤워 후 충분한 보습 크림
- 해외 출장 시 : 목적지 도착하자마자 현지에서 가장 유명한 클럽 방문. 땀에 흠뻑 젖을 정도로 놀고 호텔로 복귀. 그 다음날 즉시 시차 극복 !!

13. 시장의 기술 동향을 항상 점검하고 내 것으로 활용할 것

우리 주변의 모든 것은 LTE보다 빠른 속도로 변화하고 있습니다. **시장의 기술 동향을 항상 점검하고 빠르게 '내 것'으로 만드는 기술**이 요구됩니다. 다시 말해, 최신 기술의 흐름을 읽고, 그것을 실질적으로 나의 업무에 접목하여새로운 가치를 창출해내야 하는 것입니다.

왜 기술 동향 파악과 활용이 중요한가?

① 경쟁 우위 확보: 시장의 최신 기술 동향을 빠르게 파악하고 적용하는 조직과 개인은 그렇지 않은 경쟁자들보다 앞서 나갈 수 있습니다. 예를 들어, 인공지능(AI) 기술을 활용한 데이터 분석을 먼저 도입한 기업은 시장 예측 정확도를 높여 더 나은 비즈니스 결정을 내릴 수 있습니다.

② 개인 역량 강화: 새로운 기술을 배우고 활용하는 과정은 나의 전문성을 확장하고, 미래에 필요한 핵심 역량을 키우는 가장 확실한 방법입니다. '챗GPT'와 같은 생성형 AI를 업무에 접목하는 방법을 익히는 것은 보고서 작성 시간을 단축하고, 새로운 아이디어를 얻는 데 큰 도움이 됩니다.

③ 조직 혁신 기여: 최신 기술 동향을 파악하고 그것을 적절히 활용하여 업

무 방식을 개선하거나 새로운 비즈니스 모델을 제시하게 되면, 조직 내에서 나의 가치는 높아집니다. 어느새 당신은 단순한 실무자가 아닌, '조직의 미래를 고민하는 인재'로 인식될 겁니다.

기술 동향을 '내 것'으로 만드는 구체적인 방법

① 관심 분야 정하고 집중적으로 파고들기: 모든 기술 동향을 다 알 수는 없습니다. 나의 업무와 직결된 분야(예: 마케팅, IT, 금융 등)의 최신 기술 동향을 우선적으로 파악해야 합니다. 관련 분야의 뉴스레터를 구독하고, 전문 매거진을 읽고, 온라인 강연을 듣는 등 집중적인 학습을 통해 깊이 있는 지식을 쌓아야 합니다.

② 나만의 적용 방안 고민하기: 단순히 새로운 기술에 대해 아는 것에서 그치지 않고, "이 기술을 나의 업무에 어떻게 적용할 수 있을까?"를 끊임없이 고민해야 합니다. 예를 들어, '파이썬'이라는 프로그래밍 언어를 알게 되었다면, '파이썬을 활용해 반복적인 데이터 정리 작업을 자동화'하는 방법을 시도해 보는 것입니다.

③ 작게 시작하고 성과 공유하기: 새로운 기술을 활용한 프로젝트는 처음부터 완벽할 필요가 없습니다. 작은 실험을 통해 성공 경험을 쌓고, 그 결과를 상사나 동료들에게 공유해야 합니다. "챗GPT를 활용해 팀 주간 보고서 초안을 작성해 보았는데, 소요 시간이 30% 단축되었습니다"와 같이 구체적

인 성과를 보여주면, 당신의 노력이 조직 전체에 긍정적인 영향을 미친다는 것을 증명할 수 있습니다.

기술 동향 활용으로 성공을 거둔 사례

마케터 A는 항상 새로운 마케팅 기술과 툴에 대한 학습을 게을리하지 않았습니다. 그는 고객 데이터 분석의 중요성이 커지고 있음을 인지하고, '구글 애널리틱스'에 대한 전문적인 지식을 쌓기 시작했습니다. 그는 단순히 툴 사용법을 익히는 것을 넘어, 고객의 행동 패턴을 분석하여 새로운 마케팅 전략을 수립하는 데 적극적으로 활용했습니다.

- **결과:** A는 회사의 주요 마케팅 캠페인에서 구글 애널리틱스 데이터를 활용하여 정확한 타기팅과 그에 맞는 예산 분배를 제안했습니다. 이 전략은 캠페인의 ROI(투자수익률)를 크게 높였고, A는 데이터 기반 마케팅 전문가로 인정받게 되었습니다. 그의 노력은 팀 전체의 업무 효율성을 높였고, 그는 중요한 프로젝트의 리더를 맡게 되었습니다.

이처럼 시장의 기술 동향을 파악하고 활용하는 것은 개인의 성장을 넘어, 조직의 미래를 만드는 데 기여하는 가장 효과적인 방법입니다. 변화를 두려워하지 않고, 새로운 기술을 나의 무기로 만들어야 합니다.

14. 자신의 실질적인 역량을 제대로 파악할 것

성공적인 커리어의 첫걸음은 **나의 실질적인 역량, 즉 현재 내가 가진 역량을 제대로 파악하는 것**에서부터 시작됩니다. 단순히 '내가 무엇을 잘하는지'를 아는 것을 넘어, '내가 무엇을 모르는지', '무엇을 보완해야 하는지'를 객관적으로 인식하는 것이죠. 겸손과 자기 객관화를 통해 자신의 현재 위치를 정확히 파악하는 것은 무모한 도전을 피하고, 성장을 위한 구체적인 로드맵을 그리는 데 필수적인 과정입니다.

왜 자기 객관화가 중요한가?

① 과대평가로 인한 실패 방지: 자신의 역량을 과대평가하면, 현재 수준을 벗어난 업무나 프로젝트에 뛰어들어 실패를 경험할 가능성이 높아집니다. 이 과정에서 자신감을 잃게 될 뿐만 아니라, 상사와 동료들에게 무책임하다는 인상을 줄 수 있습니다.

② 효율적인 성장 계획 수립: 자신의 약점을 정확히 알고 있을 때, 그 부분을 보완하기 위한 효율적인 계획을 세울 수 있습니다. 예를 들어, '데이터 분석 능력'이 부족하다고 판단되면, 관련 온라인 강의를 듣거나 팀 내 데이터 전문

가에게 도움을 요청하는 것처럼 구체적인 성장 목표를 설정할 수 있습니다.

③ 현실적인 목표 설정: 자신의 현재 역량을 바탕으로 현실적인 목표를 설정할 수 있습니다. 무조건 높은 목표를 세우는 것보다, '이번 분기에는 A라는 기술을 익혀 B라는 업무를 효율화하겠다'와 같이 달성 가능한 목표를 세우고 이를 실행하는 것이 장기적인 성장에 훨씬 효과적입니다.

자신의 실질적인 역량을 파악하는 구체적인 방법

① 객관적인 성과 지표 활용: 팀이나 회사에서 사용하는 성과 지표(KPI)를 통해 자신의 업무 결과를 객관적으로 평가해 보세요. 막연한 느낌이 아닌, 구체적인 데이터로 나의 성과를 파악하는 것이 중요합니다.

② 상사 및 동료에게 피드백 요청: 상사와 동료에게 자신의 강점과 약점에 대해 솔직한 피드백을 요청하세요. 특히, "제가 어떤 부분을 보완하면 팀에 더 큰 도움이 될까요?"와 같은 질문은 당신의 성장 의지를 보여주는 좋은 방법입니다.

③ 포트폴리오 및 경험 정리: 지금까지 진행했던 프로젝트와 그 결과물을 정리해 보세요. 자신이 어떤 역할을 했고, 어떤 성과를 냈는지 구체적으로 기록하는 과정에서 나의 실질적인 역량을 파악할 수 있습니다. 실패했던 프로젝트도 '무엇을 배웠는지'를 중심으로 정리해 보세요.

④ 역량 진단 도구 활용: 온라인에서 제공하는 다양한 역량 진단 도구나 테스트를 활용하여 자신의 전문성을 객관적으로 평가하는 것도 좋은 방법입니다.

자기 객관화로 성공을 거둔 사례

팀원 A는 자신이 '기획 전문가'라고 생각했습니다. 그는 여러 프로젝트에서 다양한 기획안을 제출했지만, 상사에게서 돌아오는 피드백은 늘 "논리가 부족하고, 데이터 기반의 근거가 약하다"는 내용이었습니다. 처음에는 자존심이 상했지만, 그는 자신의 약점을 객관적으로 파악하기로 결심했습니다.

자기 객관화 과정:

- A는 상사의 피드백을 바탕으로, 자신의 기획안에 '논리적 근거'와 '데이터'가 부족하다는 점을 명확히 인식했습니다.
- 데이터 분석 전문가인 동료에게 도움을 요청하여, 기획안 작성 시 필요한 데이터를 어떻게 수집하고 분석하는지 배웠습니다.
- 관련 온라인 강의를 수강하며 데이터 분석 능력을 보완했습니다.

- **결과:** A는 자신의 약점을 보완한 후, 데이터에 기반한 논리적인 기획안을 제출하기 시작했습니다. 그의 기획안은 더 이상 '아이디어'가 아닌 '현실적인 전략'으로 인정받았고, 팀의 중요한 프로젝트를 이끄는 리더로 성

장할 수 있었습니다. A는 자기 객관화를 통해 자신의 '진짜' 역량을 파악하고, 약점을 강점으로 바꾸는 데 성공했습니다.

이처럼 자신의 현재 역량을 제대로 파악하는 것은 '나는 잘하고 있다'고 안주하기 위한 확인이 아니라, '나는 더 잘할 수 있다'는 성장의 출발점입니다. 겸손하게 자신을 돌아보고, 성장을 위한 노력을 멈추지 않는다면 당신은 누구보다 빠르게 목표에 도달할 수 있을 것입니다.

15. 자신이 취해야 하는 또는 취하고자 하는 것에는 집요함을 견지하라

성공을 위한 가장 중요한 자질 중 하나는 바로 '집요함(Tenacity)'입니다. 집요함이란 단순히 끈기 있게 버티는 것을 넘어, 자신이 취하고자 하는 목표나 결과를 얻기 위해 포기하지 않고 끝까지 파고드는 태도를 의미합니다. 특히 경쟁이 치열한 직장 생활에서, 이 집요함은 당신을 평범한 직원을 넘어, **'결과'를 만들어내는 핵심 인재**로 자리매김하게 합니다.

왜 집요함이 중요한가?

① 결과를 완성시키는 힘: 아이디어를 내고 계획을 세우는 것은 누구나 할 수 있습니다. 하지만 그 아이디어를 현실로 만들고, 수많은 난관을 극복하여 최종적인 '결과'를 완성시키는 것은 집요함이 없으면 불가능합니다. 집요함은 중도에 포기하고 싶은 유혹을 이겨내고, 목표를 끝까지 완수하게 하는 원동력입니다.

② 문제 해결 능력 강화: 프로젝트를 진행하다 보면 예상치 못한 문제에 부딪히기 마련입니다. 집요함은 이러한 문제 앞에서 좌절하는 대신, 해결책을 찾을 때까지 파기하는 힘을 줍니다. "왜 이 문제가 생겼을까?", "어떻게 하

면 해결할 수 있을까?"를 끊임없이 고민하는 과정에서 당신의 문제 해결 능력은 비약적으로 성장합니다.

③ 전문가로 인정받는 비결: 한 분야에서 꾸준히, 집요함을 놓지 않고 임하다 보면 당신은 어느새 해당 분야의 '전문가'로 인정받게 될 겁니다. 전문가라는 이미지는 당신에게 중요한 업무나 프로젝트의 기회를 가져다 줄 것입니다.

집요함을 견지하는 구체적인 방법

- **'왜(Why)'라는 질문을 멈추지 말 것:** 어떤 업무를 할 때, '왜 이 일을 해야 하는지', '왜 이런 문제가 생겼는지'를 끊임없이 질문해야 합니다. 본질적인 원인을 파악하기 위해 집요하게 파고들면, 표면적인 문제 해결을 넘어 근본적인 개선을 이끌어낼 수 있습니다.

- **실패를 성장의 기회로 삼을 것:** 집요함은 실패 앞에서 빛을 발합니다. 한 번의 실패로 포기하는 것이 아니라, "이번 실패에서 무엇을 배웠고, 다음에는 어떻게 해야 성공할 수 있을까?"를 고민하며 다시 도전하는 태도가 필요합니다.

- **포기하지 않는 마음가짐:** 모든 사람이 '이 정도면 됐다'라고 생각하고 포기하는 지점이 있습니다. 집요한 사람들은 그 지점을 넘어 한 발 더 나아

갑니다. '나는 반드시 이 문제를 해결하고 말겠다'는 강한 의지를 가지고 목표를 향해 나아가야 합니다.

집요함으로 성공을 거둔 사례

팀원 A는 신규 시장 진출 프로젝트를 맡았습니다. 그는 프로젝트 초기에 시장 데이터가 부족하다는 어려움에 부딪혔습니다. 동료들은 "데이터가 없으니 전략을 세우기 어렵다"며 난색을 표했습니다. 하지만 A는 포기하지 않고 집요하게 데이터를 찾기 시작했습니다.

집요함의 과정:

❖ 공개된 통계 자료, 논문, 산업 보고서는 물론, 경쟁사의 홍보 자료까지 샅샅이 뒤져 조각난 데이터를 모았습니다.

❖ 온라인 커뮤니티와 SNS를 활용하여 현지 시장의 고객 인터뷰를 직접 진행했습니다.

❖ 상사에게 추가적인 예산을 요청하여, 현지 시장조사 기관에 소규모 조사를 의뢰했습니다.

- **결과:** A는 결국 다른 팀원들이 불가능하다고 여겼던 시장 데이터를 확보하는 데 성공했습니다. 그는 이 데이터를 바탕으로 성공적인 시장 진출 전략을 수립했고, 그의 집요함 덕분에 프로젝트는 성공적으로 마무리되었습니다. A는 '불가능을 가능하게 하는 해결사'라는 이미지를 구축하며

팀 내에서 없어서는 안 될 핵심 인재로 자리 잡았습니다.

이처럼 집요함은 당신의 한계를 뛰어넘고, 불가능을 가능하게 만드는 강력한 힘입니다. 그러므로 당신이 얻고자 하는 것이 있다면, 포기하지 않고 끝까지 파고드는 태도를 견지해야 합니다.

16. 요구사항은 명확하고 구체적으로 표현하라

직장 생활에서 **명확한 의사소통**은 성공적인 협업을 위한 가장 중요한 요소입니다. 특히 업무 책임자(상사, 팀 리더)에게 **구체적인 요구사항**을 명확하게 표현해야 합니다. 모호함을 줄이고, 오해를 방지하며, 모두가 동일한 목표를 향해 나아가도록 이끄는 가장 효과적인 방법이기 때문이지요. '알아서 해주겠지'라는 막연한 기대는 갈등과 비효율을 낳기 쉽습니다.

왜 구체적인 요구가 중요한가?

① 시간과 자원의 낭비 방지: "이 부분 좀 검토해주세요"와 같이 모호하게 요청하면, 책임자는 정확히 무엇을 검토해야 할지 몰라 시간을 낭비하거나, 내가 원하지 않는 방향으로 일을 진행할 수 있습니다. 이는 결국 재작업으로 이어져 비효율을 초래합니다.

② 명확한 역할 분담: 구체적인 요구는 각자의 역할과 책임을 명확히 합니다. 내가 무엇을 요청했고, 책임자는 무엇을 해야 하는지 분명해지면, 업무의 누락이나 중복을 방지할 수 있습니다.

③ 책임의 소재 명확화: 만약 문제가 발생했을 때, 구체적인 요청을 한 기록은 책임의 소재를 명확히 하는 근거가 될 수 있습니다. 책임 소재가 명확해지면, '나는 분명히 요청했는데...'와 같은 불필요한 예방할 수 있습니다.

구체적인 요구를 표현하는 방법

- **'무엇(What)', '왜(Why)', '언제(When)'를 포함하라:** 요청을 할 때는 '무엇을(What)', '왜 필요한지(Why)', 그리고 '언제까지(When)' 필요한지를 명확하게 밝혀야 합니다.

  - **(나쁜 예):** "보고서 초안 좀 봐주세요."
  - **(좋은 예):** "김 팀장님, 제가 작성한 주간 보고서 초안을 오늘 오후 3시까지 검토해주시면 감사하겠습니다. 특히 5페이지의 매출 데이터 분석 부분이 논리적인지 확인해주시면 다음 단계로 진행할 수 있을 것 같습니다."

- **결과물에 대한 구체적인 예시 제시:** 가능하다면 원하는 결과물에 대한 예시나 참고 자료를 곁들이세요. 그래야 책임자가 나의 의도를 더 정확하게 파악할 수 있습니다. 또 "이런 느낌의 디자인이 좋겠습니다"라고 말하는 것보다, "첨부된 A 파일과 같이, 깔끔하고 심플한 디자인으로 해주시면 좋겠습니다"라고 구체적으로 요청하는 게 훨씬 효과적이죠.

- **단순한 요청을 넘어, 배경 설명 제공:** 왜 이 요청이 필요한지, 이 업무가

전체 프로젝트에서 어떤 역할을 하는지 간단하게 설명해주면 책임자는 더 큰 그림을 이해하고 더 좋은 해결책을 제시할 수 있습니다.

구체적인 요구로 성공을 거둔 사례

마케터 A는 새로운 캠페인용 웹사이트 디자인을 위해 디자이너 B에게 작업을 요청해야 했습니다. 예전에 "캠페인 컨셉에 맞는 디자인을 부탁드려요"와 같이 모호하게 요청하여 여러 번 재작업을 한 경험이 있었습니다.

구체적인 요청 내용:

- **무엇을?:** "캠페인용 웹사이트 메인 페이지 디자인을 요청합니다."
- **왜?:** "이번 캠페인의 핵심 메시지인 '친환경적 라이프스타일'을 강조하기 위해서입니다."
- **언제까지?:** "금요일 오전까지 1차 시안을 부탁드립니다."
- **구체적인 예시:** "첨부된 C 기업의 웹사이트처럼, 메인 이미지가 시원하고 깨끗한 느낌이었으면 좋겠습니다. 그리고 '바로가기'버튼은 눈에 잘 띄게 배치해주시면 감사하겠습니다."

- **결과:** 디자이너 B는 A의 명확한 요청 덕분에 한 번의 시안으로 A의 의도를 정확하게 파악했고, 불필요한 재작업 없이 바로 최종 디자인 작업에 착수했습니다. 이 덕분에 캠페인 웹사이트는 예정된 일정보다 빠르게 완성되었고, 두 사람의 협업 효율성은 크게 높아졌습니다.

이처럼 명확하고 구체적인 요구는 불필요한 오해와 재작업을 줄이고, 협업의 성공 확률을 높이는 가장 확실한 방법입니다.

17. 자신의 약점을 Cool하게 인정하면서도 당당함을 유지하는 능력을 가지라

직장 생활에서 성공을 위해 필요한 가장 중요한 태도 중 하나는 '자신의 약점을 쿨하게 인정하면서도 당당함을 유지하는 능력'입니다. 완벽한 사람이 되려는 부담을 내려놓고, 인간적인 면모를 드러내 신뢰를 얻는 동시에, 자신의 강점에 대한 확신을 잃지 않는 균형 잡힌 자세를 의미합니다.

왜 약점 인정이 중요한가?

① 신뢰와 친밀감 구축: 자신의 약점을 인정하는 모습은 상대방에게 인간적이고 솔직하다는 인상을 줍니다. 완벽한 사람처럼 보이려 애쓰는 것보다, "제가 이 부분은 아직 부족해서 도움을 받고 싶습니다"라고 말하는 것이 오히려 동료와 상사의 신뢰를 얻는 효과적인 방법입니다.

② 효율적인 문제 해결: 자신의 약점을 솔직하게 인정하면, 혼자 끙끙 앓기보다 전문가의 도움을 받거나 학습을 통해 빠르게 보완할 수 있습니다. 이로써 불필요한 시간 낭비를 줄이고, 문제 해결 속도를 높입니다.

③ 자기 객관화와 성장: 자신의 약점을 정확히 파악하는 것은 자기 객관화의

첫걸음입니다. 자기 객관화를 통해 '나는 어떤 부분을 보완해야 하는가?'에 대한 명확한 답을 얻을 수 있고 효과적인 성장 계획을 수립하는 데 중요한 기반을 다질 수 있지요.

'쿨하게' 인정하고 '당당함'을 유지하는 방법

① 약점 인정은 '포기'가 아니라 '보완'의 시작: 약점을 인정하는 것을 자신의 능력 부족으로 치부하며 자존감을 깎아내려서는 안 됩니다. "저는 이 부분이 약하지만, 전문가인 팀장님께 배워서 꼭 극복하고 싶습니다"와 같이, 약점 인정이 곧 성장을 위한 의지임을 당당하게 보여주어야 합니다.

② '나는 이것을 잘한다'는 확신을 가질 것: 약점을 인정하되, 자신의 강점에 대한 확신을 잃지 않는 것이 중요합니다. 예를 들어, "저는 데이터 분석은 약하지만, 창의적인 아이디어를 내고 기획을 수립하는 데는 강점이 있습니다"와 같이, 나의 핵심 역량을 당당하게 어필해야 합니다. 자신의 강점을 명확히 알고 있다면, 약점 때문에 위축되지 않습니다.

③ 전문가에게 도움을 청하는 용기: 약점을 혼자 해결하려 하지 말고, 전문가에게 도움을 청하는 것을 부끄러워하지 말아야 합니다. 이는 당신이 '문제 해결을 위해 최선을 다하는 사람'이라는 인상을 주며, 오히려 당신의 주도적인 태도를 긍정적으로 보여줍니다.

약점을 인정하고 당당함을 유지한 사례

신입 디자이너 A는 선배 디자이너 B에게 디자인 시안에 대한 피드백을 받았습니다. B는 "이 부분은 트렌드를 반영하지 못해 아쉽다"며 냉정한 조언을 건넸습니다. A는 자존심이 상할 수 있었지만, 자신의 부족함을 솔직하게 인정했습니다.

- **쿨하게 약점 인정:** A는 "선배님 말씀이 맞습니다. 제가 아직 최신 트렌드에 대한 감각이 부족한 것 같습니다. 혹시 제가 참고할 만한 포트폴리오나 웹사이트가 있을까요? 트렌드에 대해 더 배우고 싶습니다"라고 말했습니다.

- **당당함 유지:** 이와 동시에, "하지만, 저는 이번 시안에서 '사용자 경험'측면에 집중하여 사용자가 더 쉽게 서비스를 이용할 수 있도록 하는 데 강점을 두었습니다. 이 부분은 긍정적으로 평가받았으면 좋겠습니다"라며 자신의 노력을 당당하게 어필했습니다.

- **결과:** 선배 B는 A의 솔직함과 배우려는 자세에 감명받았습니다. B는 A의 질문에 성심성의껏 조언해주었고, A는 빠르게 약점을 보완할 수 있었습니다. A는 '조언을 잘 듣는 후배'를 넘어, 자신의 장점과 약점을 정확히 알고 성장하려는 '당당한 인재'로 인정받게 되었습니다.

18. 눈치보지 마라 :
아무도 당신의 행동에 큰 관심이 없다

직장 생활에서 우리는 다른 이들의 눈치를 많이 보게 됩니다. 그러나 알고 보면 이런 눈치 보기는 불필요하게 에너지만 소모할 뿐입니다. 특히 새로운 조직이나 환경에 적응하는 초기에 우리는 '다른 사람들이 나를 어떻게 생각할까' 걱정하며 자신의 행동을 제약하곤 합니다. 하지만 현실은 냉정하게도, **대부분의 사람들은 당신의 행동에 생각만큼 큰 관심이 없습니다.** 모두가 자신의 업무와 개인적인 문제에 집중하고 있기 때문입니다.

왜 아무도 당신에게 큰 관심이 없을까?

- **자기중심적 사고:** 인간은 본능적으로 자기 중심적입니다. 대부분의 사람들은 다른 사람의 행동을 판단하고 평가하기보다, 자신의 업무, 자신의 성과, 자신의 문제에 더 많은 정신적 에너지를 쏟습니다. 당신이 회의에서 어떤 말을 했는지, 점심으로 무엇을 먹었는지… 그런 일들은 그들의 우선순위에서 한참 뒤에 있습니다.

- **관심은 곧 '효율성':** 직장 동료들의 관심은 '업무 효율성'과 직접적으로 관련되어 있습니다. 당신의 행동이 그들의 업무에 긍정적 또는 부정적인

영향을 미치지 않는 한, 그들은 당신의 행동에 대해 깊이 생각하지 않습니다. 그들이 당신에게 관심을 갖는 경우는 보통 협업이 필요한 순간이거나, 당신의 행동이 그들에게 직접적인 불편을 초래할 때입니다.

'눈치 보지 않는' 자유로운 태도가 주는 이점

① 창의적이고 주도적인 행동: '다른 사람의 시선'이라는 굴레에서 벗어나면, 당신은 더 창의적이고 주도적인 행동을 할 수 있습니다. 회의에서 엉뚱해 보이는 질문을 던지거나, 새로운 아이디어를 제안하는 것에 대한 두려움이 줄어들어, 결국 당신의 업무적 가치를 높이는 계기가 됩니다.

② 불필요한 에너지 절약: '이 행동을 해도 괜찮을까?', '저 사람이 나를 이상하게 보지 않을까?'하는 걱정은 엄청난 정신적 에너지를 소모합니다. 눈치를 보지 않는 태도는 이러한 불필요한 감정 소모를 줄여, 당신의 에너지를 중요한 업무와 자기 계발에 집중하게 합니다.

③ 자신감 있는 인상: 눈치를 보지 않고 소신껏 행동하는 사람은 주변 사람들에게 자신감 있고 당당한 사람이라는 인상을 줍니다. 이러한 이미지는 당신의 의견에 더 많은 무게를 실어주고, 리더십을 발휘하는 데 긍정적인 영향을 미칩니다.

‘눈치 보지 않는’ 태도로 성공한 사례

신입 팀원 A는 입사 초기에 팀원들의 눈치를 보며 소극적으로 행동했습니다. 회의에서도 의견을 내기보다 침묵했고, 점심시간에도 다른 사람들의 눈치를 보며 어색해 했습니다. 그의 소극적인 태도는 ‘자신감이 없고, 팀에 기여할 의지가 부족한 사람’이라는 오해를 불러일으켰습니다.

어느 날 그는 ‘어차피 아무도 나에게 큰 관심이 없다’는 사실을 깨닫고 태도를 바꾸기로 결심했습니다. 그는 회의에서 궁금한 점이 있으면 주저하지 않고 질문했고, 점심시간에도 먼저 동료들에게 말을 걸어 함께 식사할 것을 제안했습니다.

- **결과:** 그의 질문은 팀원들이 놓치고 있던 중요한 부분을 짚어주기도 했고, 그의 적극적인 제안 덕분에 팀 분위기는 더 활기차고 긍정적으로 변했습니다. 그는 더 이상 ‘눈치 보는 신입’이 아닌, ‘자신감 있고 긍정적인 팀원’으로 인정받게 되었고, 그의 의견은 팀의 의사결정에 더 많이 반영되기 시작했습니다.

이처럼 ‘눈치 보지 않는 것’은 단지 마음이 편해지는 것을 넘어, 당신의 가치를 증명하고 팀의 성장에 기여하는 중요한 자세입니다. 다른 사람들의 시선에 대한 두려움을 내려놓고, 당신의 소신을 행동으로 옮기세요.

19. 수다쟁이가 되라....
"스몰토크"의 달인이 되자

글로벌 기업에서 '수다쟁이가 되는 것'은 단순한 친목 도모를 넘어, **성공적인 커뮤니케이션과 네트워킹을 위한 필수 전략**입니다. 특히 '스몰토크(Small Talk)'는 비즈니스 대화의 딱딱함을 해소하고, 동료와 상사에게 인간적인 매력을 어필하며, 긍정적인 관계를 형성하는 데 결정적인 역할을 합니다. 업무 외적인 주제로 나누는 가벼운 대화는 '나'라는 사람을 더 잘 이해시키고, 신뢰의 기반을 다지는 강력한 도구가 됩니다.

왜 스몰토크의 달인이 되어야 하는가?

① 관계의 윤활유: 스몰토크는 회의 전후, 커피를 마시는 시간, 점심시간 등 일상적인 순간에 어색함을 없애고 부드러운 분위기를 만듦으로써 업무에 대한 깊은 논의로 자연스럽게 이어질 수 있는 긍정적인 환경을 조성합니다.

② 정보 획득의 통로: 스몰토크를 통해 동료의 취미, 관심사, 주말 계획 등을 알게 되면, 그 사람의 성향을 파악하고 더 나은 협업 방법을 찾을 수 있습니다. 또한, 비공식적인 자리에서 오가는 가벼운 대화 속에서 중요한 업무 정

보나 팀의 분위기를 파악할 수 있는 힌트를 얻기도 합니다.

③ 자신감 있는 인상: 스몰토크를 능숙하게 구사하는 사람은 주변 사람들에게 자신감 있고 사교성이 좋은 사람이라는 인상을 줍니다.

스몰토크의 달인이 되는 구체적인 방법

① 쉬운 주제로 시작하라: 날씨, 음식, 주말 계획, 취미 등 누구나 편하게 이야기할 수 있는 가벼운 주제로 대화를 시작해야 합니다. "주말에 뭐 하셨어요?", "오늘 날씨 정말 좋네요, 점심 먹고 산책할까요?"와 같은 간단한 질문으로 대화를 여는 연습을 하세요.

② 질문과 경청의 균형: 스몰토크는 일방적으로 말하는 것이 아니라, 상대방에게 질문을 던지고 그들의 이야기에 귀 기울이는 과정입니다. 상대방의 이야기에 고개를 끄덕이거나, "정말요? 더 자세히 말씀해 주시겠어요?"와 같이 적극적으로 반응하면, 상대방은 당신에게 더 큰 호감을 느낍니다.

③ 긍정적인 주제를 선택하라: 부정적이거나 논쟁의 여지가 있는 주제(예: 정치, 종교, 회사 내부의 민감한 문제 등)는 피해야 합니다. 대신, 긍정적이고 밝은 주제로 대화를 이끌어가면, 당신과 대화하는 시간이 즐거운 경험으로 기억될 것입니다.

스몰토크로 성공을 거둔 사례

외국계 기업에 입사한 지 얼마 안 된 A는 영어가 능숙하지 않아 늘 회의 시간에 침묵하고, 동료들과 거리를 두었습니다. 그는 '나의 영어가 어설퍼서 모두가 나를 무시할 것'이라는 생각에 사로잡혀 있었습니다. 하지만 그는 '스몰토크'의 중요성을 깨닫고, 용기를 내어 동료들에게 먼저 말을 걸기 시작했습니다.

A의 스몰토크 전략:

- 점심시간에 커피를 마시러 갈 때 "같이 가실래요?"라고 먼저 제안했습니다.
- 동료가 좋아하는 스포츠 팀에 대해 알게 된 후, 그 팀의 경기 결과를 먼저 찾아보고 아침에 "어제 경기 보셨어요? 정말 멋지던데요!"라고 말을 건넸습니다.
- 업무와 무관하게 고향 음식, 여행 경험 등 가벼운 주제로 이야기를 나누었습니다.

- **결과:** A의 어설픈 영어는 더 이상 장애물이 되지 않았습니다. 동료들은 그의 솔직하고 친근한 태도에 마음을 열었고, A는 '말은 조금 서툴지만, 마음이 따뜻하고 노력하는 사람'으로 인정받게 되었습니다. 스몰토크를 통해 형성된 긍정적인 관계는 A가 업무적으로 어려움을 겪을 때 동료들에게 기꺼이 도움을 받을 수 있는 든든한 기반이 되었습니다.

이처럼 스몰토크는 당신이 업무 외적으로 어떤 사람인지 보여주는 가장 강력한 도구입니다. '수다쟁이'가 되는 것을 두려워하지 말고, 가벼운 대화로 동료들과의 관계를 시작해 보세요.

20. 자신을 각인시킬 수 있는 나만의 끼 개발 / 표출 : 필요 시, 광대가 되는 것을 꺼리지 말라

치열한 경쟁 사회에서 단순히 업무 능력만으로는 충분하지 않습니다. **당신을 각인시킬 수 있는 '나만의 끼'를 개발하고 표출**해보세요. 때론 진지함과 프로페셔널함을 잠시 내려놓고, 기꺼이 '광대'가 되는 용기도 필요합니다. 당신의 인간적인 매력을 어필하고, 긍정적이고 즐거운 조직 문화를 만드는 데 기여할 수 있는 소중한 기회가 될 겁니다. 어느새 당신은 평범한 직원이 아닌, 주변 사람들에게 긍정적인 영향을 미치는 '특별한 인재'로 기억되겠지요.

왜 '끼'를 표출하고 '광대'가 되어야 하는가?

① 인간적인 매력 어필: 직장 생활은 딱딱한 업무의 연속이지만, 결국 사람과 사람의 관계로 이루어져 있습니다. 회의나 공식적인 자리에서 잠시 긴장을 풀어주는 유머, 자신만의 독특한 취미 등 '끼'를 보여주는 것은 당신을 더 친근하고 매력적인 사람으로 보이게 합니다.

② 긍정적 분위기 조성: 회의 분위기가 무겁거나, 팀원들이 지쳐 있을 때, 가벼운 농담이나 유쾌한 행동은 분위기를 전환하는 강력한 도구가 됩니다. '광대'가 되는 것을 두려워하지 않는 당신의 모습은 팀원들에게 웃음을 주

고, 긍정적인 에너지를 불어넣습니다.

③ 기억에 남는 사람 되기: 수많은 사람들 속에서 당신을 특별하게 만드는 것은 뛰어난 업무 능력만이 아닙니다. 자신만의 독특한 '끼'를 가진 사람은 다른 사람들의 기억 속에 더 오래 남습니다. 그만큼 당신의 존재감을 강화하고, 중요한 기회로 이어질 가능성도 높아지지요.

'끼'를 개발하고 '광대'가 되는 구체적인 방법

① 취미를 업무에 연결하라: 당신의 취미를 업무에 활용할 수 있는 방법을 찾아보세요. 예를 들어, 사진 촬영이 취미라면 팀 회식 사진을 직접 찍어 공유하거나, 캘리그라피가 취미라면 팀원들의 생일을 축하하는 손글씨 카드를 만들어 주는 것도 좋습니다.

② 가벼운 유머를 시도하라: 회의 시작 전, "오늘 아침에 지각할 뻔했는데, 제 다리가 저를 구했습니다!"와 같은 가벼운 농담으로 긴장감을 해소해 보세요. 유머는 분위기를 부드럽게 만들고, 아이디어를 자유롭게 교환할 수 있는 환경을 조성합니다.

③ 'TMI'를 활용하라: TMI(Too Much Information)는 때때로 긍정적인 효과를 낳기도 합니다. 점심시간에 당신의 재미있는 일상 이야기나 독특한 경험을 공유해 보세요. 다른 사람들은 당신의 의외의 모습에 흥미를 느끼고,

당신에게 더 큰 친밀감을 느낄 것입니다.

'광대'가 되어 성공을 거둔 사례

팀장 A는 팀 분위기를 항상 긍정적으로 만들고 싶어 했습니다. 그는 뛰어난 업무 능력 외에 '코미디언'이라는 자신만의 끼를 가지고 있었습니다. 그는 매주 팀 회의 시작 전, 5분씩 '웃긴 짤'이나 '재미있는 이야기'를 공유하는 시간을 가졌습니다.

'광대'가 된 팀장 A:

- 무거운 회의 주제가 나오기 전, 1분짜리 유머 동영상을 보여주며 팀원들의 긴장을 풀어주었습니다.
- 새로운 프로젝트를 설명할 때, 어려운 개념을 재미있는 비유로 설명하여 팀원들의 이해를 도왔습니다.
- 가끔은 자신의 엉뚱한 실수담을 공유하며, 팀원들이 실패를 두려워하지 않도록 격려했습니다.

- **결과:** 팀원들은 팀장 A의 유쾌한 모습에 마음을 열었고, 팀 분위기는 매우 활발하고 긍정적으로 변했습니다. 팀원들은 자신의 의견을 자유롭게 표현했고, 곧 팀의 창의성과 생산성 향상으로 이어졌습니다. 팀장 A는 단순히 '능력 있는 리더'를 넘어, '함께 일하고 싶은 리더'로 인정받게 되었습니다.

이처럼 자신을 각인시킬 수 있는 '끼'를 표출하고, 필요할 때 '광대'가 되는 것을 두려워하지 마세요. 당신의 유쾌한 모습은 팀에 활력을 불어넣고, 당신의 존재 가치를 더욱 빛나게 만들 것입니다.

21. 가능한 항상 밝은 표정을 유지하라

직장 생활에서 '밝은 표정'은 단순히 개인의 기분을 나타내는 것을 넘어, 당신이 주변 사람들에게 어떤 영향을 미치는 사람인지를 보여주는 중요한 요소입니다. 항상 밝은 표정을 유지하는 것이야말로 당신의 능력을 더 돋보이게 하고, 호감을 남기는 가장 쉽고 강력한 방법입니다. 당신의 표정으로 인해 긍정적인 에너지가 주변에 퍼져나가고, 당신에겐 좋은 이미지가 쌓여갈 겁니다. 두터운 신뢰와 신뢰의 기회도 뒤따라 오겠지요.

왜 밝은 표정이 중요한가?

① 긍정적인 에너지 전파: 밝은 표정은 전염성이 강합니다. 당신의 미소는 주변 사람들의 긴장을 풀어주고, 긍정적인 분위기를 만듭니다. 이는 팀원들의 사기를 높이고, 협업의 효율성을 증가시키는 효과를 낳습니다.

② 신뢰와 호감도 상승: 사람들은 밝은 표정을 가진 사람을 더 쉽게 신뢰하고 호감을 느낍니다. '이 사람과 함께 일하면 즐겁겠다'는 인상은 당신에게 새로운 기회를 가져다 줄 수 있습니다. 반대로, 항상 굳은 표정은 접근하기 어렵고, 함께 일하고 싶지 않다는 인상을 줄 수 있습니다.

③ 자신감 있는 인상: 밝은 표정은 당신이 현재 상황을 긍정적으로 바라보고, 자신감 있게 대처하고 있다는 것을 보여줍니다. 이는 당신의 능력에 대한 신뢰를 높이고, 리더십 역량을 어필하는 데 긍정적인 영향을 미칩니다.

밝은 표정을 유지하는 구체적인 방법

① 아침 인사로 하루를 시작하라: 출근 후 동료들에게 밝은 목소리로 "안녕하세요!"라고 인사하는 것만으로도 당신과 동료 모두에게 긍정적인 하루를 시작하는 계기가 됩니다.

② 가벼운 미소를 습관화하라: 회의 중이거나 동료와 복도에서 마주칠 때, 무표정으로 지나치기보다 가볍게 미소를 지어 보세요. 작은 미소는 당신에 대한 상대방의 인상을 크게 바꿀 수 있습니다.

③ '역지사지'의 관점: 상대방의 굳은 표정을 보면 어떤 생각이 들지 생각해 보세요. 높은 확률로 '무슨 힘든 일이 있나?', '나에게 화가 났나?' 하고 부정적인 상상을 하게 될 겁니다. 반대로, 상대방의 밝은 표정은 긍정적인 감정을 불러일으킵니다. 내가 상대방에게 어떤 감정을 주고 싶은지 생각하며 표정을 관리해 보세요.

밝은 표정으로 성공을 거둔 사례

팀원 A는 뛰어난 업무 능력을 가지고 있었지만, 항상 무표정하고 차가운 인상 때문에 동료들이 쉽게 다가가지 못했습니다. 이 때문에 그는 협업이 필요한 프로젝트에서 소외되는 경우가 많았고, 그의 능력만큼의 인정을 받지 못했습니다.

- **A의 변화:** A는 자신의 표정이 사람들에게 부정적인 인상을 준다는 것을 깨닫고, 의식적으로 밝은 표정을 유지하기 위해 노력했습니다. 그는 아침마다 거울을 보며 미소 짓는 연습을 했고, 동료들에게 먼저 말을 걸 때도 항상 웃는 얼굴로 대했습니다.

- **결과:** 그의 변화는 팀원들에게 긍정적인 영향을 미쳤습니다. 동료들은 A에게 더 쉽게 다가갔고, 자연스럽게 협업하는 기회가 늘어났습니다. A는 밝아진 표정 덕분에 '능력도 좋고, 함께 일하기도 편한 사람'이라는 이미지를 얻게 되었고, 그의 리더십 역량까지 긍정적으로 평가받게 되었습니다.

이처럼 밝은 표정은 당신이 가진 잠재력을 외부로 표출하고, 긍정적인 관계를 형성하는 가장 강력한 무기입니다. 오늘부터라도 미소를 짓는 연습을 시작해 보세요.

22. 당신이 입는 옷이 당신을 말해준다: TPO에 맞는 옷차림에 신경 써라

직장 생활에서 '패션'과 '옷차림'은 개인의 취향을 넘어, **당신의 전문성과 태도를 보여주는 중요한 비언어적 커뮤니케이션 수단**입니다. TPO(Time, Place, Occasion)에 맞는 옷차림에 신경 쓰는 것은 상대방에 대한 존중을 표현하고, 당신의 첫인상을 긍정적으로 만들며, 업무에 대한 진지한 태도를 각인시키는 가장 확실한 방법입니다.

왜 옷차림이 중요한가?

① 첫인상과 신뢰 구축: 첫인상은 불과 몇 초 만에 결정되며, 한 번 형성된 인상을 바꾸기란 매우 어렵습니다. 깔끔하고 TPO에 맞는 옷차림은 당신이 자신을 관리할 줄 아는 사람이라는 인상을 주며, 이는 곧 당신의 업무 능력에 대한 신뢰로 이어집니다.

② 전문성 어필: 옷차림은 당신이 속한 직무와 조직의 특성을 반영합니다. 예를 들어, 금융업계의 직장인이 캐주얼한 옷차림을 하면 신뢰가 떨어질 수 있고, 디자인 업계의 직장인이 너무 딱딱한 정장을 입으면 창의성이 부족해 보일 수 있습니다. 당신의 역할에 맞는 옷차림은 당신의 전문성을 강화합니다.

③ 자기 관리 능력 표출: 옷차림에 신경 쓰는 것은 '나는 나 자신을 관리하고 있다'는 무언의 메시지를 전달합니다. 당신이 사소한 것까지 놓치지 않는 꼼꼼한 사람이라는 인상을 주어, 업무에 대한 태도까지 긍정적으로 평가받게 합니다.

TPO에 맞는 옷차림을 위한 구체적인 팁

① 조직 문화에 맞는 스타일 파악: 당신이 속한 회사의 옷차림 문화를 파악하는 것이 가장 중요합니다. 보수적인 분위기의 회사라면 깔끔한 정장이나 비즈니스 캐주얼을, 자유로운 분위기의 회사라면 개성을 드러내되 단정한 스타일을 선택하는 것이 좋습니다.

② 색상과 디자인에 신경 쓰기: 너무 화려하거나 눈에 띄는 색상, 디자인보다는 단정하고 차분한 색상(네이비, 그레이, 베이지, 화이트)을 활용하는 것이 좋습니다. 깔끔한 디자인의 옷은 당신을 더 프로페셔널하게 보이게 합니다.

③ 상황에 맞는 복장 선택: 중요한 미팅이나 외부 고객을 만날 때는 평소보다 격식 있는 복장을 선택하는 것이 좋습니다. '이 자리의 주인공은 내가 아니라 우리 회사다'라는 마음가짐으로, 회사에 대한 긍정적인 이미지를 전달할 수 있는 복장을 선택해야 합니다.

옷차림으로 성공을 거둔 사례

컨설턴트 A는 뛰어난 실력을 가지고 있었지만, 항상 편안한 캐주얼 복장을 선호했습니다. 하지만 중요한 고객사 미팅에 참석했을 때, 상대방은 A의 편안한 옷차림을 보고 '이 사람이 정말 우리 회사의 중요한 문제를 해결할 수 있을까?'라는 의구심을 가졌습니다.

- **A의 변화:** A는 옷차림이 주는 비언어적 메시지의 중요성을 깨닫고, TPO에 맞는 옷차림에 신경 쓰기 시작했습니다. 그는 고객사 미팅이 있는 날에는 깔끔한 정장이나 세련된 비즈니스 캐주얼을 입었고, 평소에도 단정하고 세련된 스타일을 유지했습니다.

- **결과:** B의 변화는 고객들에게 긍정적인 인상을 주었습니다. 고객들은 B의 옷차림에서 그의 진지한 태도와 전문성을 느꼈고, 그의 의견에 더 큰 신뢰를 보냈습니다. A는 옷차림이라는 작은 변화를 통해 자신의 역량을 더 효과적으로 전달할 수 있었고, 더 많은 고객사와의 계약을 성사시킬 수 있었습니다.

이처럼 패션과 옷차림은 당신의 전문성과 태도를 보여주는 중요한 도구입니다. '옷이 날개'라는 말처럼, TPO에 맞는 옷차림으로 당신의 가치를 더욱 높여보세요.

23. 어떠한 상황에서도 먼저 "I am sorry"를 입 밖으로 뱉지 마라

외국계 기업은 개인의 역량과 문제 해결 능력을 중요하게 생각합니다. 따라서 실수나 문제가 발생했을 때 "Sorry"라는 말로 감정을 앞세우기보다는, 상황을 객관적으로 분석하고 해결책을 제시하는 태도를 보여야 합니다. 'Sorry'는 그 순간의 불편함을 모면할 수 있지만, 당신의 전문성과 주체성을 깎아내릴 수 있습니다. 대신, 해결을 도운 동료에게 "Thanks"라고 말하며 긍정적인 관계를 구축하고, 문제를 통해 무엇을 배웠는지 명확히 보여주는 것이 훨씬 효과적입니다.

사례 1: 'Sorry'가 아닌 'Thanks'로 신뢰를 얻은 신입사원 A

신입사원 A는 마케팅 보고서에 중요한 데이터 하나를 잘못 기입하는 실수를 했습니다. 이 사실을 먼저 발견한 팀 리더가 그녀에게 알려주었을 때, 그녀는 "I am so sorry, I will fix it right away"라고 말하려다 잠시 멈췄습니다. 이 상황이 단순히 '사과'로 끝날 일이 아니라는 것을 깨달았기 때문입니다. 대신 그녀는 다음과 같이 말했습니다.

- **A의 반응:** "Thank you for letting me know. 제가 실수를 바로잡을 수 있게 도와 주셔서 감사합니다.(Thank you for helping me correct my mistake). 이번 실수를 통해 데이터 검증 절차에 대한 중요성을 다시 한

번 깨달았습니다. 앞으로는 이런 실수가 반복되지 않도록 3단계에 걸쳐 더 꼼꼼하게 검토하는 프로세스를 만들겠습니다."

- **리더의 반응:** 리더는 A의 반응에 매우 긍정적인 인상을 받았습니다. 그녀는 사과에 급급하기보다 문제를 인지하고, 해결책을 제시하며, 재발 방지 대책까지 마련하는 주체적인 태도를 보였기 때문입니다. 이 사건 이후, 리더는 A를 단순한 팀원이 아닌 '성장 가능성이 높은 인재'로 인식하게 되었습니다.

사례 2: 'Sorry'를 남발하며 신뢰를 잃은 동료 B

반면, 동료 B는 보고서 작성 중 같은 실수를 저질렀습니다. 그는 팀 리더의 지적에 "Oh, I am really sorry, my mistake"라고만 반복하며 급하게 보고서를 수정했습니다. 그가 말한 "Sorry"는 단지 그 상황을 빠르게 모면하려는 시도로 비춰졌고, 리더는 B가 실수의 원인을 제대로 파악하고 있는지 의문을 가졌습니다. 이로 인해 리더는 그에게 중요한 업무를 맡기기 전에 한 번 더 생각하게 되었습니다.

'Sorry'대신 'Thanks'가 가져오는 긍정적인 효과

① 책임감 있는 태도: "Sorry"는 실수를 인정하는 행위지만, 때로는 책임을 회피하고 싶어 한다는 인상을 줄 수 있습니다. 반면, "Thanks"는 문제 해결

에 대한 책임감을 보이며, 함께 문제를 해결하려는 적극적인 태도를 보여줍니다.

② 성장하는 전문가 이미지: "Thanks"를 통해 문제점을 알려준 사람에게 감사를 표하고, 그 실수를 통해 무엇을 배웠는지 설명하는 것은 당신을 '실수를 통해 성장하는 전문가'로 각인시키는 효과가 있습니다. 실수는 누구나 하지만, 그 실수에 어떻게 대처하는지에 따라 당신의 가치는 달라집니다.

③ 해결에 초점 맞추기: "Sorry"는 과거의 실수에 초점을 맞추지만, "Thanks"는 문제의 해결과 미래의 발전에 초점을 맞춥니다. 외국계 기업은 과거의 실수에 얽매이기보다, 현재의 문제를 어떻게 해결하고 미래를 어떻게 발전시킬지에 더 큰 가치를 둡니다.

24. 반대 의견 또는 이견이 있을 경우, 반드시 대안을 가지고 이슈화하라

외국계 기업은 '건설적인 비판(Constructive Criticism)'과 '문제 해결 능력(Problem-Solving Skills)'을 매우 중요하게 생각합니다. 무턱대고 "그 의견에 반대합니다"라고 말하는 것은 팀의 효율을 떨어뜨리고, 당신을 '문제 제기만 하는 사람'으로 인식하게 만들 위험이 있습니다. 진정한 프로페셔널은 문제만 지적하는 것이 아니라, 문제에 대한 대안을 제시하며 팀을 더 나은 방향으로 이끄는 사람입니다. 따라서 반대 의견이나 이견이 있을 경우, 반드시 명확한 대안과 함께 제시해야 합니다.

사례 1: 대안과 함께 이견을 제시해 신뢰를 얻은 매니저 A

매니저 A는 신규 프로젝트 회의에서 팀원 한 명이 제안한 아이디어에 대해 우려를 표했습니다. 그녀는 "그 아이디어는 현실성이 떨어진다고 생각합니다"라고 말하는 대신, 다음과 같이 말했습니다.

- **A 매니저의 반응:** "제 생각에 그 아이디어는 시장 진입 장벽이 높아 초기 투자 대비 리스크가 크다고 판단됩니다. 하지만 아이디어의 핵심인 '고객 맞춤형 서비스'라는 방향성은 매우 훌륭하다고 생각합니다. 따라서 저는 A 아이디어를 보완하여, 초기 리스크를 최소화하고 단계적으로 시장에 진입할 수 있는 'B 대안'을 제안합니다. 이 대안은 기존 아이디어의

장점을 살리면서도, 실행 가능성을 높일 수 있을 것입니다."

- **결과:** 팀원들은 A 매니저의 의견에 귀를 기울였습니다. 그녀는 단순히 아이디어를 반대하는 것이 아니라, 대안을 통해 문제를 해결하고 프로젝트의 성공 가능성을 높이려는 '주체적인 리더'의 모습을 보여주었기 때문입니다. 그녀의 피드백은 팀 내에서 '발전적인 의견'으로 받아들여졌고, 팀원들은 그녀를 더욱 신뢰하게 되었습니다.

사례 2: 반대 의견만 표출하며 협업을 방해한 동료 B

반면, 동료 B는 회의에서 다른 팀원의 아이디어에 대해 "그 아이디어는 별로인 것 같습니다. 성공하기 어려울 겁니다"라고만 말했습니다.

- **팀원 B의 반응:** "그 아이디어는 저희가 가진 인력으로는 불가능할 것 같습니다. 비현실적이라고 생각해요."

- **결과:** 그의 의견은 팀에 어떤 도움도 되지 않았습니다. 오히려 팀 분위기를 냉각시키고, 아이디어를 제시한 팀원에게 상처만 주었습니다. 그는 '협업을 방해하는 사람' 혹은 '부정적인 사람'이라는 인상을 주게 되었고, 이후 그의 의견은 팀원들 사이에서 무게감을 잃게 되었습니다. B는 문제 해결에 기여하기보다 문제를 만드는 사람으로 낙인 찍혔고, 이러한 사실은 장기적으로 그의 커리어에 부정적인 영향을 미쳤습니다.

이견을 대안과 함께 제시하는 긍정적인 효과

① 문제 해결 능력 증명: 반대 의견과 함께 대안을 제시하는 것은 당신이 단순히 문제를 보는 것을 넘어, 문제를 해결하는 능력을 갖추고 있음을 증명합니다. 이는 당신의 전문성과 가치를 높이는 가장 확실한 방법입니다.

② 생산적인 논의 유도: 대안이 없는 반대는 감정적인 논쟁으로 흐르기 쉽습니다. 하지만 구체적인 대안을 제시하면 논의의 초점이 '이견'에서 '최선의 해결책'으로 이동하여, 팀이 더 나은 결정을 내릴 수 있도록 돕습니다.

③ 긍정적인 관계 구축: 대안을 제시하는 행위는 상대방의 의견을 존중하면서도 더 좋은 방향으로 함께 나아가고자 하는 의지를 보여줍니다. 동료 및 리더와의 신뢰를 쌓고, 긍정적인 협업 관계를 구축하는 데 필수적입니다.

25. 휴가를 최대한 활용하고 충분히 즐기라. 주변 눈치 1도 볼 필요 없음!!

외국계 기업은 직원들의 재충전을 매우 중요하게 생각합니다. 충분한 휴식은 업무 효율성을 높이고, 창의적인 아이디어를 발굴하는 원동력이 되기 때문입니다. 따라서 부여된 휴가를 최대한 활용하는 것은 당연한 권리이자, 더 나아가 자신의 경쟁력을 관리하는 프로페셔널한 태도입니다. 한국 기업 문화에서는 휴가를 쓰는 것에 대해 '눈치'를 봐야 하는 경우가 있지만, 외국계 기업에서는 그런 걱정을 할 필요가 없습니다. 휴가 사용은 당신의 성장을 위한 투자이며, 당신의 성과에 긍정적인 영향을 미친다는 점을 인식해야 합니다.

사례 1: 휴가를 즐기며 재충전하고 성과를 높인 팀원 A

팀원 A는 부여된 연차를 아낌없이 사용하기로 했습니다. 그는 프로젝트의 중요 일정과 겹치지 않게 미리 휴가 계획을 세웠고, 팀원들에게 자신의 휴가 기간과 업무 공백을 명확히 공유했습니다.

- **팀원 A의 휴가:** 그는 한 달에 한 번씩 금요일에 연차를 사용하여 3일 연휴를 만들거나, 연말에 2주간 해외여행을 떠났습니다. 휴가 중에는 업무 관련 메일이나 메시지를 일절 확인하지 않고 온전히 휴식에 집중했습니다.

- **결과:** 충분한 휴식을 통해 그는 지친 몸과 마음을 재충전할 수 있었습니다. 복귀 후에는 업무에 대한 새로운 열정과 창의적인 아이디어가 샘솟았고, 그것들은 곧 좋은 성과로 이어졌습니다. 리더와 동료들은 그의 휴가 사용을 당연하게 받아들였고, 오히려 "A가 돌아왔으니, 더 좋은 아이디어가 나올 것"이라며 기대했습니다. 그는 '일할 때는 집중하고, 쉴 때는 확실히 쉬는' 균형 잡힌 프로페셔널로 인정받게 되었습니다.

사례 2: 휴가를 제대로 쓰지 못하고 번아웃에 빠진 동료 B

반면, 동료 B는 '휴가를 쓰면 팀원들에게 폐를 끼치는 것 같다'는 생각에 휴가를 제대로 사용하지 못했습니다. 그녀는 연차가 쌓여만 가는데도, 중요한 프로젝트가 아니더라도 휴가를 미루기 일쑤였습니다.

- **팀원 B의 휴가:** 그녀는 휴가를 쓰더라도 불안감 때문에 업무 관련 메일을 수시로 확인하거나, 팀원들의 연락을 받기 위해 노트북을 켜놓았습니다. 몸은 쉬고 있었지만, 정신은 쉬지 못했던 것입니다.

- **결과:** 그녀는 충분히 재충전하지 못했고, 시간이 지날수록 업무에 대한 흥미를 잃고 무기력해지는 '번아웃(Burnout)'상태에 빠졌습니다. 그녀의 성과는 점점 하락했고, 결국 팀 내에서 '일의 능률이 떨어지는 동료'로 인식되었습니다. 휴가를 아끼려는 그녀의 태도는 장기적으로 자신과 팀 모두에게 부정적인 결과를 가져왔습니다.

휴가 활용이 가져오는 긍정적인 효과

① 높은 업무 효율성: 휴가는 단순히 쉬는 시간이 아닙니다. 휴식을 통해 몸과 마음을 재충전하면 업무에 대한 집중력이 높아지고, 더 높은 효율성을 발휘할 수 있습니다.

② 창의성 및 문제 해결 능력 향상: 일상에서 벗어나 새로운 경험을 하는 것은 새로운 영감을 얻을 수 있는 좋은 기회입니다. 휴가는 당신의 시야를 넓히고, 업무에 대한 창의적인 해결책을 찾는 데 큰 도움이 됩니다.

③ 번아웃 예방 및 스트레스 관리: 적절한 휴가는 업무로 인한 스트레스를 해소하고, 심리적인 안정감을 줍니다. 이러한 쉼은 장기적으로 건강한 직장 생활을 유지하는 데 필수적입니다.

④ 존중받는 전문가 이미지 구축: 휴가를 당연한 권리로 인식하고 계획적으로 사용하는 태도는 당신이 '자신의 삶을 주도적으로 관리하는 전문가'라는 인상을 줍니다. 동료들에게 존경을 받는 요소가 됩니다.

26. 임원을 위한 고객 불만 대응 전략: 'The Sooner, The Better' 리더십

외국계 기업에서 임원(Executive)이 되거나 임원의 역할을 수행할 때, **고객 불만 및 품질 문제 대응**은 눈앞에 놓인 문제를 해결하는 차원을 넘어, **리더십의 핵심 역량**을 보여줄 수 있는 **전략적 기회**입니다. 특히, 본사(Headquarters)와의 커뮤니케이션 절차를 이유로 **대응이 지연되는 외국계 기업의 관행**은 국내 시장에서 치명적인 약점으로 작용합니다. 미래의 임원이라면 "The Sooner, The Better" 원칙을 고수하며, **선제적이고 적극적인 경영진의 개입**을 통해 위기를 기회로 바꿔야 합니다.

1. 초동 대응의 중요성: 이성적 단계에서 문제 해결

고객의 불만은 초기에는 이성적이고 논리적인 단계에서 시작됩니다. 이 단계에서는 문제의 원인과 해결 방안에 대한 객관적인 협의와 합의가 비교적 용이합니다.

- **위기 증폭의 메커니즘:** 외국계 기업의 내부 절차(본사 보고, 승인 대기 등) 때문에 대응이 늦어지면, 고객은 '무시당하고 있다'는 느낌을 받으며 불만은 급격히 **감정적인 단계**로 전환됩니다. 감정적 단계에서는 고객은

단순히 물질적 보상뿐만 아니라 '회사의 진정성 있는 사과와 책임 있는 자세'를 요구하게 되며, 협의에 소요되는 '시간과 비용(Cost)'은 기하급수적으로 증가합니다.

- **임원의 전략:** 임원은 이성적 단계에 있을 때 **가장 먼저 개입**해야 합니다. 최고 레벨의 담당자가 빠르게 나서는 것 자체가 고객에게 '우리가 이 문제를 가장 중요하게 생각하고 있다'는 신뢰의 메시지를 전달합니다.

2. 경영진의 선제적 개입: 위기를 기회로 전환하는 리더십

고객 불만 상황에서 경영진이 직접, 선제적으로 개입하는 행위는 단순한 문제 해결 이상의 전략적 가치를 창출합니다.

- **즉각적인 신뢰 구축:** 경영진 레벨(Executive Level)에서 직접 고객사를 **방문**하고 **담당자의 입장과 감정**에 귀 기울이는 모습은 고객에게 강한 인상을 남깁니다. 이는 불만 사안의 실무 담당자를 넘어, 고객사 경영진 또는 핵심 관계자(KEY-MEN)에게까지 긍정적인 이미지를 확산시키는 가장 확실한 방법입니다.

- **'전화위복'의 상황 도출:** 적극적인 초기 대응과 진정성 있는 태도는 고객사의 담당자가 회사를 오히려 **좋은 시각**으로 바라보게 만드는 전화위복(Turnaround)의 기회가 됩니다. 때로는 이 경험을 통해 고객사 담당자

와 **개인적인 신뢰 관계**를 구축할 수 있습니다.

- **미래의 '우군(Ally)' 확보:** 현재의 불만 사안을 해결하며 맺은 긍정적인 관계는 향후 **추가 수주, 계약 유지**에 큰 도움이 됩니다. 특히, 유사한 문제가 발생하거나 경쟁사의 압박이 있을 때, 해당 고객사 담당자는 **우리 회사의 입장과 노력을 대변**하는 **우군(Ally)** 역할을 자처할 가능성이 높습니다. 임원은 자신이 직접 연관되지 않은 사안일지라도, 이러한 핵심 관계자(KEY-MEN)에게 긍정적인 영향을 미칠 수 있음을 인지하고 개입해야 합니다.

3. 지연 대응의 위험성과 임원의 책임

대응이 늦어져 감정적인 단계로 진입할 경우, 조직은 막대한 **손실과 장기적인 리스크**를 감수해야 합니다.

- **매몰 비용(Sunk Cost)의 증가:** 문제 해결을 위한 **법적/기술적 대응 비용**뿐만 아니라, 고객과의 감정적 소모로 인한 **협상 시간**이 기하급수적으로 늘어나 전체 손실(Cost)을 증폭시킵니다.

- **미래 사업에 대한 걸림돌:** 불만 처리 과정에서의 미흡함은 고객에게 **부정적인 기업 평판**을 남기며, 향후 **추가 수주 및 거래**에 직접적인 걸림돌(Obstacle)로 작용하게 됩니다. 임원은 이러한 장기적인 **사업 리스크**를

회피하는 전략적 결단을 내려야 합니다.

결론적으로, 외국계 기업의 임원은 '본사 절차'를 핑계로 국내 시장의 '속도와 정서'에 둔감해서는 안 됩니다. 고객 불만은 임원의 **위기 관리 능력, 문제 해결 의지, 그리고 진정한 리더십**을 보여줄 수 있는 시험대입니다. **최대한 신속하고, 적극적으로, 그리고 인간적인 차원**에서 개입하는 것이 성공적인 임원 경력과 사업 성장을 위한 필수적인 Best Practice입니다.

27. 맞춤형(Customized) 평가 및 보상 전략: 부서별 니즈 충족을 통한 성과 극대화

평가와 보상 시스템을 **획일적으로 표준화하는 것**은 조직 전체의 동기 부여 효과를 떨어뜨릴 수 있습니다. 특히 외국계 기업의 선진 인사관리에서는 각 부서가 가진 고유의 역할, 목표, 그리고 직원이 중요하게 생각하는 가치(Needs)에 맞춰 평가 지표와 보상 형태를 맞춤형(Customized)으로 설계하는 것이 핵심 전략입니다. 미래의 임원이라면 이러한 '부서별 니즈 기반 보상'의 중요성을 이해하고 시스템을 구축하는 리더십을 보여줘야 합니다.

1. 영업 부서: '실적 달성 지원'을 최고의 보상으로 활용

영업 부서 직원들의 가장 큰 동기 부여 요인은 성과 달성을 통한 금전적 인센티브 극대화입니다. 하지만, 단순히 높은 인센티브만으로는 장기적인 충성도를 확보하기 어렵습니다.

맞춤형 평가 및 보상:

- **평가:** 개인 실적뿐만 아니라, **시장 개척 난이도, 고객 만족도(CSAT)** 등 단순히 매출액으로 측정하기 어려운 **전략적 기여도**를 반영합니다.
- **보상:** '경영진의 전략적 지원(Executive Help & Support)'을 최우선 보

상으로 제공합니다. 영업 직원이 **경영진의 인맥이나 권한**을 통해 **수주 문제를 해결**하거나 **핵심 고객과의 관계를 구축**하도록 지원받는 경험은 어떠한 금전적 보상보다 강력한 **경영진에 대한 충성도**와 **회사에 대한 헌신**을 유발합니다. 이는 오너십을 가진 리더만이 제공할 수 있는 '맞춤형 가치'입니다.

2. 관리/지원 부서:
'유연성 및 워라밸'을 핵심 보상으로 제공

재무, 인사(HR), 법무 등 관리/지원 부서는 상대적으로 업무의 예측 가능성이 높고 업무 환경의 질에 대한 요구가 큽니다. 이들에게는 '시간과 공간의 유연성'이 가장 매력적인 보상입니다.

맞춤형 평가 및 보상:

- **평가: 업무 프로세스 개선 기여도, 리스크 관리 성과, 내부 고객 만족도 (Internal Customer Satisfaction)** 등 지원 업무의 **효율성 및 품질**에 초점을 맞춥니다.
- **보상: '워케이션(Work + Vacation)' 및 유연 근무 확대**를 주요 보상으로 채택합니다. 프로젝트 마감 후 성과가 우수한 팀이나 개인에게 **워케이션 (특정 기간 동안 휴양지 등에서 원격 근무)** 기회를 제공하거나, **정기적인 재택근무 횟수**를 확대하여 **워라밸**을 실질적으로 보장합니다. 이는 직원들이 회사를 떠나지 않고 **장기간 헌신**하도록 유도하는 효과적인 비금전

적 인센티브입니다.

3. 생산, 장비 및 물류 부서: '경영진과의 인간적 유대'를 통한 존중 보상

생산, 장비, 물류 부서 직원들은 현장에서 회사의 가치를 직접 생산하고 지원하는 중요한 역할을 담당합니다. 이들은 피상적인 보상보다는 경영진이 자신들의 목소리를 경청하고, 업무 환경의 어려움을 이해하려는 진정성에 크게 반응합니다.

맞춤형 평가 및 보상:

- **평가: 안전 규정 준수율, 생산 목표 달성률, 장비 유지 보수 효율성** 등 현장 중심의 객관적 지표를 활용하되, **팀워크 및 문제 해결 노력**도 중요하게 반영합니다.
- **보상:** '경영진 주관의 인간적 교류 활동'을 통한 인정이 가장 효과적입니다.
  - ❖ **팀 빌딩 회식, 체육활동(축구, 족구), 등산/낚시 등 야외 활동, 프로 경기 단체 관람 등을 경영진이 직접 주관하고 참여**합니다.
  - ❖ 이러한 활동을 통해 경영진은 현장 직원들과 **비공식적인 자리**에서 소통하며 그들의 **업무 환경에 대한 목소리**를 경청하고, **인간적인 유대감**을 형성합니다. 이러한 '정성적 노력과 시간 투자'는 현장 직원들에게 **존중받고 있다는 느낌**을 주어, 단순한 금전 보상 이상의 **강력한 충**

성도와 동기 부여를 이끌어냅니다.

결론적으로, 임원으로서 성공하기 위해서는 각 부서가 성공을 위해 필요로 하는 가장 중요한 '자원(Resource)'이 무엇인지 파악하고, 그것을 평가와 보상 시스템에 **전략적으로 통합**해야 합니다. 영업직에게는 **권한**, 관리직에게는 **유연성**, 현장직에게는 **인정 및 경청**을 제공하는 **맞춤형 접근 방식**이야말로 조직의 시너지를 극대화하는 미래형 리더십의 핵심입니다.

28. 일반 직원을 위한 BEST PRACTICE 보상: 프로젝트 성과를 팀 전체로 확산하는 전략

프로젝트 오너(Project Owner)뿐만 아니라 **프로젝트에 기여한 일반 직원 및 지원 부서**까지 보상하는 '팀 패키지 보상'전략은, 외국계 기업에서 **일반 직원들의 동기 부여와 협업 문화를 극대화**하는 핵심적인 인사 관행(Best Practice)입니다. 이는 단순한 금전적 보상을 넘어, 직원들의 인정 욕구(Recognition)와 **성장 기회**를 충족시켜 이직률을 낮추는 효과적인 방법입니다.

1. 팀 패키지 보상의 중요성: 일반 직원의 참여 독려

프로젝트의 성공은 눈에 띄는 오너 한 명이 아니라, 보이지 않는 곳에서 업무를 지원하고 생산성을 책임진 수많은 일반 직원의 유기적인 협력에서 나옵니다.

- **'숨은 공로'에 대한 정당한 인정:** 기획 단계에서는 두각을 나타내지 않았으나, **재무, 법무, IT 지원, 생산 라인** 등에서 문제를 해결하고 프로젝트가 제때 완료되도록 지원한 직원들의 공헌을 공식적으로 인정합니다. 이는 '내 일'외의 지원 업무도 가치 있게 평가받는다는 인식을 심어줍니다.

- **협업 문화의 강화:** 보상을 받을 핵심 팀원을 프로젝트 오너가 직접 **추천**하게 함으로써, 오너는 프로젝트 진행 중 지원 부서와의 관계를 소홀히 할 수 없게 됩니다. 이는 모든 팀원이 **상호 의존적**임을 깨닫게 하고, 향후 프로젝트에서 더욱 적극적인 **유대관계와 협력**을 구축하는 기반이 됩니다.

- **전사적 동기 부여:** 일반 직원이 핵심 프로젝트의 성공으로 정당한 보상을 받는 것을 목격한 다른 직원들은 '나도 기여하면 보상받을 수 있다'는 **긍정적인 시그널**을 받습니다. 이는 조직 전체의 몰입도(Engagement)와 **성과 창출 의지**를 높입니다.

2. 일반 직원을 위한 '팀 패키지 보상'실행 사례 (외국계 기업 중심)

외국계 기업들은 일반 직원들의 만족도를 높이기 위해 금전적 보상과 비금전적 인정을 결합한 총체적 보상(Total Rewards) 접근법을 활용합니다.

보상 유형	일반 직원을 위한 구체적 보상 사례	기대 효과 (직원 관점)
금전적 보상	**'Spot Bonus' 또는 'Thank You Bonus' 지급**: 프로젝트 오너의 추천을 받은 지원/생산 부서원에게 **정규 성과급과 별도로** 소액의 현금 보너스 또는 상품권 패키지를 즉시 지급합니다.	'노력에 대한 즉각적인 보상'으로 만족도가 높으며, 기여도가 확실히 인정받았다는 느낌을 받습니다.
시간/휴가 보상	**추가 유급 휴가(Extra PTO) 제공**: 프로젝트 마감으로 고생한 팀 전체에게 **하루 또는 반나절**의 추가 유급 휴가를 제공하여 재충전 기회를 줍니다.	돈으로 살 수 없는 '여가 시간'을 제공함으로써, 회사가 직원들의 워라밸(Work-Life Balance)을 존중한다는 인식을 심어줍니다.
경력 개발 보상	**핵심 직무 교육/워크숍 참여 기회**: 프로젝트 기여 직원에게 '보상 차원'으로 해당 업무와 연관된 **고급 외부 교육, 세미나, 해외 컨퍼런스** 참여 기회를 우선 제공합니다.	개인의 **성장 욕구**를 충족시키고, 회사가 나의 **장기적인 경력 개발**에 투자하고 있음을 체감하게 합니다.
비금전적 인정	**'감사 및 인정(Recognition)' 프로그램**: 전사 이메일, 사내 포털, 또는 월간 타운홀 미팅에서 오너와 팀원 전체를 **실명으로 칭찬**하고 공로를 인정합니다. (예: 'Quarterly Contributor Award' 등)	**자존감과 소속감**을 높이며, 다른 부서의 동료들에게도 자신의 공헌을 자랑스럽게 알릴 수 있는 기회를 제공합니다.

3. 프로젝트 오너 추천을 통한 공정성 확보 방안

이러한 팀 패키지 보상의 성패는 보상 대상 선정 과정의 공정성에 달려 있습니다. 그 공정성을 담보하는 것은 결국 프로젝트 오너의 리더십입니다.

① **기여도 가중치 설정:** 오너는 프로젝트 초기 단계에서부터 **지원 부서의 예상되는 핵심 역할**에 대한 가중치 기준을 설정해야 합니다. 예를 들어, '법적 리스크 최소화'에 기여한 법무팀 직원의 가치, '생산 수율 개선'에 기여한 생산팀 직원의 가치 등을 명확히 합니다.

② **객관적 근거 기록:** 오너는 프로젝트 기간 동안 지원팀/일반 직원들이 제공한 **구체적인 성과(데이터)와 문제 해결 사례**를 지속적으로 기록해야 합니다. (예: "A직원의 빠른 계약 검토로 런칭 일정을 2주 단축함").

③ **투명한 보상 커뮤니케이션:** 추천 및 보상 집행 후, '왜 이 팀/직원이 보상받았는지'에 대한 이유를 간결하고 명확하게 팀 전체에 공유합니다. 이는 보상의 정당성을 확보하고 다음 프로젝트를 위한 벤치마크를 제공합니다.

궁극적으로 '팀 패키지 보상'은 '개인의 뛰어난 성과'만큼이나 '조직 내의 효과적인 협업'을 중요한 기업 문화의 가치로 격상시키는 가장 효과적인 방법입니다. 일반 직원에게는 동기 부여를, 프로젝트 오너에게는 진정한 **리더십 역량**을 보여줄 기회를 제공합니다.

29장. 임원, 당신은 여전히 '최고 영업사원 (Chief Sales Officer)'이어야 한다

1. 임원의 딜레마: '실무 접기'의 달콤한 유혹과 그 이면

- **일반적인 인식의 오류:** 많은 임원들이 자신의 역할이 전략 수립, 조직 관리, 의사 결정으로 한정된다고 생각하며, 특히 일선 '영업'은 실무진에게 맡기고 싶어 하는 경향이 있습니다. 오랜 실무의 고단함에서 벗어나고자 하는 심리적 보상이기도 합니다.

- **전문성 유지와 '생명력'의 상관관계:** 하지만 이 순간이 바로 임원의 '전문성'과 '경력 생명력'이 마이너스로 전환되는 분기점입니다. 시장의 최전선(영업)에서 손을 떼는 것은, 결국 시장의 맥박을 놓치고 자신의 핵심 경쟁력을 스스로 약화시키는 결과를 초래합니다.

- **외국계 기업에서의 경고:** 특히 외국계 기업은 본질적으로 한국 시장에 대한 '영업소' 역할을 하는 경우가 많습니다. 본사가 요구하는 실적 압박 속에서, 시장과 고객에 대한 통찰력을 잃은 임원은 가장 먼저 교체 대상이 될 수 있습니다.

2. 영업의 본질: '물건'이 아닌 '자신'을 먼저 파는 작업

- **영업의 고차원적 정의:** '영업'은 단순히 물건이나 서비스를 파는 행위를 넘어, '**자신(임원/리더)의 통찰, 비전, 신뢰'를 파는 작업**입니다. 고객이 임원인 당신과의 거래를 선택하게 만드는 것이 진정한 영업의 핵심입니다.

신뢰를 파는 임원 영업의 과정:

❖ **자신을 세일즈한다:** 자신의 전문성, 28년 경력에서 나온 통찰, 그리고 문제 해결 능력에 대한 고객의 신뢰를 먼저 확보합니다.

❖ **관계를 세일즈한다:** 단순한 제품 구매를 넘어, 고객의 성장을 돕는 파트너로서의 '관계'를 구축합니다.

❖ **결과적으로 매출이 성장한다:** 이처럼 '사람'과 '신뢰'가 바탕이 된 거래는 자연스럽게 지속적인 매출 성장과 견고한 고객 기반으로 이어집니다.

3. AI 시대, '임원의 영업력'이 곧 차별화 전략이다

- **AI 및 온라인 쇼핑의 도전:** 앞으로 AI가 데이터를 분석하고, 온라인 플랫폼이 효율적인 제품/서비스 구매를 대행하는 시대가 더욱 가속화될 것입니다. 단순한 제품 스펙이나 가격 경쟁력은 AI와 온라인에 의해 평준화됩니다.

- **인간만이 가능한 '차별화':** 유일하게 복제 불가능한 차별화 요소는 임원의 경험과 통찰에 기반한 '영업적 리더십'입니다.
  - ❖ **고객의 복잡한 문제 해결:** AI가 찾지 못하는 고객의 깊은 고민과 복잡한 니즈를 파악하고, 자신의 네트워크와 조직 역량을 총동원하여 해결책을 제시하는 능력.
  - ❖ **위기 상황에서의 '앵커(Anchor)' 역할:** 시장의 불확실성이나 예상치 못한 위기 상황에서 고객에게 신뢰를 주는 '사람', 즉 임원 자신의 존재감이 빛을 발합니다.

- **결론: 임원이 '최전선'을 지켜야 조직 전체의 영업 기본 원칙이 세팅된다**
  임원이 직접 고객을 만나고 영업의 본질을 놓지 않을 때, 그 태도와 철학이 조직 전체에 스며들어 AI 시대에도 살아남을 수 있는 '인간적인 영업 기본 원칙'이 확고하게 세팅됩니다.

이러한 원칙이 실천될 때 후배들은 '임원=꽃길'이라는 생각보다, '임원=더 높은 수준의 영업을 책임지는 리더'라는 비전을 가질 수 있을 것입니다.

30. 임원, 당신의 사무실을 '현장'으로 옮겨라

1. 코칭의 착각: 사무실 미팅이 코칭이 아니다

- **전통적인 코칭의 한계:** 많은 팀장과 임원들이 사무실 회의실에서 자료(PPT)를 검토하거나, 미팅 보고를 받는 행위를 코칭이라고 착각합니다. 이러한 방식은 **정보 공유와 지시**일 뿐, 팀원의 역량 변화를 이끌어내는 **진정한 코칭**이 될 수 없습니다.

- **'협의'와 '코칭'의 차이:** 사무실 코칭은 주로 '무엇을 할 것인가'에 대한 협의에 머무릅니다. 반면, 진정한 코칭은 '어떻게 할 것인가'를 깨닫게 하고, 팀원이 **스스로 변화하고자 하는 동기**를 부여하는 과정입니다.

2. 진정한 코칭의 시작점: 현장에서의 '자기 관찰 학습'

- **코칭의 무대: 현장(On-the-Job)만이 정답이다.** 고객과의 미팅, 계약 협상, 위기 상황 대응 등 실제 업무가 일어나는 현장이야말로 리더의 풍부한 경험과 역량이 살아 숨 쉬는 유일한 장소입니다.

- **코칭의 메커니즘: 리더 시연 → 팀원 관찰 → 자기 인지**

- ❖ **리더의 시연:** 임원(코치)은 현장에서 고객을 직접 대하며 자신의 **가장 높은 역량**을 솔선수범하여 보여줍니다. (예: 난감한 질문에 대한 대응, 복잡한 이해관계 조정 능력)
- ❖ **팀원의 관찰:** 팀원은 리더가 업무를 처리하는 모습을 곁에서 생생하게 관찰합니다. 이 과정은 책상 위의 이론 학습보다 몇 배 더 강력한 학습 효과를 가집니다.
- ❖ **자기 인지와 적용 욕구:** 팀원이 리더의 성공적인 방식이나 통찰을 목격하며 "내가 배워야 할 부분은 바로 저것이구나" 하고 **스스로 인지**하는 순간이 옵니다. **이 '자기 인지'와 '실제 적용 욕구'가 발생하는 시점이야말로 진정한 코칭의 시작입니다.**

3. '솔선수범 현장 코칭'이 리더의 생명력을 유지한다

- **리더의 실무 감각 유지:** 코칭을 핑계로 현장을 외면하는 것은 곧 실무 감각을 상실하는 지름길입니다. 고객과의 최전선에 서서 자신의 역량을 집중하는 과정은 곧 **시장의 맥을 짚고, 외국계 기업 임원으로서의 전문성을 유지**하는 가장 효과적인 방법입니다.

- **신뢰와 동기부여:** 말로만 지시하는 리더가 아닌, **가장 중요한 순간에 소매를 걷어붙이고 함께 뛰는 리더**의 모습은 팀원들에게 가장 강력한 신뢰와 동기부여가 됩니다.

- **성공적인 코칭의 조건:** 관리자/임원이 되어서도 자신의 경험과 역량을 현장에서 아낌없이 보여주는 **솔선수범**만이 팀원들의 자발적인 성장을 이끌어내고, 조직의 성공을 담보하는 성공적인 코칭으로 이어집니다.

31. 헤드헌터와의 유기적 네트워킹을 통한 선제적 커리어 관리

실시간 포지션 기회 확보:

- **유능한 헤드헌터들과 지속적이고 유기적인 네트워킹**을 구축하십시오.
- **본인에게 가장 적합한** 고급 포지션 정보를 **실시간**으로 제공받을 수 있으며, **잠재적인 커리어 기회**를 놓치지 않는 가장 확실한 방법입니다.

전문적인 이력 관리 지원:

- 자신의 **업무 성과 및 이력 현황**을 헤드헌터들에게 **정기적으로 업데이트**하고 공유하십시오.
- 헤드헌터는 업계와 포지션에 대한 깊은 이해를 바탕으로, 귀하의 **경쟁력 있는 이력 관리** 및 **시장 가치 분석**에 대한 전문적인 조언과 도움을 줄 수 있습니다.

변화된 시대의 경쟁력:

- "한 우물만 파는 사람"이 인정받던 시대는 지났습니다. 이제는 **다양한 조직 문화에 성공적으로 적**응하고, **지속적으로 자신의 커리어를 발전**시키는 '이력 관리 능력'이 핵심 경쟁력입니다.
- 헤드헌터와의 관계는 이러한 **지속적인 이력 관리 및 시장 적응력**을 배양하는 데 필수적인 전략적 도구입니다.

'수동적 구직자'가 아닌 '선제적 커리어 관리자'로서 유능한 헤드헌터들과 전략적 파트너 관계를 맺고, 최신 성과를 정기적으로 공유하여 **늘 시장에 열려 있는 상태**를 유지해야 합니다. 그러한 태도는 **미래의 커리어를 설계하는 가장 강력한 무기**가 됩니다.

1. 비공개 시장 정보 및 최적의 기회 포착 (The Hidden Market Access)

- **비공개 포지션 접근:** 대다수의 고급 관리직 및 전문 포지션(특히 외국계 기업의 지사장, 임원급)은 채용 포털에 공개되지 않고 **비밀리에(Confidential)** 진행됩니다. 이는 기존 조직의 안정성을 유지하고 경쟁사에 핵심 인력 영입 계획을 노출시키지 않기 위함입니다.
- **실시간 매칭:** 유능한 헤드헌터는 기업의 **미래 인력 계획**과 **현재 발생한 핵심 공석**에 대한 정보를 가장 먼저 접합니다. 이들과의 유기적인 네트워킹은 귀하의 이력과 경력 목표에 **가장 부합하는** 비공개 포지션에 **실시간으로 추천**될 수 있는 통로가 됩니다.

- **독자를 위한 Tip:** "헤드헌터와의 관계는 단순한 구직 활동이 아니라, 경쟁자가 알 수 없는 커리어 지도를 받아보는 행위와 같습니다."

2. 객관적 시장 가치 진단 및 전문 컨설팅 (Objective Market Valuation)

- **커리어 밸류에이션:** 헤드헌터는 특정 산업 및 직무에 특화된 전문가로서, 당신의 경력에 대한 객관적인 시장 가치(Market Value)를 정확히 진단해 줄 수 있습니다. 현재의 산업 동향, 포지션별 연봉 수준, 요구되는 핵심 역량을 바탕으로 현실적인 피드백을 제공합니다.
- **이력서 최적화 및 전략 수립:** 그들은 채용 기업의 눈높이에 맞춰 당신의 핵심 성과(Key Accomplishments)와 **글로벌 리더십 역량**이 가장 돋보이도록 이력서와 경력기술서를 **전략적으로 다듬는 작업**에 실질적인 도움을 줍니다. 또한, 면접 전 **기업 문화나 면접관의 성향**에 대한 귀중한 팁도 얻을 수 있습니다.

3. 능동적인 커리어 설계 및 연봉 협상의 조력자 (Proactive Career Architect) 파이프라인 관리

성공적인 경력직은 언제나 '시장 기회에 열려있는 상태'를 유지합니다. 헤드헌터와 정기적으로 소통하며 자신의 경력에 대한 **잠재적 파이프라인**을 항상 구축해 두는 것은 충동적인 이직이 아닌, **전략적이고 능동적인 커리어 설계**를 가능하게 합니다.

- **강력한 중재자 역할:** 이직 과정에서 **연봉 및 처우 협상**은 매우 민감하고

어려운 부분입니다. 헤드헌터는 기업과 후보자 사이의 신뢰할 수 있는 중재자(Trusted Intermediary)로서, 객관적인 시장 데이터를 바탕으로 귀하가 **최적의 조건**을 확보할 수 있도록 강력하게 지원하고 협상 과정을 매끄럽게 이끌어 줍니다.

32. 상시 대비 태세:
이력서 업데이트와 연간 모의 인터뷰

유능한 리더는 결코 이직을 결심한 후에야 이력서를 꺼내 들지 않습니다. 자신의 **시장 가치를 실시간으로 관리**하는 것은 리더가 갖춰야 할 기본적인 주인의식입니다. 이때 두 가지 필수적 습관이 필요합니다. 바로 **정기적인 이력서 업데이트**와 **연간 모의 인터뷰**입니다.

1. 이력서: 가치를 담는 전략적 청사진 (Strategic Blueprint)

자신의 이력서(CV)를 **최소한 분기별 또는 중요한 프로젝트 종료 시점마다** 업데이트하는 습관을 들이십시오. 이 작업은 단순히 구직을 위한 서류 작성이 아닌, 자신의 **경력 성과를 객관화**하고 **현재 시장 가치를 재확인**하는 과정입니다.

- **성과 기반의 기록:** 이력서에는 '무엇을 했는가(Duties)'가 아니라 '무엇을 성취했는가(Achievements)'를 기록해야 합니다. 모든 항목은 수치와 지표(KPIs, Metrics)로 **정량화**되어야 합니다. (예: "비용 절감" → "운영 효율화 프로젝트를 통해 연간 15%의 비용을 절감하여 $2M의 예산 절감에 기여")

- **리더십 서사 구축:** 이력서를 정기적으로 정리하면, 자신의 커리어를 관통하는 핵심 리더십 서사(Leadership Narrative)를 일관성 있게 다듬을 수 있습니다. 이는 헤드헌터와의 만남이나 예상치 못한 기회에 **자신감 있고 명료하게** 자신의 가치를 설명할 수 있는 기반이 됩니다.

2. 모의 인터뷰: 전문성 감가상각 방지 (Preventing Professional Depreciation)

적어도 **1년에 한 번**은 신뢰하는 헤드헌터나 전문 코치와 함께 **실제와 동일한 강도의 모의 인터뷰**를 진행하십시오. 이는 리더십 역량의 '전문성 감가상각'을 방지하는 가장 효과적인 방법입니다.

- **실전 감각 유지:** 고위직 이직은 대부분 **전략과 비전**을 묻는 압박 면접으로 진행됩니다. 연봉이 높을수록 실수에 대한 허용 범위는 좁아집니다. 모의 인터뷰를 통해 자신의 **경력 스토리텔링, 논리적 답변 구조(예: STAR 기법), 그리고 전달력**을 점검하고 보완할 수 있습니다.

- **시나리오 기반 준비:** 모의 인터뷰는 단순히 이력서를 읽는 것이 아니라, "당신이 이 회사에 오면 1년 안에 어떤 전략을 펼칠 것인가?"와 같은 시나리오 기반 질문에 대해 **현장에서 즉시 전문적인 비전**을 제시할 수 있는 능력을 훈련하는 과정입니다. 이는 **예기치 않은(Passive)** 스카우트 제안이 들어왔을 때, 기회를 놓치지 않고 **최상의 상태로 임하는**

최고의 전략적 준비입니다.

이력서 업데이트와 모의 인터뷰는 '이직 준비'가 아닌 '글로벌 리더로서의 상시적 역량 관리'입니다. 최고의 가치를 유지하는 것은 곧 '언제든 시장의 부름에 응할 수 있는 최고의 리더'로 포지셔닝하는 것을 의미합니다.

33. 커리어 관리의 핵심 무기: SMEA와 FMEA 활용법

글로벌 기업 리더의 시크릿 노트에 담을 내용으로, 개인의 **업무 성과 및 이력**을 SMEA(Success Mode Effective Analysis)와 **FMEA(Failure Mode Effective Analysis)** 관점에서 정리하는 것은 매우 강력한 도구입니다. 이는 단순한 성과 나열을 넘어, **전략적인 사고방식**과 **위험 관리 능력**을 증명하는 결정적인 무기가 됩니다.

1. SMEA(Success Mode Effective Analysis): 성공 패턴의 체계화

SMEA는 성공적인 업무나 프로젝트를 분석하여 **'무엇이 성공을 만들었는지'** 그 핵심 동인(Drivers)을 체계적으로 도출하는 방법입니다. 인생의 변곡점이 되는 중요 인터뷰에서 자신의 **리더십 스타일과 비전**을 명확히 보여줄 수 있습니다.

요소	정의 및 정리 방법	인터뷰 활용법
Success Mode (성공 요소)	**성공을 이끌어낸 핵심 행동, 전략, 결정**을 구체화합니다. (예: '데이터 기반의 빠른 의사결정', '주요 이해관계자와의 선제적 소통')	"저는 핵심 성공 요소를 통해 성과를 달성했으며, 이것이 저의 리더십 철학을 보여줍니다."
Effect (긍정적 영향)	성공이 조직, 시장, 재무 성과에 미친 **정량적이고 정성적인 영향**을 명확히 합니다.	STAR **기법**이나 PAR **기법**을 활용하여 **성과를 수치화**하고, 이것이 조직의 **전략적 목표**에 어떻게 기여했는지 설명합니다.
Analysis (성공 분석)	성공 요소를 **다른 상황에도 적용 가능한 핵심 역량**이나 **원칙**으로 승화시킵니다. (예: 성공은 우연이 아닌 '체계적인 프로세스 설계'의 결과였음)	"이 성공 경험을 귀사에 적용한다면, 구체적인 전략을 통해 유사한 성과를 창출할 수 있습니다."라고 제시하여 **적용 가능성**을 강조합니다.

2. FMEA(Failure Mode Effective Analysis): 학습과 위험 관리 능력 입증

FMEA는 잠재적 실패 모드나 이미 발생한 실패 사례를 분석하여 '무엇을 배웠고 어떻게 위험을 관리할 것인지'를 보여주는 방법입니다. 이는 **실패를 회피하지 않고 학습 기회로 삼는** 리더의 성숙도와 **미래 위험 관리 역량**을 보여줍니다.

요소	정의 및 정리 방법	인터뷰 활용법
Failure Mode (실패 모드/요소)	**실패를 초래했거나 초래할 수 있는 근본 원인**을 솔직하게 식별하고 기록합니다. (예: '정보 공유의 부족', '타이밍을 놓친 투자 결정')	"가장 큰 실수 중 하나는 이러이러한 실패 모드였습니다. 하지만 이 경험을 통해 근본 원인을 명확히 분석할 수 있었습니다."
Effect (부정적 영향)	실패가 조직, 프로젝트, 팀에 미친 **부정적인 영향**을 정직하게 측정하고 인정합니다.	실패의 영향을 **과장하거나 축소하지 않고** 객관적으로 제시하여 **책임감**과 **투명성**을 보여줍니다.
Analysis (교훈 및 방지)	이 실패를 통해 얻은 구체적인 교훈(Lesson Learned)과 **향후 재발 방지를 위한 개선된 프로세스**를 제시합니다.	"이 경험 덕분에 저는 구체적인 개선 조치/시스템을 구축하게 되었고, 이제는 해당 위험을 사전에 관리할 수 있는 역량을 갖추었습니다."라고 결론지어 **성장 과정**을 부각합니다.

인터뷰 무기로서의 가치

이 두 가지 분석 틀을 활용하면 단순한 '경력직'이 아닌, '전략적 사고방식을 갖춘 리더'임을 입증할 수 있습니다.

- **SMEA**는 **자신감 있는 비전**과 **성공 재현 능력**을 보여줍니다.
- **FMEA**는 **겸손한 학습 자세**와 **미래 위험을 예측하고 관리**할 수 있는 **통찰력**을 보여줍니다.

이러한 정리 방식은 외국계 기업에서 중요하게 평가하는 **구조화된 사고(Structured Thinking)** 능력과 **지속적인 개선(Continuous Improvement)**문화를 이해하고 있음을 강력하게 시사합니다.

1부.

나의 이야기로 시작합니다

부제: 낯설고도 치열했던 글로벌 조직에서의 생존기

1장. 외국계 기업, 정말 꿈의 직장일까? 현실일까?

첫 출근 날, 정장 차림으로 자동문을 밀고 들어섰을 때, 내 머릿속엔 한 단어가 맴돌고 있었다. "드디어 나도 글로벌 기업인이 되는구나." 노트북이 켜진 조용한 책상들, 자유로운 복장, 무심한 듯 바쁜 사람들. 모두가 스마트하고 프로페셔널해 보였다. 벅차오르는 마음으로 '이곳에 어울리는 사람이 되어야지'라고 되뇌었다. 하지만 3일이 지나자, 낯선 공기가 내 몸을 서서히 조여 오기 시작했다.

환상을 깨고 현실을 직시하라: 첫 출근, '고립감'이라는 낯선 감정

외국계 기업에 대한 막연한 환상은 첫 출근 며칠 만에 산산조각 났습니다. 그토록 꿈꾸던 '수평적이고 자율적인 조직'은 사실 '각자도생'의 정글이었습니다. 모두가 각자의 업무에 몰두했고, 누구도 먼저 말을 걸거나, '신입이니까' 도와주려 하지 않았습니다. 나는 매일같이 '고립감'이라는 낯선 감정과 마주해야 했습니다. 이 고립감은 단순한 외로움과는 확연히 다른 것이었습니다. 그것은 '나는 이 조직에 속하지 못한 이방인'이라는 냉혹한 현실을 자각하는 과정이었습니다.

고립감의 세 가지 얼굴: 점심, 회의, 그리고 한 줄짜리 메일

첫 번째 고립감은 **점심시간**에 찾아왔습니다. 나는 혹시나 누군가 함께 밥 먹자고 할까 싶어 계속 주변을 서성였습니다. 하지만 모두들 헤드셋을 끼고 있거나, 각자 자리에서 간단한 샌드위치로 점심을 해결했습니다. 식당에 혼자 앉아 밥을 먹는데, 마치 영화 속 한 장면처럼 멋져 보였던 자유로운 분위기가, 나에게는 철저한 무관심처럼 느껴졌습니다.

두 번째 고립감은 **회의실**에서 절정에 달했습니다. 회의는 시작부터 끝까지 영어로 진행되었고, 내 영어 실력으로는 그들의 대화 속도를 따라가기 벅찼습니다. 이해하기 어려운 전문 용어가 난무했고, 내가 한마디 하려 입을 열면 이미 주제는 다른 곳으로 넘어가 있었습니다. 내가 할 수 있는 건 그저 고개를 끄덕이거나, 웃는 것뿐이었습니다. 회의가 끝나고 모두가 각자의 자리로 돌아갈 때, 나는 그들이 '같은 팀원'이 아닌 '다른 세계의 사람들'로 느껴질 만큼 깊은 단절감을 느꼈습니다.

세 번째 고립감은 **한 줄짜리 메일**에서 확인 사살되었습니다. 상사에게 보낸 길고 긴 보고서에 대한 회신은 "Thanks."가 전부였죠. 한국 기업이었다면 "고생 많았어, 내용 잘 봤네." 정도의 따뜻한 답장이 왔을 텐데. 그 한마디는 내가 쏟은 밤샘 노력과 시간을 모두 무의미하게 만들었습니다. 내 업무는 단순히 '처리해야 할 일' 중 하나였을 뿐, 나의 존재나 노력이 중요하지 않다는 메시지처럼 느껴졌습니다.

고립감의 본질: '무관심'이 아닌 '자율'의 문화

처음에는 이 모든 것이 '나'에 대한 철저한 무관심, 나아가 교묘한 '따돌림'이 아닐까 원망하기도 했습니다. 하지만 시간이 지나면서 깨달았습니다. 그들의 태도는 결코 악의적인 무관심이 아니었습니다. 그들의 문화가 바로 '자율'과 '개인 존중'을 기반으로 작동하고 있었기 때문이었습니다.

- **'자율'의 영역:** 외국계 기업은 당신이 스스로 점심을 해결하고, 혼자만의 시간을 가지는 것을 존중합니다. 함께 밥을 먹는 것을 '의무'가 아닌 '선택'의 영역으로 봅니다. 당신이 먼저 제안하지 않으면, 그들은 당신이 혼자 있기를 원한다고 생각합니다.

- **'존중'의 영역:** 그들은 당신이 신입이라 할지라도 '성인'으로서 자신의 업무를 스스로 찾아 해결할 능력이 있다고 믿습니다. '알아서 가르쳐주겠지'라는 수동적인 태도는 이 문화에서는 통하지 않습니다. 당신이 먼저 도움을 요청하지 않으면, 그들은 당신이 모든 것을 알고 있다고 생각할 겁니다.

- **'효율'의 영역:** 짧은 메일이나 간결한 회의는 감정적인 교류를 배제하고, 오직 '업무의 효율'에만 집중하는 그들의 문화적 특성입니다. 감정적인 미사여구는 시간 낭비일 뿐이라고 여깁니다.

고립감을 극복하는 깨달음: '나'를 드러내고 '연결'하라

고립감의 본질을 깨닫고 나니, 내가 해야 할 일은 '누군가 나를 도와 주기를 기다리는 것'이 아니라, '내가 먼저 움직이는 것'이라는 결론에 도달했습니다. 나는 더 이상 조용한 신입이 되지 않기로 했습니다.

- **"도와주세요"가 아닌 "함께 풀고 싶습니다":** 무턱대고 "이거 잘 모르겠으니 도와주세요"라고 말하는 것은 당신의 무능함을 강조하는 것처럼 보일 수 있습니다. 대신 "이 문제를 해결하기 위해 이 부분까지는 제가 파악했습니다. 이 다음 단계에 대해 함께 고민해주실 수 있을까요?"라고 말하며, 당신의 노력과 적극적인 태도를 보여주어야 합니다.

- **회의실에서 침묵이 아닌 "I have a point of view":** 영어 실력이 완벽하지 않아도 상관없습니다. 중요한 것은 '관점'을 가지는 것이었습니다. 나는 회의 주제에 대해 미리 고민하고, "제 생각에는 이 문제가 이런 기회가 될 수 있을 것 같습니다"와 같이 짧게라도 내 의견을 제시하기 시작했습니다. 비록 발음이 완벽하지 않아도, 그들은 내가 '생각하는 사람'임을 인

정해주었습니다.

- **"Thanks"에 굴하지 않는 커뮤니케이션:** "I will follow up." 상사의 짧은 메일에도 나는 굴하지 않았습니다. "Thanks"에 대한 답장으로 "보고서에 대한 피드백 감사합니다. 다음 단계로 넘어가기 전에 궁금한 점이 있는데, 혹시 5분 정도 시간을 내주실 수 있을까요?"와 같이 추가적인 대화를 유도했습니다. 그들은 내 적극적인 태도에 놀랐고, 차츰 더 자세한 피드백을 주기 시작했습니다.

고립감을 기회로 바꾸는 실전 가이드

1) '관찰'하고 '공감'하는 힘을 키워라

먼저 '관찰자'가 되세요. 동료들은 어떤 방식으로 소통하는지, 그들의 메일은 어떻게 작성되는지, 회의에서는 어떤 제스처를 취하는지 주의 깊게 관찰하세요. 그들의 문화와 방식을 이해하는 것이 첫 번째 단계입니다. 그리고 '공감'하세요. 그들이 왜 이런 방식으로 일하는지 이해하려고 노력할 때, 그들의 행동이 무관심이 아닌 '효율'과 '자율'을 위한 것임을 깨닫게 될 겁니다.

새로운 팀에 합류할 때, 특히 외국계 기업의 경우, 기존의 팀 문화와 소통 방식에 적응하는 것은 매우 중요한 과제입니다. 단순히 업무 지시를 따르는 것을 넘어, 팀원들의 미묘한 소통 방식과 행동 패턴을 이해하고 존중하는 '관찰'과 '공감'의 힘은 당신이 팀의 일원으로서 인정받고 신뢰를 얻는 가장 빠른 지름길입니다. 이 두 가지는 수동적인 태도가 아닌, 적극적인 의지를 바탕으로 길러지는 핵심 역량입니다.

1단계: 관찰하라

먼저 적극적인 '관찰자'가 되어 팀의 문화와 소통 방식을 파악하세요. 마치 새로운 나라에 갔을 때 그 나라의 언어와 문화를 배우는 것과 같습니다. 다음의 2가지 영역을 주의 깊게 관찰하세요.

1. 회의 문화:

- **누가 먼저 말을 시작하는가?** 특정 직급이나 연차에 관계없이 자유롭게 의견을 나누는 분위기인가, 아니면 리더의 발언 이후에만 발언이 이어지는가?

- **피드백 방식:** 피드백이 어떤 식으로 오가는지 관찰하세요. 직접적이고 간결하게 핵심만 전달하는가, 아니면 서론이 길고 완곡한 표현을 사용하는가?

- **결정 방식:** 모든 팀원의 합의를 거쳐 결정을 내리는가, 아니면 소수의 핵심 멤버가 결정을 내리고 공유하는 방식인가?

2. **비공식적 소통 방식:**

- **이메일과 메신저:** 동료들의 메일은 어떻게 작성되는지 살펴보세요.서론 없이 바로 본론부터 시작하는가, 아니면 인사말과 감사의 표현이 포함되어 있는가? 메신저에서는 이모티콘이나 약어를 사용하는가?

- **점심시간과 휴식 시간:** 동료들은 점심시간에 함께 식사하는 것을 선호하는가, 아니면 각자 자유롭게 보내는가? 사내 커피숍이나 휴게실에서 어떤 대화가 오가는가?

사례:

신입사원 A 씨는 국내 기업에서 외국계 기업으로 이직했습니다. 이전 직장에서는 윗분에게 보고할 때 늘 장황한 배경 설명을 먼저 해야 했고, 이메일 제목에까지 '긴급', '중요'와 같은 단어를 붙였습니다. 새로운 회사에서도 같은 방식으로 보고했는데, "무슨 얘기인지 바로 알기 어렵다", "결론부터 말해달라"는 피드백을 받았습니다. 그는 팀원들의 메일과 보고서를 유심히 관찰한 결과, 핵심 내용을 두괄식으로 간결하게 정리하는 문화가 있다는 것을 깨달았고, 그에 맞춰 소통 방식을 바꾸자 훨씬 더 효율적인 업무가 가능해졌습니다.

2단계: '공감'하라

단순히 관찰하는 것을 넘어, 그들이 왜 그런 방식으로 소통하고 행동하는지 '공감'하려는 노력이 필요합니다. 그들의 행동을 비판적으로 판단하기보다는, 그 안에 숨겨진 가치를 이해하려고 노력하세요.

1. 무관심이 아닌 '효율성'과 '자율성':

점심시간에 동료들이 먼저 말을 걸지 않는다고 해서 당신에게 관심이 없다는 걸 뜻하진 않습니다. 그들에게는 그 시간이 온전히 개인에게 주어진 '자율성'의 시간일 수 있습니다.

2. 비판이 아닌 '성장'을 위한 건설적인 피드백:

회의 중 동료가 당신의 아이디어에 대해 직설적으로 문제를 제기했다고 해서, 그 동료가 당신을 싫어하는 것은 아닙니다. 그들에게는 돌려서 말하는 것보다 핵심을 바로 짚어 더 나은 해결책을 찾는 것이 당신과 팀의 성장을 위한 최선의 방법일 수 있으니까요.

사례:

처음에 A씨는 동료들의 직설적인 피드백을 개인적인 비판으로 받아들여 상처를 받았습니다. 하지만 팀원들이 프로젝트의 성공을 위해 어떤 문제든 숨기지 않고 투명하게 공유하며, 서로의 성장을 돕고 있다는 것을 깨닫자 그 피드백들을 '상처'가 아닌 '도움'으로 받아들이기 시작했습니다. 공감의 과정을 통해 그는 팀의 문화가 "일은 일이고, 감정은 감정"이라는 합리적인 원칙을 기반으로 하고 있음을 이해했고, 그 이후로 팀원들과 더 솔직하고 허심탄회한 대화를 나눌 수 있게 되었습니다.

관찰과 공감의 선순환

'관찰'과 '공감'은 결국 '적응'과 '성장'으로 이어지는 선순환의 고리입니다. 당신이 먼저 그들의 방식을 관찰하고 공감하는 노력을 보일 때, 팀원들은 당신을 진정한 동료로 인식하고 신뢰를 보내기 시작합니다. 이 과정을 통해 당신은 단순한 구성원을 넘어 팀의 일원으로 성공적으로 융화될 수 있습니다.

2) '먼저' 다가가는 작은 용기를 내라

커피 머신 앞, 복도, 엘리베이터와 같은 비공식적인 공간은 어색한 침묵이 흐르기 쉬운 곳입니다. 하지만 바로 이곳이 새로운 관계의 첫 단추를 채울 수 있는 중요한 기회의 장이기도 합니다. 용기를 내어 먼저 다가가세요. 당신이 '소통하고 싶어 하는 사람'임을 가장 확실하게 알리는 동시에, 팀 내에서 당신을 더욱 친근하고 기억에 남는 존재로 만들 수 있을 겁니다.

왜 '먼저' 다가가는 것이 중요할까요?

외국계 기업 문화는 종종 '자율성'을 강조하기 때문에, 자칫 '개인주의'처럼 느껴질 수 있습니다. 모두가 자신의 일에만 집중하는 것처럼 보여, 먼저 말을 걸기가 더 어렵게 느껴질 수 있습니다. 하지만 이런 생각은 오해일 가능성이 높습니다. 먼저 말을 거는 행위는 다음과 같은 긍정적인 효과를 가져옵니다.

- **어색한 침묵을 깨는 마법:** 당신의 한마디는 닫혀 있던 동료의 마음을 여는 작은 열쇠가 됩니다. 어색한 공간에서 가벼운 대화가 시작되면, 그 침묵은 친근한 분위기로 바뀌게 됩니다.

- **'친절하고 프로페셔널한' 이미지 구축:** 먼저 다가가는 행동은 당신이 팀원들과 좋은 관계를 맺고 싶어 한다는 긍정적인 신호를 보냅니다. 당신을 협업하기 좋은 동료로 인식하게 만드는 가장 빠른 방법입니다.

- **비공식적인 정보 획득:** 가벼운 대화 속에서 팀의 분위기, 최근 관심사, 그리고 업무 외적인 정보를 얻을 수 있습니다. 팀의 일원으로서 당신이 더 잘 적응하는 데 도움이 됩니다.

2장. 국내 기업과 외국계 기업, 무엇이 다를까? 문화적 차이 해부

국내 기업이 '정(情)'과 '위계'를 바탕으로 조직이 운영된다면, 외국계 기업은 '성과'와 '자율'에 중점을 둔다. 하지만 모든 외국계 기업이 동일한 문화를 가진 것은 아니다. 서구 문화권의 미국, 유럽 문화권의 독일 등 각 나라의 역사와 사회적 배경에 따라 독특한 조직 문화가 형성된다. 이러한 문화적 차이를 이해하는 것이 외국계 기업 적응의 첫걸음이다.

문화적 차이를 극복하고 성과를 내는 법

문화적 차이는 단순히 불편함이 아니라, 당신의 강점을 드러낼 수 있는 기회가 됩니다. 중요한 것은 '어떤 문화가 더 우월한가'가 아니라, '어떤 문화가 어떤 장단점을 가지고 있는가'를 이해하고, 유연하게 대처하는 것입니다.

참고: 글로벌 기업 문화 비교 분석

문화적 요소	한국 기업	미국계 기업	독일계 기업	일본계 기업	중국계 기업	대만계 기업
소통 방식	관계 중심, 위계적	업무 중심, 논리적	프로세스 중심, 정직	조화 중심, 형식적	관계 중심, 유연적	실용 중심, 개방적
리더십	지시, 관리, 정	코칭, 위임, 성과	규칙, 절차, 효율	합의, 조율, 안정	속도, 꽌시, 유연성	협업, 개방, 실용
팀워크	'우리'라는 공동체 의식	'개인'의 역할과 책임	'규칙'을 따르는 협업	'조직'의 조화와 안정	'꽌시'를 통한 신뢰	'가족' 같은 유대감
근무 방식	조직의 위계 및 관행	개인의 자율과 성과	정해진 절차와 예측	종신고용, 연공서열	빠르고 유연한 대응	실용주의, 높은 효율

상대방의 '문화적 맥락'을 읽어라:

문화적 맥락을 이해하는 것은 개인 간의 깊은 관계 형성과 원활한 소통을 위해 필수적입니다. 단순히 상대방의 행동을 '이상하다'고 치부하기보다, 그들의 문화적 배경에서 비롯된 행동임을 인정하는 것이 문제 해결의 첫걸음이 됩니다.

1. 관심을 갖고 질문하기

상대방의 행동이 이해되지 않을 때, 선입견을 갖기보다는 열린 마음으로 질문하는 것이 중요합니다. 질문 속에 비난이 아닌, 배우고자 하는 태도를 담아야 합니다.

- **구체적인 예시:** 서양 문화권에서는 상대방과 눈을 마주치는 것을 존중의 표현으로 여깁니다. 반면, 일부 동양 문화권에서는 겸손의 의미로 눈을 피하기도 합니다. 만약 동료가 대화 중에 자꾸 시선을 피한다면 "혹시 제가 말씀드릴 때 불편하신 점이 있으신가요?"라고 묻기보다, "제가 다른 문화에 대해 잘 모르는 부분이 많아서요. 대화할 때 시선을 두는 것에 어떤 의미가 있는지 궁금합니다."와 같이 질문하여 상대방의 문화를 존중하는 태도를 보여줄 수 있습니다.

2. 다양한 정보 접하기

직접적인 경험이 어렵다면, 다양한 매체를 통해 상대방의 문화에 대해 간접적으로 접하는 노력이 필요합니다. 이는 상대방의 행동을 예측하고 이해하는 데 큰 도움이 됩니다.

- **구체적인 예시:** 한류 콘텐츠가 전 세계적으로 사랑받는 것처럼, 다른 나라의 영화, 드라마, 다큐멘터리 등을 통해 그들의 생활 방식, 가치관, 사회적 규범 등을 엿볼 수 있습니다. 예를 들어, 미국 영화를 보면 직장 상사에게도 이름을 부르는 경우가 많은데, 이를 통해 수직적인 관계보다는 수평적인 관계를 중시하는 문화적 특징을 이해할 수 있습니다.

3. 유연한 사고 갖기

자신의 문화적 기준이 '정답'이라는 생각을 버리고, 다양한 방식이 존재한다는 것을 인정하는 유연한 사고방식이 필요합니다. 열린 사고는 문화적 충돌을 줄이고, 더 넓은 관점에서 상대방을 이해하는 힘을 길러줍니다.

- **구체적인 예시:** 단체 식사 시 한국에서는 윗사람이 먼저 수저를 들 때까지 기다리는 것이 예의입니다. 하지만 서양 문화권에서는 음식이 나오면 자유롭게 식사를 시작하는 것이 일반적입니다. 만약 외국인 친구가 기다리지 않고 먼저 식사를 시작하더라도 무례하다고 판단하기보다, '문화가 다른 것'으로 받아들이는 유연한 사고가 필요합니다.

상대방의 문화적 맥락을 이해하려는 노력은 곧 상대방을 한 인간으로서 존중하는 태도로 이어집니다. 불필요한 오해와 갈등을 줄이고, 더 깊고 풍요로운 인간관계를 형성하는 데 중요한 밑거름이 될 것입니다.

'질문하는 용기'를 가져라:

'질문하는 용기'를 가지는 것은 전문가로 성장하는 데 필수적인 태도입니다. 단순히 시키는 일만 하는 것이 아니라, 업무의 목적과 절차에 대해 의문을 가지고 질문하는 것은 당신이 수동적인 역할에 머무르지 않고, 능동적으로 배우려는 의지가 있음을 보여줍니다.

이러한 질문은 단순히 호기심을 해소하는 것을 넘어, 다음과 같은 긍정적인 결과를 가져옵니다.

1. 업무에 대한 깊은 이해

질문을 통해 당신은 업무의 '배경'과 '핵심'을 파악할 수 있습니다. 예를 들어, "이 보고서는 왜 이런 형식으로 작성해야 하나요?"라고 질문함으로써, 보고서가 어떤 사람에게 전달되고, 그들이 어떤 정보를 필요로 하는지 알 수 있습니다. 기계적으로 보고서를 작성하는 것을 넘어, 보고서의 목적에 맞는 더 효과적인 내용을 담는 데 도움이 됩니다.

- **예시:** 단순한 데이터 나열이 아니라, 팀장이 "이 보고서의 핵심은 고객 이탈률 감소 방안이야"라고 대답해준다면, 당신은 고객 이탈의 원인 분석과 해결책 제안에 더 집중하여 보고서를 작성할 수 있습니다.

2. 문제 해결 능력 향상

"왜 이 절차대로 진행해야 하나요?"라는 질문은 현행 업무 방식에 대한 개선점을 찾을 수 있는 기회를 제공합니다. 기존의 방식이 비효율적이거나 더 나은 방법이 있을 수 있음을 발견할 수도 있습니다.

- **예시:** "이 데이터는 왜 매번 수동으로 입력하나요?"라고 질문했을 때, "그동안 자동화할 필요성을 못 느꼈다"는 답변을 들을 수도 있습니다. 이

경우, 당신이 자동화 프로그램을 제안하여 팀의 업무 효율을 높이는 데 기여할 수 있습니다.

3. 신뢰와 적극성 어필

질문은 당신이 업무에 대해 진지하게 고민하고 있음을 보여줍니다. 이는 당신이 단순히 지시를 따르는 사람이 아니라, 업무의 성공을 위해 함께 노력하는 '동반자'임을 상사나 동료에게 각인시키는 효과가 있습니다.

물론, 질문할 때에는 상대방의 시간을 존중하는 태도가 필요합니다. 먼저 스스로 충분히 고민하고 자료를 찾아본 후, 그럼에도 해결되지 않는 핵심적인 부분에 대해 질문하는 것이 좋습니다.

'질문하는 용기'는 당신을 단순한 실무자에서 한 걸음 더 나아가게 하는 강력한 무기가 될 것입니다.

자신만의 '하이브리드' 스타일을 만들어라:

나만의 '하이브리드' 스타일을 구축하는 것은 단순히 여러 문화의 장점을 섞는 것을 넘어, 각 문화의 핵심 가치를 이해하고 자신의 상황에 맞게 적용하는 창의적인 과정입니다. 이러한 방식은 급변하는 글로벌 환경에서 독보적인 강점으로 작용할 수 있습니다.

한국식 '관계'의 따뜻함

한국 문화는 사람과 사람 사이의 정(情)과 관계를 매우 중요하게 여깁니다. 한국 문화 특유의 따뜻함은 비즈니스에서 단순한 업무 파트너를 넘어 신뢰와 유대감을 형성하는 데 큰 힘을 발휘합니다. 딱딱한 지시 대신 격려와 공감을 통해 팀원들의 잠재력을 끌어내고, 동료들과 끈끈한 관계를 형성하여 위기 상황을 함께 극복하는 원동력이 될 수 있습니다.

적용 예시:

회의 전후로 가벼운 안부 인사를 나누며 개인적인 관심사를 공유하는 시간을 갖습니다.

단순한 업무 피드백뿐만 아니라, 상대방의 노력을 인정하고 격려하는 따뜻한 메시지를 전달합니다.

서구식 '논리'와 '성과'의 효율성

서구 문화는 **논리적인 근거와 명확한 성과**를 바탕으로 효율성을 추구하는 경향이 강합니다. 이는 감정적인 판단을 배제하고, 객관적인 데이터와 논리를 통해 의사결정을 내리는 데 도움을 줍니다. 또한, 목표를 설정하고 그에 맞는 성과를 달성하는 과정을 체계적으로 관리하여 높은 생산성을 이끌어낼 수 있습니다.

적용 예시:

"그냥 좋은 것 같다"는 식의 주관적인 의견 대신, "데이터에 따르면 A방식이 B방식보다 고객 전환율이 20% 높다"와 같이 구체적인 근거를 제시합니다.

프로젝트 시작 전에 명확한 목표(KPI)를 설정하고, 정기적으로 진행 상황을 공유하며 성과를 관리합니다.

아시아식 '신중함'과 '유연성'의 조화

아시아 문화는 결정을 내릴 때 신중하게 모든 가능성을 고려하고, 다양한 의견을 수렴하는 경향이 있습니다. 또한, 예상치 못한 상황에 직면했을 때 기존의 방식을 고수하기보다 상황에 맞춰 유연하게 대처하는 지혜를 발휘합니다. 급변하는 시장 환경에서 발생할 수 있는 리스크를 최소화하고, 안정적으로 목표를 달성하는 데 기여합니다.

적용 예시:

중요한 결정을 내리기 전에 다양한 팀원들의 의견을 듣고, 각 의견의 장단점을 신중하게 검토합니다.

계획대로 일이 진행되지 않을 때, 고집스럽게 기존 방식을 고수하기보다 새로운 대안을 빠르게 탐색하고 적용합니다.

이 세 가지 스타일을 결합하면, 당신은 따뜻한 관계 속에서 논리적으로 문제를 해결하고, 동시에 신중하고 유연하게 대처하는 독보적인 전문가로 성장할 수 있습니다.

'문화'는 해석하고 번역하는 힘이 된다

외국계 기업에 처음 입사했을 때, 저는 모든 것을 서구의 방식으로

만 생각하려고 했습니다. 하지만 이내 깨달았습니다. 그들의 '문화'를 단순히 따라하는 것이 아니라, 그들의 사고방식을 '해석'하고 '번역'하여 나의 상황에 맞게 적용하는 것이 훨씬 중요하다는 것을. 겉으로는 '쿨'해 보이는 그들의 문화 속에서도 결국 사람과 사람의 관계가 중요함을 알게 되었습니다. 내가 먼저 마음을 열고 다가가려 노력했을 때, 그들도 나를 받아 주기 시작했습니다.

이 깨달음은 단순한 업무 스킬을 넘어, 글로벌 조직에서 살아남고 성장하기 위한 근본적인 통찰로 이어졌습니다. 문화는 결코 옳고 그름의 문제가 아닙니다. 그것은 그들이 세상을 바라보고, 일하는 방식에 대한 '맥락(Context)'입니다. 이 맥락을 이해하고, 나의 강점과 결합하는 힘이야말로 당신을 독보적인 인재로 만들어줄 것입니다.

'해석(Interpretation)'의 기술: 겉으로 드러나지 않는 맥락을 읽어라

문화적 '해석'은 눈에 보이는 행동의 이면에 숨겨진 의도와 가치를 파악하는 과정입니다. 이는 '관찰'과 '질문'이라는 두 가지 도구를 통해 가능해집니다.

- **'무례함'이 아닌 '효율성'이라는 해석:** 미국계 상사의 "Thanks."라는 짧은 이메일 답장은 한국의 '정(情)'문화에 익숙한 우리에게는 무례하게 느껴질 수 있습니다. 하지만 이를 '감정적 소모를 줄이고, 업무의 본질에 집중하려는 효율성'으로 해석하면, 더 이상 상처받지 않고 그들의 의도를

파악할 수 있습니다. 그들에게는 길고 친절한 답장 자체가 불필요한 일일 수 있다는 것을 이해해야 합니다.

- **'비효율'이 아닌 '안정성'이라는 해석:** 일본 기업의 '네마와시(根回し)'라는 사전 조율 과정은 한국의 '빨리빨리' 문화에서는 비효율의 극치로 보일 수 있습니다. 그러나 이를 '모든 구성원의 동의를 얻어 향후 발생할 수 있는 리스크를 최소화하고, 안정적인 프로젝트 진행을 보장하려는 신중함'으로 해석하면, 그들의 의사결정 방식이 가진 장점을 이해하게 됩니다.

'번역(Translation)'의 기술: 나의 강점을 상대방의 언어로 바꿔라

문화적 '번역'은 상대방의 맥락을 이해했다면, 이제 나의 의견과 능력을 그들의 문화에 맞게 전달하는 과정입니다. 이는 '나다움'을 잃지 않으면서도 효과적으로 소통하는 방법입니다.

- **'친절함'을 '개인의 자율'로 번역하기:** 한국식의 지나친 '친절'은 미국계 기업에서는 '간섭'으로 오해될 수 있습니다. 팀원에게 "제가 좀 도와줄까요?"라고 말하기보다는 "제가 이 부분에 대한 자료를 가지고 있는데, 혹시 필요하시면 말씀해주세요"라고 말하며, 상대방의 '자율적 선택'을 존중하는 방식으로 '친절'을 번역할 수 있습니다.

- **'신중함'을 '체계적인 준비'로 번역하기:** 일본 기업의 네마와시 문화에 익숙하지 않더라도, 나의 '신중함'을 '체계적인 준비'로 번역할 수 있습니다. 회의 전, 예상 질문과 반대 의견에 대한 대비책을 미리 준비하여 발표하면, 일본 동료들은 당신의 신중함과 준비성을 높이 평가할 것입니다.

- **'감정'을 '논리'로 번역하기:** 독일계 기업에서는 감정적인 호소가 통하지 않습니다. 이때는 나의 '감정'을 '논리'와 '데이터'로 번역해야 합니다. "이 프로젝트가 정말 잘 됐으면 좋겠어요"라고 말하기보다는 "이 프로젝트는 시장 수요 데이터에 기반하여 반드시 성공할 것이라고 생각합니다"와 같이 논리적인 근거를 제시해야 합니다.

'문화 번역가'가 되기 위한 3가지 실천 전략

- **'T자형 인재'가 되어라:** 'T자형 인재'는 한 분야에 대한 깊은 전문성(수직선)과 다양한 분야에 대한 넓은 지식(수평선)을 가진 사람을 의미합니다. 글로벌 조직에서는 당신의 전문성뿐만 아니라, 다양한 문화에 대한 넓은 이해도가 중요합니다. 책, 영화, 여행, 동료들과의 대화를 통해 끊임없이 '수평선'을 넓혀 나가야 합니다.

- **'메타 인지'능력을 키워라:** '메타 인지(Metacognition)'는 '내가 무엇을 알고, 무엇을 모르는지 아는 것'을 의미합니다. 내가 가진 생각과 행동 방식이 '한국 문화'의 산물임을 인지하고, 그것이 다른 문화권에서는

어떻게 다르게 받아들여질 수 있는지 객관적으로 바라보는 연습을 해야 합니다.

- **'공통의 언어'를 찾아라:** 언어가 다르더라도, 모든 비즈니스에는 '성과', '성장', '효율'이라는 공통의 언어가 있습니다. 이 공통의 언어를 중심으로 대화를 풀어나가면, 문화적 차이로 인한 오해를 줄이고, 더 빠르게 관계를 형성할 수 있습니다.

2부.

글로벌 조직에서 살아남는 법

부제: 조용한 신입에서 적극적인 리더로 성장하기까지

3장. 성공적인 '조용한 신입' 탈출기

외국계 기업 신입사원에게 가장 어려운 것은 '조용한 신입'이라는 타이틀을 벗어나는 것이다. 한국식 기업 문화에 익숙한 사람에게는 적극적으로 자신을 드러내는 것이 부담스럽게 느껴질 수 있지만, 외국계 기업에서는 존재감을 드러내지 않으면 유령처럼 사라지게 된다. 입사 초기 3개월이 당신의 커리어에 중요한 영향을 미친다.

첫 3개월: '왜 아무도 나를 도와주지 않을까?'라는 질문의 해답

입사 초기, 내가 했던 가장 큰 실수는 주변에서 나를 먼저 챙겨 주기를 바랐다는 점이다. '나는 그저 조용히 내 할 일만 하면 된다'고 생각했지만, 현실은 달랐다. 외국계 기업은 개인의 역량과 존재감을 스스로 증명해야 하는 곳이다. 그들은 '신입'이라는 이유만으로 당신에게 모든 것을 알려주지 않는다. 당신이 먼저 도움을 요청하고, 문제를 해결하려는 의지를 보여줄 때 비로소 그들은 당신을 '동료'로 인정하기 시작한다.

이 깨달음은 단순한 감정적 변화를 넘어, 나의 모든 행동과 태도를 바꿔 놓았다. 나는 왜 그들이 '나'를 방치하는 것처럼 보였는지, 그 근본적인 이유를 파헤치기 시작했다.

'알아서 해주겠지' 환상 깨기: 한국 기업 문화와 외국계 기업의 단절

한국 기업에서는 신입사원을 '조직의 보호를 받는 존재'로 여기는 문화가 뿌리 깊게 박혀 있습니다. 입사 첫날부터 사수가 업무를 하나하나 가르쳐주고, 팀원들이 점심 메뉴를 챙겨주는 것은 **신입을 위한 당연한 배려**로 여겨집니다. "신입이니까 모를 수 있지"라는 묵시적인 이해가 존재하며, 이러한 문화 속에서 우리는 **'누군가 나를 알아서 챙겨줄 것'**이라는 기대를 무의식적으로 품게 됩니다. 이러한 문화는 신입사원이 조직에 안정적으로 적응하는 데 도움을 주지만, 때로는 **자율적인 성장과 주도적인 업무 태도를 방해하는 함정**이 되기도 합니다.

하지만 외국계 기업은 이러한 환상을 단호히 깹니다. 그들은 당신을 '신입'이 아닌 **'한 명의 전문성 있는 동료'**로 대우합니다. 당신의 채용은 이미 일정 수준 이상의 역량을 가졌다는 전제에서 시작된 것이며, 당신은 곧바로 자신의 **성과와 책임**을 증명해야 합니다.

구체적인 사례로 본 한국 기업과 외국계 기업의 차이

1. 업무 부여 방식

- **한국 기업:** 신입사원에게는 '지시형' 업무가 주로 주어집니다. 예를 들어, "이 자료를 정리해서 보고서에 넣어 줘", "팀장님 일정표를 업데이트

해 줘"와 같이 구체적인 지침이 명확하게 전달됩니다. 신입은 주어진 일을 정확히 해내는 것에 집중하며, 그 과정에서 궁금한 점이 생기면 사수에게 질문합니다.

- **외국계 기업:** 신입이라도 '목표형'업무를 받게 됩니다. "이번 분기 영업 실적을 분석해서 시장 동향을 파악해 줘"와 같이 최종 목표만 주어지고, 그 목표를 달성하기 위한 구체적인 방법은 스스로 찾아내야 합니다. 자료를 어떻게 수집할지, 어떤 방식으로 분석할지, 누구에게 도움을 요청할지는 자신의 판단에 달려 있습니다.

2. 질문과 피드백 문화

- **한국 기업:** 신입사원의 잦은 질문은 오히려 열정의 증거로 받아들여지기도 합니다. "모르는 것을 적극적으로 배우려고 한다"고 긍정적으로 평가하는 경우가 많습니다. 피드백은 주로 업무의 "어떻게"에 초점을 맞춥니다. "보고서의 글씨 크기를 12pt로 맞춰라", "이 부분은 이렇게 고치는 것이 더 낫다"와 같이 구체적인 수정 사항을 알려주는 식입니다.

- **외국계 기업:** 질문은 '스스로 충분히 찾아보았는가'에 대한 의심으로 이어질 수 있습니다. "이전에 비슷한 자료가 있었을 텐데 찾아봤니?"라는 질문을 받을 수도 있습니다. 피드백은 업무의 "왜"에 초점을 맞춥니다. "왜 이런 방식으로 분석했는지", "이 데이터의 함의는 무엇이라고 생각하는지"와 같이 개인의 논리와 사고 과정을 검증하는 질문이 주를 이룹니다

3. 온보딩(Onboarding) 과정

- **한국 기업:** 신입사원 온보딩은 조직 적응을 위한 과정에 가깝습니다. 회사의 역사, 조직 구조, 사내 복지 등 전반적인 정보를 제공하고, 선배 사원들과의 멘토링 프로그램 등을 통해 유대감을 형성하는 데 중점을 둡니다. 이는 신입이 '우리 조직의 일원'이 되도록 돕는 과정입니다.

- **외국계 기업:** 온보딩은 '업무를 위한 준비 과정'입니다. 업무에 필요한 프로그램 사용법, 내부 시스템 접근 권한 부여, 담당 프로젝트에 대한 상세 브리핑 등 즉시 성과를 내기 위한 실질적인 정보에 집중합니다. 신입은 입사 직후부터 부여된 역할에 대한 기대치를 명확히 인지하고, 곧바로 자신의 업무에 착수하게 됩니다.

환상을 깨고 전문가로 성장하기

이러한 문화적 차이는 근무 환경의 차이를 넘어, **개인의 성장 방식에 큰 영향**을 미칩니다. 한국 기업 문화에 익숙한 신입이라면 외국계 기업에서 "왜 아무도 나에게 먼저 말을 걸지 않지?", "업무를 가르쳐주는 사람이 없네?" 하며 당황스러움을 겪을 수 있습니다.

하지만 이는 **당신을 존중하고 있다는 신호**이기도 합니다. 외국계 기업은 당신이 스스로 문제를 해결하고, 필요한 정보를 능동적으로 찾아내며, 동료들에게 도움을 요청할 줄 아는 '주체적인 전문가'라고 믿습니다. '알아서 해주겠지'라는 환상에서 벗어나, **자신의 성장을 스스로 책임지는 태도**야말로 글로벌 경쟁력을 갖춘 인재로 나아가는 첫걸음입니다.

'자율'이라는 이름의 방치: 스스로 길을 찾아가는 문화

외국계 기업 문화에서 '방치'처럼 느껴지는 것은 사실 **'자율성'에 대한 깊은 존중**입니다. 이들은 직원을 미성숙한 신입으로 바라보지 않습니다. **성인으로서, 그리고 전문가로서 스스로의 업무를 계획하고, 필요한 정보를 찾고, 문제를 해결할 능력이 있다고 믿습니다.** 이 같은 믿음은 직원이 오너십을 가지고 주체적으로 일하게 만들어, 결과적으로 더 높은 성과와 만족도를 이끌어냅니다. 하지만 한국 기업의 '누군가 가르쳐주는' 문화에 익숙한 이들에게는 자율적인 환경이 낯설고 외롭게 느껴질 수 있습니다.

이러한 '자율성 존중' 문화는 다음 세 가지 핵심적인 특징으로 나타납니다.

1. 정보는 스스로 찾아라: '위키피디아' 정신

- **외국계 기업:** 대부분의 외국계 기업은 정보 공유 시스템(위키, 문서 관리

시스템 등)이 매우 잘 구축되어 있습니다. 신입사원이든 경력직이든, 궁금한 점이 생기면 동료에게 묻기 전에 먼저 이 시스템을 검색하는 것이 당연한 문화로 자리 잡고 있습니다. "이미 답이 있는 질문"을 하는 것은 시간 낭비로 여겨질 수 있습니다. 예를 들어, 특정 프로젝트의 히스토리가 궁금하다면, 그 프로젝트의 전용 위키 페이지를 찾아보는 것이 먼저입니다.

- **한국 기업:** 한국 기업에서는 구두로 정보를 전달하는 경우가 많고, 문서화된 정보가 부족할 수 있습니다. 그래서 신입사원은 궁금한 점이 생기면 곧바로 **사수나 동료에게 질문**하는 것이 일반적입니다. "모르면 물어봐라"라는 문화가 형성되어 있기에, 질문은 신입의 적극성을 보여주는 좋은 태도로 여겨지기도 합니다.

2. 회의 참여는 선택이 아닌 필수: 침묵은 곧 '무관심'

- **외국계 기업:** 외국계 기업의 회의는 단순히 상사의 지시를 듣거나 정보를 전달받는 자리가 아닙니다. **모두가 자신의 의견을 개진하고, 논리적으로 토론하며, 팀의 결정에 기여하는 자리**입니다. 회의 내내 침묵하고 있다면, 당신은 그 논의에 관심이 없거나 기여할 바가 없다는 신호로 받아들여질 수 있습니다. 팀에 해가 되는 의견일지라도, 논리적 근거를 바탕으로 당당하게 말하는 것이 중요합니다.

- **한국 기업:** 한국 기업에서는 상급자가 주로 발언하고, 신입사원은 경청

하는 것이 미덕으로 여겨지는 경우가 많습니다. 물론 젊은 세대의 적극적인 참여를 독려하는 분위기로 바뀌고 있지만, 여전히 회의에서 침묵하는 것이 "조직의 흐름을 방해하지 않는 예의"로 받아들여지기도 합니다.

3. 업무는 내가 정의한다: '어떻게'에 대한 고민

- **외국계 기업:** 상사가 "이번 달까지 신규 고객 리스트를 100개 확보해 와"라고 지시했다고 가정해 봅시다. 당신의 업무는 단순히 리스트를 가져다주는 것에서 끝나지 않습니다. **'어떻게'** 이 일을 할지 스스로 고민해야 합니다. 시장 조사, 특정 채널 분석, 콜드콜 등 여러 전략을 세우고, 이 계획을 상사나 동료들에게 공유하며 피드백을 받는 것이 이 문화의 기본입니다. **성과를 내기 위한 전략 수립은 스스로의 몫**입니다.

- **한국 기업:** 같은 지시를 받았다면, 상사는 종종 구체적인 방법까지 함께 제시하는 경우가 많습니다. "기존 고객 데이터베이스를 활용하고, 부족한 부분은 웹 서치를 통해 보충해라"와 같이, **업무의 방향성과 과정**까지 상세하게 가이드해 주는 식입니다. 신입사원은 상사의 지시를 성실하게 따라야 하며, 이 과정을 통해 업무의 틀을 익히게 됩니다.

'자율' 문화는 당신을 의존적인 업무 처리자가 아닌, 자신의 역할을 스스로 정의하고 성과를 창출하는 '독립적인 전문가'로 성장하게 합니다. 처음에는 어렵고 외롭게 느껴질 수 있지만, 이 과정을 통해 당신은 문제 해결 능력과 주도성을 키우며 한 단계 더 도약할 수 있습니다.

신입사원, '존재감'을 증명하는 입사 3개월의 중요성

외국계 기업에서 입사 후 첫 3개월은 단순한 적응 기간이 아닙니다. 이 시기는 당신이 어떤 사람인지, 어떤 역량을 가졌는지 동료들에게 **'존재감'을 각인시키는 가장 중요한 시기**입니다. 이 짧은 기간 동안 당신은 팀의 일원으로 빠르게 녹아들고, 당신의 강점과 잠재력을 효과적으로 보여주어야 합니다. 이 시기에 '조용하고 수동적인 사람'으로 낙인 찍히면, 이후에 그 인식을 바꾸는 것은 매우 어렵습니다. 입사 3개월은 단순히 업무를 배우는 기간이 아니라, 당신의 커리어 방향을 설정하는 '터닝포인트'임을 명심해야 합니다.

첫 3개월, '존재감'을 증명하는 구체적인 방법

1. 적극적인 '질문'과 '발언'으로 참여하라

- **수동적 태도:** "이거 어떻게 해야 해요?" 또는 "이거 맞나요?"와 같이 단순 확인을 위한 질문만 하거나, 회의 내내 침묵하며 듣기만 하는 태도.

- **주도적 태도:** "A, B 방법을 시도해봤는데 C라는 문제가 발생했습니다. 혹시 D 방법을 고려해볼 수 있을까요?"와 같이 당신의 고민과 해결책을 먼저 제시하는 질문을 하세요. 회의에서는 적극적으로 손을 들고 의견을 내거나, 다른 사람의 의견에 동의 또는 반대하는 이유를 명확히 밝히세요. 이는 당신이 팀의 논의에 깊이 몰입하고 있음을 보여줍니다.

- **사례:** 신입사원 A는 회의 때마다 "저는 ~라고 생각합니다"라는 문장으로 발언을 시작했습니다. 비록 의견이 팀의 최종 결정에 반영되지 않더라도, 팀원들은 A가 팀의 문제에 대해 깊이 고민하고 있음을 알게 되었습니다. 반면, 또 다른 신입사원 B는 아무 발언 없이 회의에 참여했고, 결국 팀원들은 B가 회의에 집중하지 않는다고 오해하게 되었습니다.

2. '120%의 결과물'을 목표로 하라

- **수동적 태도:** 지시 받은 업무만 '최소한의 기준'으로 해내는 태도. 예를 들어, 보고서를 작성하라는 지시를 받으면, 요청 받은 내용만 담아 완성하는 것입니다.

- **주도적 태도:** '기대 이상의 결과물'을 만들어내세요. 보고서를 작성할 때, 요청 받은 내용 외에 당신의 인사이트나 추가적인 자료를 덧붙여 보세요. "요청하신 자료 외에, 이 데이터도 함께 분석해보니 이러한 트렌드

가 발견되었습니다"와 같은 한 줄의 추가적인 노력은 당신의 주도성과 역량을 효과적으로 보여줍니다.

- **사례:** 신입사원 C는 상사가 요구한 경쟁사 분석 보고서에, 단순히 경쟁사의 웹사이트 정보뿐만 아니라 경쟁사 채용 공고를 분석하여 그들의 최신 기술 트렌드를 예측한 내용을 추가했습니다. 상사는 C의 깊이 있는 분석력에 감탄했고, C는 입사 3개월 만에 중요한 프로젝트에 참여하게 되었습니다.

3. '네트워크'를 구축하라

- **수동적 태도:** 맡은 업무만 조용히 처리하고, 팀원들과의 교류를 최소화하는 태도.

- **주도적 태도:** 점심시간이나 티타임을 활용하여 다른 팀원들에게 다가가세요. 그들의 업무에 대해 궁금한 점을 물어보고, 당신의 업무를 공유하며 소통하세요. 친목을 넘어, 업무 관련 지식과 정보를 얻고, 당신의 존재감을 널리 알리는 기회가 될 겁니다.

- **사례:** 신입사원 D는 입사 초기, 다른 팀의 선배들에게 먼저 다가가 "저희 팀에서 이런 프로젝트를 진행 중인데, 혹시 비슷한 경험이 있으실까요?"라고 질문했습니다. 이 과정을 통해 D는 여러 선배들과 친해졌고, 자연스럽게 다양한 부서의 정보와 노하우를 얻게 되었습니다.

입사 3개월은 당신의 커리어에 있어 가장 중요한 '골든 타임'입니다. 이 기간 동안 적극적이고 주도적인 태도로 당신의 존재감을 증명한다면, 당신은 팀의 성장에 기여하는 핵심 인재로 빠르게 성장할 수 있을 것입니다.

'먼저 다가가기'라는 작은 용기: 스몰 토크와 도움 요청의 기술

스몰 토크, 단순한 잡담이 아닌 '관계'의 씨앗

한국 기업 문화에서는 회식이나 커피 타임처럼 **비공식적인 자리**를 통해 자연스럽게 동료들과의 관계를 다지는 경우가 많습니다. 하지만 외국계 기업은 개인의 사생활을 존중하는 문화가 강해, 이러한 비공식적인 모임이 상대적으로 적습니다. 따라서 당신이 먼저 '관계의 씨앗'을 심고 물을 주지 않으면, 그 관계는 싹을 틔우기 어렵습니다. 스몰 토크(Small Talk)는 바로 이 씨앗을 심는 가장 효과적이고 중요한 방법입니다.

스몰 토크가 관계 형성에 필수적인 이유

1. 심리적 장벽 허물기: 협업의 윤활유

스몰 토크는 업무를 시작하기 전, 상대방과의 **심리적 장벽을 허물어**

주는 윤활유 역할을 합니다. 5분 남짓한 짧은 대화는 '안녕하세요'라는 딱딱한 인사 대신 '주말 잘 보내셨나요?'와 같은 부드러운 대화의 물꼬를 틔웁니다. 이렇게 허물어진 심리적 장벽은 이후의 협업 과정에서 더 솔직하고 자유로운 소통을 가능하게 합니다.

2. 친밀감 형성: 공통점을 찾아 연결고리 만들기

날씨, 최근 본 영화, 주말 계획, 좋아하는 음식과 같은 가벼운 주제는 상대방과 나 사이의 **공통점**을 찾고, 친밀감을 형성하는 데 큰 도움이 됩니다. 이러한 공통점을 발견하면 상대방은 당신을 '함께 일하는 동료'를 넘어 '취미를 공유하는 사람'으로 인식하게 됩니다.

3. '인간적인 면' 보여주기: 로봇이 아닌 사람으로 인식시키기

외국계 기업에서는 일할 때 업무적인 면모만 보여주기 쉽습니다. 스몰 토크는 당신이 단순히 업무만 하는 **'로봇'이 아니라, 감정을 가진 '인간'임을 보여주는 기회**입니다. 동료들이 당신에게 더 편하게 다가올 수 있는 환경을 조성하고, 당신을 팀의 한 구성원으로 받아들이는 데 중요한 역할을 합니다.

효과적인 스몰 토크를 위한 팁

관심을 표현하라: 상대방의 안색, 옷차림, 소지품 등 눈에 띄는 것에 대해 가볍게 질문하세요. "오늘 넥타이가 멋지시네요"와 같은 칭찬도 좋은 시작이 될 수 있습니다.

- **개방형 질문을 활용하라:** '네/아니오'로 끝나는 닫힌 질문 대신, 상대방이 자유롭게 이야기할 수 있는 개방형 질문을 하세요. ("주말에 뭐 하셨어요?"→ "주말에 ~하셨다고 들었는데 어떠셨어요?")

- **상대방의 반응을 경청하라:** 스몰 토크는 일방적인 대화가 아닙니다. 상대방의 대답을 잘 듣고, 그에 맞는 반응을 보여주면 대화는 자연스럽게 이어질 것입니다.

실전 스몰 토크 가이드: 어색함을 깨는 대화법

낯선 환경에서 스몰 토크는 어색하고 어렵게 느껴질 수 있습니다. 하지만 스몰 토크는 관계의 첫 단추를 채우는 중요한 열쇠입니다. 어색함 때문에 망설이고 있다면, 다음의 세 가지 실전 가이드를 통해 자연스럽게 대화의 물꼬를 터보세요.

1. '공간'을 활용하라: 우연한 만남을 기회로

스몰 토크는 거창한 준비 없이 일상적인 공간에서 시작하는 것이 가장 좋습니다. 커피 머신 앞, 복도, 엘리베이터는 굳이 대화를 시작하려 하지 않아도 자연스럽게 마주치는 곳입니다. 이러한 공간에서 가볍게 말을 건네면 상대방도 부담 없이 대화에 응할 수 있습니다.

구체적인 사례:

- **커피 머신 앞:** "오늘 아침은 커피 한 잔으로 시작해야겠어요. 혹시 OO님

은 어떤 커피 좋아하세요?"

- **복도/탕비실:** "점심은 드셨나요? 근처에 새로 생긴 식당이 괜찮다고 하던데, 혹시 가보셨어요?"

- **엘리베이터:** "오늘 날씨가 정말 덥네요. 주말에 비 소식이 있던데, 혹시 주말 계획 있으신가요?"

- **효과:** 이러한 대화는 자연스러운 상황에서 시작되므로 어색함이 덜하고, 상대방에게 '관심을 가지고 있다'는 긍정적인 인상을 심어줄 수 있습니다.

2. '관심사'를 공략하라: 공통의 연결고리 찾기

상대방의 책상 위 소품들은 훌륭한 대화 소재가 됩니다. 피규어, 가족 사진, 화분, 독특한 디자인의 컵 등은 상대방의 취미나 성향을 엿볼 수 있는 단서입니다. 이를 활용하면 공통의 관심사를 찾아 친밀감을 빠르게 형성할 수 있습니다.

구체적인 사례:

- **피규어/장난감:** "저 피규어, 혹시 OO 캐릭터인가요? 저도 정말 좋아해서 얼마 전 개봉한 영화도 봤어요!"

- **사진:** "책상에 놓인 사진 속 아이가 너무 귀여운데, 혹시 따님이세요? 저

도 조카가 있는데 보면 볼수록 사랑스럽더라고요."

- **화분:** "책상 위 화분 정말 예쁘네요. 혹시 어떤 식물인지 여쭤봐도 될까요? 저도 키워보고 싶어서요."

- **효과:** 상대방은 자신의 취미나 사적인 공간에 관심을 갖는 당신에게 호감을 느끼기 쉽습니다. 이러한 관심은 당신이 업무적인 관계를 넘어 상대방과 인간적인 관계를 맺고 싶어 한다는 신호로 받아들여집니다.

3. '뉴스/트렌드'를 활용하라: 지적 대화를 위한 소재

최신 기술, 업계 동향, 혹은 가벼운 사회 이슈(예: 주말에 개봉한 영화, 화제의 드라마)는 상대방과 함께 이야기할 공통의 주제를 쉽게 찾을 수 있는 좋은 방법입니다. 개인적인 질문이 부담스러울 때 시도하기에 좋습니다.

구체적인 사례:

- **업계 동향:** "최근에 우리 업계에 대한 기사를 봤는데, AI 기술 도입이 점점 늘고 있더라고요. 혹시 OO님은 이 부분에 대해 어떻게 생각하세요?"

- **문화 콘텐츠:** "이번 주말에 새로 개봉한 영화 <OOO> 보셨나요? 평이 좋아서 보고 싶은데, 혹시 먼저 보셨다면 어떠셨는지 궁금해요."

- **스포츠/이슈:** "어제 야구 경기 보셨나요? 정말 짜릿한 역전승이었는데,

혹시 OO팀 팬이세요?"

- **효과:** 이러한 대화는 상대방의 의견을 존중하면서 **지적인 대화**를 유도할 수 있습니다. 또한, 당신이 업무 외의 분야에도 관심을 가지고 있음을 보여주어, 동료들에게 더 넓은 시야를 가진 사람으로 인식될 수 있습니다.

스몰 토크는 어색함을 깨는 것을 넘어, 팀 내에서 당신의 **존재감을 확장하고 긍정적인 관계를 구축**하는 중요한 도구입니다. 이 세 가지 방법을 통해 일상 속에서 편안하게 대화를 시도해 보세요.

'도움'을 요청하는 것은 약점이 아닌 '강점'이다

많은 사람이 도움을 요청하는 것을 자신의 약점을 드러내는 행위라고 생각하며 주저합니다. 특히 한국 기업 문화에서는 '혼자 해결하려는 노력'을 높이 평가하는 경향이 강해, 도움 요청을 '능력 부족'으로 오해하는 경우도 있습니다. 하지만 외국계 기업에서는 정반대입니다. 오히려 **'도움 요청'을 '문제 해결 의지'와 '팀워크'를 보여주는 강력한 강점으로 인식**합니다. 도움 요청을 통해 얻는 시너지가 혼자 고민하는 시간보다 훨씬 가치 있다고 판단하기 때문입니다.

도움 요청이 당신의 강점이 되는 이유

1. 존중의 표현: 상대방의 전문성을 인정하라

도움을 요청하는 것은 **상대방의 전문성과 지식을 존중한다는 의미**를 내포합니다. 특정 업무에 대한 도움을 요청할 때, "이 부분은 OO님이 가장 잘 아시는 것 같아서 여쭤봅니다"와 같이 말하면, 상대방은 당신의 요청을 자신에 대한 '칭찬'으로 받아들이게 됩니다. 이는 상대방의 기분을 좋게 할 뿐만 아니라, 당신과의 관계를 긍정적으로 형성하는 데 큰 도움이 됩니다.

- **사례:** 신입사원 A는 복잡한 데이터 분석 보고서를 작성하다가 막혔습니다. 그녀는 팀 내에서 데이터 분석에 가장 능숙한 선배에게 찾아가 "선배님, 이번 보고서 데이터 분석 부분에서 막혔는데, 선배님이 이 분야의 전문가이시니 조언을 구하고 싶습니다"라고 말했습니다. 선배는 그녀의 존중이 담긴 요청에 기꺼이 시간을 내어 도와주었고, 이후에도 두 사람은 업무 관련 조언을 주고받으며 긍정적인 협업 관계를 이어갔습니다.

2. 성장 의지의 증명: 배움에 대한 열정을 보여줘라

외국계 기업은 직원의 **지속적인 성장**을 중요하게 생각합니다. 따라서 도움 요청을 할 때 "이 부분은 잘 모르지만, 선배님께 배우고 싶습니다"와 같이 말하면, 당신이 단순히 해결책만 얻으려는 것이 아니라, **스스로의 역량을 키우려 한다는 성장 의지**를 효과적으로 보여줄 수 있습니다. 이러한 태도는 동료들에게 당신이 잠재력 있는 인재임을 각인시키는 계기가 됩니다.

- **사례:** 신입사원 B는 새로운 프로젝트에서 담당하게 된 마케팅 툴 사용법을 잘 알지 못했습니다. 그는 팀장에게 "이 툴이 생소해서 사용이 어렵습니다. 하지만 이 기회에 제대로 배워서 다음부터는 제가 직접 담당해보고 싶습니다. 혹시 선배님께서 시간을 내어 기본 사용법을 알려주실 수 있을까요?"라고 요청했습니다. B의 적극적인 태도에 팀장은 그를 긍정적으로 평가했고, 향후 더 중요한 업무를 맡길 기회를 주었습니다.

3. 협업의 시작: 신뢰와 유대감을 쌓는 과정

도움을 주고받는 과정은 단순히 지식과 정보를 공유하는 행위를 넘어, **팀원 간의 신뢰와 유대감**을 쌓는 시작점이 됩니다. 한 번 도움을 받은 동료에게는 이후에 더 편하게 다가갈 수 있게 되고, 이는 팀워크를 강화하는 선순환 구조를 만듭니다.

- **사례:** 신입사원 C가 급하게 자료를 찾아야 할 때 옆자리에 앉은 동료 D에게 도움을 요청했습니다. D는 기꺼이 자신의 노하우를 알려주었고, 이후 C도 D가 어려운 일이 있을 때 먼저 나서서 도왔습니다. 이처럼 도움을 주고받는 경험은 두 사람 사이에 자연스러운 신뢰 관계를 형성했고, 팀 전체의 협업 분위기 또한 긍정적으로 이끌었습니다.

도움을 요청하는 것은 결코 약점이 아닙니다. 오히려 자신의 한계를 인정하고, 팀의 역량을 활용하여 더 나은 성과를 만들고자 하는 **강력한 주체성의 표현**입니다. 이러한 태도를 통해 당신은 동료들에게 신뢰받는 팀원으로 빠르게 자리매김할 수 있을 것입니다.

효과적인 도움 요청 3단계: '질문'에서 '협업'으로

도움을 요청하는 것은 "도와주세요"라고 말하는 행위에 그칠 것이 아니라, 상대방의 시간을 존중하고 문제 해결에 대한 당신의 의지를 보여주는 '주도적인 협업 제안'이 되어야 합니다. 다음의 3단계 접근법을 활용하면, 당신의 도움 요청은 동료들에게 신뢰와 존중을 얻는 강력한 수단이 될 것입니다.

1단계: '나의 노력'을 먼저 보여줘라

도움을 요청하기 전에, 스스로 해결하기 위해 어떤 노력을 했는지 먼저 설명해야 합니다. 이는 당신이 문제를 해결하기 위해 이미 충분히 고민하고 노력했음을 보여주며, 상대방의 시간을 낭비하지 않겠다는 존중의 표현입니다.

- **잘못된 요청:** "이 보고서 어떻게 작성해야 할지 모르겠어요."
- **효과적인 요청:** "보고서 작성을 위해 기존 샘플 문서를 분석하고, 관련 자료를 찾아봤는데 A와 B 데이터가 서로 충돌하는 문제가 생겼습니다."

- **효과:** 상대방은 당신의 요청이 **자신에 대한 의존이 아닌, 깊은 고민의 결과**임을 인지하게 됩니다. 상대방이 당신의 문제를 파악하는 데 드는 시간을 줄여주고, 당신에게 진정으로 도움을 줄 가치가 있다고 느끼게 만듭니다.

2단계: '구체적인 문제'를 명확히 제시하라

"도와달라"라는 막연한 요청은 상대방을 당황하게 만듭니다. 상대방은 당신이 무엇 때문에 막혔는지 알 수 없으므로, 모든 과정을 처음부터 되짚어야 하는 비효율적인 상황이 발생합니다. 당신은 **문제의 핵심을 정확히 짚어주어**, 상대방이 즉시 해결책을 고민할 수 있도록 도와야 합니다.

- **잘못된 요청:** "데이터 분석이 너무 어려워요. 도와주세요."
- **효과적인 요청:** "데이터 분석 과정에서 C 변수와 D 변수 간의 상관관계를 파악하는 데 어려움을 겪고 있습니다. 이 변수들을 어떤 방식으로 해석해야 할지 모르겠습니다."

- **효과:** 구체적인 문제점을 제시하면, 상대방은 당신에게 필요한 정보나 조언을 정확하게 제공할 수 있습니다. 이는 문제 해결의 속도를 높이고, 당신의 **논리적인 사고력**을 보여주는 기회가 됩니다.

3단계: '함께'의 가치를 제안하라

마지막으로, 당신의 요청을 '협업 제안'으로 전환하세요. "혹시 이 부분을 함께 고민해주실 수 있을까요?"라고 말하며, 상대방에게 단순히 '도움'을 받는 것이 아니라 '문제 해결을 위한 동반자'로서의 역할을 제안하는 태도를 보여주어야 합니다.

- **잘못된 요청:** "이거 해결해주실 수 있나요?"
- **효과적인 요청:** "이 문제를 함께 해결하면 팀의 목표 달성에 큰 도움이 될 것 같습니다. 혹시 잠시 시간을 내어 저와 함께 고민해주실 수 있을까요?"

- **효과:** 이러한 접근은 상대방에게 '당신이 팀의 성공을 위해 기여하고 있다'는 인상을 심어줍니다. 도움을 주고받는 과정이 단순한 의무가 아닌, 팀워크를 강화하고 공동의 목표를 달성하는 긍정적인 경험으로 인식되게 합니다. 나아가 당신과 동료 간의 유대감을 쌓고, 신뢰를 구축하는 데 결정적인 역할을 합니다.

존재감을 만드는 법: '정답'이 아닌 '관점'을 공유하라

외국계 기업의 회의 문화는 한국 기업과 다르다. 상사의 의견에 무조건 동의하는 것이 미덕이 아니라, 자신의 의견과 관점을 명확하게 제시하는 것이 중요하다. 당신이 비록 신입이라 할지라도, 프로젝트에 대한 '관점'을 공유하는 것은 당신의 존재감을 드러내는 훌륭한 방법이다. 예를 들어, "이 문제에 대해 저는 이렇게 생각합니다. 이 방법은 이런 장점이 있을 것 같습니다."와 같이 말하는 것은 당신이 단순히 시키는 일만 하는 것이 아니라, 깊이 고민하고 있다는 인상을 준다. 이는 당신이 '정답'이 아닌 '관점'을 가진 사람으로 인식되게 한다.

회의에서 '침묵'이 독인 이유: 존재감을 잃는 가장 빠른 길

회의에서의 침묵: 단순한 경청이 아닌 '무관심'의 표현

한국 기업에서 회의는 주로 **상사의 지시 사항을 듣고, 정보를 공유하는 자리**인 경우가 많습니다. 그래서 신입사원은 조용히 경청하는 것을 미덕으로 여기기도 합니다. 하지만 외국계 기업에서 회의는 팀원 모두가 참여하여 토론하고, 최선의 결정을 도출하는 '협업의 장'입니다. 이 자리에서 침묵하는 것은 단순한 경청이 아닌 다음과 같은 부정적인 인상을 줄 수 있습니다.

회의에서 침묵이 부정적으로 해석되는 세 가지 이유

1. '관심 없음'으로 해석된다

회의 주제에 대해 아무런 의견을 내지 않으면, 당신이 그 주제에 대해 **흥미가 없거나, 팀의 목표에 기여할 의지가 없다고 오해**할 수 있습니다. 외국계 기업은 각 팀원이 자신의 역할에 대한 오너십(Ownership)을 가지고 적극적으로 참여하기를 기대합니다. 당신의 침묵은 이러한 기대에 부응하지 못한다는 신호로 받아들여질 수 있습니다.

- **사례:** 신입사원 A가 참여한 마케팅 전략 회의에서, 팀원들은 새로운 광고 캠페인 아이디어에 대해 열띤 토론을 벌였습니다. 하지만 A는 회의 내내 한마디도 하지 않았습니다. 회의 후 팀장은 A에게 "회의 주제가 흥미롭지 않았나요? 혹시 마케팅 전략에 대해 다른 생각이 있으셨나요?"라고 조심스럽게 물었습니다. A는 단순히 경험이 부족해 발언을 망설였지만, 팀장은 그녀가 이 프로젝트에 관심이 없다고 오해하게 되었습니다.

2. '준비 부족'으로 인식된다

외국계 기업의 회의는 대개 **사전 준비**가 필수적입니다. 회의 안건에 대해 미리 고민하고, 자신의 의견을 정리해서 오는 것이 기본입니다. 침묵은 회의 안건에 대해 미리 고민하지 않았거나, 자신의 의견을 정리하지 못했다고 판단할 수 있습니다. 이는 당신의 **프로의식**에 대한 의심으로 이어질 수 있습니다.

- **사례:** 신입사원 B는 다음 주 회의에서 발표할 자료를 받았습니다. 그는 자료를 읽기만 하고 따로 생각해보는 시간을 갖지 않았습니다. 회의 중 상사가 B에게 의견을 물었지만, 그는 "아직 정리가 안 돼서..."라고 얼버무렸습니다. 다른 팀원들은 이미 자료를 분석하고 자신의 의견을 준비해 온 상태였기 때문에, B는 팀원들의 신뢰를 잃게 되었습니다.

3. '팀원으로서의 책임 회피'로 여겨진다

외국계 기업은 각 개인의 책임을 명확히 합니다. 팀원으로서 당신에게는 팀의 의사결정에 참여하고, 자신의 역할을 다해야 할 책임이 있습니다. 침묵은 당신이 이 책임을 회피하는 것처럼 보일 수 있습니다. 회의는 공동의 목표를 달성하기 위한 중요한 과정이며, 그 과정에서 당신의 의견은 팀의 결정에 기여할 수 있는 중요한 자산입니다.

- **사례:** 신입사원 C가 참여한 프로젝트 회의에서, 팀원들은 프로젝트 방향을 결정하는 중요한 기로에 섰습니다. 팀장은 팀원들에게 한 명씩 의견을 물었지만, C는 "다른 분들 의견에 동의합니다"라는 말로 발언을 마쳤습니다. 팀장은 이후 C에게 "팀의 중요한 결정에 참여하는 것은 팀원으로서의 책임입니다. 당신의 의견이 비록 소수일지라도, 그 의견이 팀을 더 좋은 방향으로 이끌 수 있습니다"라고 조언했습니다.

침묵 대신 '적극적' 참여를 위한 팁

침묵은 존중의 표현이 아닌, 당신의 **존재 가치를 희석시키는 행위**입니다. 회의에서 더 이상 침묵하지 마세요. 적극적으로 회의에 참여하기 위해 다음을 시도해 보세요.

- **사전 준비:** 회의 안건을 미리 확인하고, 최소 한 가지 이상의 질문이나 의견을 준비해 가세요.

- **질문하기:** 발언이 어렵다면 먼저 질문을 던지는 것도 좋은 방법입니다. "이 부분에 대해 조금 더 자세히 설명해주실 수 있을까요?"와 같이 질문

하면, 자연스럽게 대화에 참여할 수 있습니다.

- **동의 또는 보충하기:** 다른 팀원의 의견에 동의한다면, 단순히 고개를 끄덕이는 대신 "OO님 의견에 동의합니다. 제가 생각하기에는 ~~~ 부분도 보충하면 좋을 것 같습니다"라고 덧붙여 말하세요.

회의에서 적극적인 참여는 당신의 **존재감과 역량, 그리고 팀에 대한 기여 의지**를 동시에 보여주는 가장 효과적인 방법입니다.

'정답'이 아닌 '관점'을 공유해야 하는 이유

회의에서 발언할 때 '정답'을 말해야 한다는 부담감에 침묵하거나 발언을 망설이는 경우가 많습니다. 하지만 외국계 기업의 회의에서는 완벽한 '정답'보다 당신이 얼마나 깊이 있게 고민했는지를 보여주는 '관점(Perspective)'이 훨씬 더 중요합니다. 당신의 관점은 팀의 토론을 풍부하게 하고, 당신의 역량과 잠재력을 효과적으로 드러내는 강력한 도구입니다.

'관점' 공유가 중요한 세 가지 이유

1. 사고의 과정을 증명하는 가장 좋은 방법

'정답'은 결과만을 보여주지만, '관점'은 당신이 그 문제에 대해 어

떤 방식으로 접근하고, 어떤 논리를 펼쳤는지를 보여줌으로써, 당신이 단지 수동적으로 지시를 기다리는 사람이 아니라, 능동적으로 사고하고 문제를 해결하려는 사람임을 증명합니다. 동료들은 당신의 관점을 통해 당신의 분석 능력, 논리력, 그리고 창의성을 평가하게 됩니다.

- **사례:** 신입사원 A가 참여한 프로젝트 회의에서, 팀장님이 "이 문제를 어떻게 해결하면 좋을까요?"라고 질문했습니다. A는 "제가 데이터 분석을 해보니, A라는 변수와 B라는 변수가 긍정적인 상관관계를 보였습니다. 이를 바탕으로 C라는 전략을 시도해보면 좋을 것 같습니다"라고 말했습니다. 비록 이 전략이 최종 결정으로 이어지지는 않았지만, 팀원들은 A가 단순히 결과만 말하는 것이 아니라, **논리적인 근거를 바탕으로 사고하는 사람**임을 알게 되었습니다.

2. 토론의 촉진자 역할

회의는 완벽한 정답을 찾는 자리가 아니라, **다양한 아이디어를 교환하고 더 나은 해결책을 모색하는 과정**입니다. "제 생각에는..."으로 시작하는 당신의 관점은 다른 팀원들의 새로운 의견을 끌어내는 촉매제 역할을 합니다. 당신의 관점이 비록 완벽하지 않더라도, 다른 팀원의 관점과 결합되어 예상치 못한 창의적인 아이디어를 만들어낼 수 있습니다.

- **사례:** 신입사원 B가 회의에서 "고객 만족도 향상을 위해서는 가격 할인

보다 제품의 사후 서비스를 강화하는 것이 더 효과적일 것 같다"는 관점을 제시했습니다. 이 의견에 다른 팀원은 "서비스 강화도 좋지만, 초기 고객 확보를 위해 가격 경쟁력을 유지해야 한다"는 반대 의견을 냈고, 또 다른 팀원은 "두 가지를 결합해, 일정 기간 동안은 가격 할인을 제공하고 그 이후부터는 프리미엄 서비스를 제공하는 것은 어떨까요?"라는 절충안을 제시했습니다. B의 관점이 팀의 창의적인 토론을 활성화하고, 더 좋은 해결책을 찾는 데 기여한 것입니다.

3. 리더십의 초기 단계

'관점'을 꾸준히 공유하는 것은 당신이 단순히 맡은 업무만 처리하는 것이 아니라, 팀 전체의 방향에 대해 고민하고 있음을 보여줍니다. 당신이 당신의 영향력을 점차 키워 나가고, 미래에 리더의 역할을 맡을 수 있는 역량을 갖추었음을 간접적으로 증명하는 가장 효과적인 방법인 거죠. 리더는 정답을 제시하는 사람이 아니라, 팀원들이 올바른 방향으로 나아갈 수 있도록 관점을 제시하는 사람입니다.

- **사례:** 신입사원 C는 입사 초기부터 팀의 프로젝트 방향성에 대한 자신의 관점을 꾸준히 공유했습니다. 그녀는 "현재 우리의 고객층은 20대 여성에 국한되어 있는데, 30대 남성까지 확장하려면 이러한 전략이 필요합니다"와 같이 팀의 미래에 대한 고민을 드러냈습니다. 시간이 지나자 팀원들은 중요한 의사결정 시 "C 씨는 이 문제에 대해 어떻게 생각해요?"라고 먼저 의견을 묻기 시작했고, 그녀는 점차 팀의 중요한 의

사결정에 참여하게 되었습니다.

'나만의 관점'을 만드는 3단계 전략: 경험이 부족해도 괜찮다

입사 초기에 경험이 부족해서 자신만의 관점을 만드는 것이 어렵다고 생각할 수 있습니다. 하지만 '관점'은 거창한 것이 아닙니다. 오히려 당신이 가진 신선한 시각과 잠재력을 보여주는 중요한 무기가 될 수 있습니다. 다음의 3단계 전략을 통해 자신만의 관점을 개발하고, 이를 효과적으로 표현해 보세요.

1단계: '정보'를 '지식'으로 소화하라

회의 안건이나 관련 자료를 단순히 읽는 것에 그치지 말고, 그 정보가 어떤 의미를 가지는지, 다른 정보와 어떤 연관성이 있는지 **스스로 질문을 던져야 합니다.** 이 과정은 흩어져 있는 파편 같은 정보들을 당신의 머릿속에서 체계적인 '지식'으로 만드는 과정입니다.

구체적인 예시:

- **단순한 정보:** "최근 우리 회사의 주력 제품 A의 시장 점유율이 5% 하락했다."

- **지식으로 소화하기 위한 질문:** "왜 하락했을까?(경쟁사의 신제품 출시? 경기 침체?)", "5% 하락은 어느 정도의 손실을 의미할까?(매출액 기준으로는?)", "다른 경쟁사들도 비슷한 하락세를 보이고 있을까?"

- **효과:** 이러한 질문을 통해 당신은 단순히 사실을 아는 것에서 멈추지 않고, 그 사실의 **이면에 숨겨진 원인과 결과**를 파악하게 됩니다. 당신이 문제를 더 깊이 이해하고 있음을 보여줄 수 있는 가장 기본적인 단계입니다.

2단계: '지식'에 '경험'을 더하라

'나만의 관점'은 당신의 **고유한 경험**에서 나옵니다. 과거의 인턴, 대외활동, 학교 프로젝트, 심지어는 개인적인 취미나 경험까지 현재의 문제에 연결시켜 보세요. 당신만의 특별한 경험은 다른 팀원들과 차별화된 관점을 만들어주는 가장 강력한 무기가 됩니다.

구체적인 예시:

- **상황:** 신규 앱의 사용자 이탈률을 낮추는 회의.

- **관련 경험:** "제가 대학교 때 사용했던 앱 중 B가 비슷한 문제를 겪었는데, 사용자 인터페이스(UI)를 단순화한 뒤 이탈률이 급격히 낮아졌던 경험이 있습니다. 이 프로젝트에도 UI/UX 개선을 먼저 시도해 볼 수 있을까요?"

- **효과:** 당신의 개인적인 경험이 팀의 문제 해결에 실질적인 아이디어를 제공하는 순간입니다. 이 단계는 당신의 경험이 얼마나 가치 있는지를 증명하고, 당신을 단순히 신입이 아닌 '잠재적인 전문가'로 인식하게 만듭니다.

3단계: '가설'을 '관점'으로 다듬어라

앞서 스스로 던진 질문과 당신의 경험을 바탕으로 **'가설'을 세우세요.** 그리고 그 가설을 뒷받침하는 근거(데이터, 시장 동향, 사용자 후기 등)를 찾아 논리적으로 다듬어야 합니다. 이렇게 다듬어진 가설이 바로 회의에서 자신 있게 발표할 수 있는 '관점'이 됩니다.

구체적인 예시:

- **가설:** "경쟁사 A의 신제품 출시는 우리 회사의 20대 고객층을 빼앗아 가려는 전략이다."

- **근거 보강:** "경쟁사 A의 신제품은 우리 회사의 주력 제품과 가격대가 비슷하고, 특히 20대가 선호하는 디자인과 기능을 강조하고 있습니다. 또한, 최근 경쟁사의 마케팅 채널을 분석해 보니 20대를 타깃으로 한 매체를 집중적으로 활용하고 있습니다."

- **완성된 관점:** "제가 분석한 바에 따르면, 경쟁사 A의 신제품은 가격과 디자인 측면에서 우리 회사의 20대 고객층을 직접적으로 노린 것으로 보입니다. 따라서 우리는 이 고객층을 지키기 위해 SNS 마케팅을 강화하거나, 20대가 선호하는 브랜드와의 협업을 고려해야 한다고 생각합니다."

- **효과:** 가설에 논리적 근거가 더해지면, 당신의 주장은 '의견'이 아닌 '타당한 관점'이 됩니다. 이 과정은 당신이 팀원들의 신뢰를 얻게 하고, 당

신의 발언이 팀의 의사결정에 중요한 역할을 하도록 만듭니다.

관점 만들기는 타고난 재능이 아니라, 꾸준한 노력과 훈련을 통해 누구나 습득할 수 있는 능력입니다. 위 3단계 전략을 반복적으로 연습하여, 회의에서 당신의 목소리를 당당하게 내는 프로페셔널로 성장하시길 바랍니다.

관점을 공유하는 실전 대화법: 'Yes, and...' 화법

회의에서 자신의 관점을 효과적으로 공유하는 것은 중요하지만, 때로는 다른 사람의 의견에 대한 '반박'처럼 느껴져 망설이게 됩니다. 이때 'Yes, and...' 화법은 당신의 의견을 존중하면서 자신의 관점을 덧붙이는 가장 강력하고 부드러운 대화법입니다. 단순히 '내 의견만 옳다'고 주장하는 것이 아니라, **팀의 논의에 기여하고 싶어 하는 당신의 협력적인 태도**를 보여줍니다.

'Yes, and...' 화법의 단계별 활용법

1. 회의 시작 전: 주도적인 참여 의사를 밝히는 질문

회의가 시작되기 전, 미리 준비한 관점이 있다면 먼저 주도적으로 발언 기회를 확보하세요. 그 순간 당신이 단순한 '참석자'가 아니라 기여자임을 보여줄 수 있습니다.

- **구체적인 대화:** "오늘 회의를 위해 이 프로젝트에 대한 제 생각을 정리해 보았습니다. 회의 중 의견을 말씀드려도 될까요?" 또는 "저도 회의 안건에 대해 몇 가지 고민한 내용이 있는데, 공유해도 괜찮을까요?"

- **효과:** 이러한 질문은 당신이 회의에 대해 충분히 준비했음을 보여주며, 자연스럽게 발언권을 확보할 수 있게 합니다.

2. 회의 중: 상대방 의견에 대한 존중과 확장

다른 팀원이 의견을 제시했을 때, 바로 반박하기보다 그 의견을 먼저 존중한 다음 당신의 관점을 덧붙이세요. 이는 **상대방의 아이디어를 '죽이는' 것이 아니라 '살리고' 싶다**는 인상을 줍니다.

- **구체적인 대화:** "OO님의 의견에 동의합니다. 그리고 그 의견에 한 가지 더 추가하고 싶은 관점이 있습니다…"
  "OO님께서 말씀하신 부분 정말 인상 깊습니다. 그 부분을 토대로, 저는 ~~~라는 방법도 고려해볼 수 있을 것 같습니다."
  "좋은 아이디어네요. 제가 생각했던 것과 비슷한데, 혹시 ~~~ 부분도 함께 고려해보면 어떨까요?"

- **효과:** 상대방은 자신의 의견이 존중 받았다고 느껴 당신에게 호감을 갖게 됩니다. 또한, 당신의 관점이 상대방의 아이디어와 결합되어 더 나은 해결책을 만들 수 있는 기회를 만듭니다.

3. 회의 종료 후: 긍정적인 피드백으로 관계 강화

회의가 끝난 후에도 'Yes, and...' 화법을 활용하여 팀원들에게 긍정적인 피드백을 전달하세요. 이는 당신이 **개인의 성과뿐만 아니라 팀 전체의 논의에 관심을 갖고 있다**는 것을 보여줍니다.

- **구체적인 대화:** "오늘 회의에서 나온 아이디어가 정말 좋았습니다. 특히 OO님이 제시하신 방안이 인상 깊었는데, 제가 다음 단계에 대해 좀 더 고민해보고 정리해서 공유하겠습니다."
  "XX님 의견 덕분에 새로운 시각을 얻을 수 있었습니다. 감사합니다!"

- **효과:** 긍정적인 피드백은 동료 간의 유대감을 강화하고, 다음 회의에서도 활발한 참여가 이어지도록 분위기를 조성합니다.

'Yes, and...' 화법은 당신이 팀의 논의에 적극적으로 참여하고 있으며, 다른 사람의 의견을 경청하고 존중하는 태도를 가지고 있음을 보여줍니다. 이러한 대화법을 통해 당신은 자신의 관점을 전달하는 것을 넘어, **팀의 협업 문화를 주도하는 긍정적인 구성원**으로 자리매김할 수 있을 것입니다.

'혼자'가 아닌 '함께'의 가치: 협업 제안과 리더십의 시작

외국계 기업은 '개인주의'가 강하다고 생각하기 쉽지만, '개인의 역할을 존중한다'는 의미에 가깝습니다. 결국 그들도 '팀'으로서의 성과를 중시합니다. 당신이 속한 팀이 더 좋은 성과를 낼 수 있도록 먼저 협업을 제안해보세요. 이는 당신이 가진 '함께의 가치'를 보여주는 것으로, 신입사원으로서 보여줄 수 있는 가장 강력한 리더십의 시작이 됩니다.

협업, 당신의 가장 강력한 무기

많은 사람이 외국계 기업을 '개인주의의 정글'이라고 생각하며, 오로지 개인의 능력만으로 살아남아야 한다고 믿습니다. 하지만 오히려 당신이 **'협업'을 통해 돋보일 수 있는 절호의 기회**입니다. 개인의 역할과 책임이 명확한 만큼, '협업'의 가치를 보여주는 것은 당신이 단순히 맡은 일만 하는 사람이 아니라, **팀 전체의 성공을 생각하는 사람**임을 증명하는 것입니다. 당신의 협업 능력은 개인의 성과를 넘어, 팀과 조직 전체에 긍정적인 영향을 미치는 강력한 리더십의 시작입니다.

협업은 왜 최고의 무기가 되는가

1. 사일로(Silo): 문화의 벽을 허무는 리더십

각 부서나 개인이 자신의 영역에만 몰두하는 **사일로 현상**은 모든 조직의 고질적인 문제입니다. 부서 간의 소통 부족은 중복된 업무를 만들고, 비효율적인 의사결정으로 이어집니다. 당신이 먼저 협업을 제안하는 것은 이 벽을 허물고, 조직 전체의 시너지 효과를 창출하려는 **'리**

더'의 태도로 비춰집니다.

- **사례:** 신입사원 A는 마케팅 부서에서 일하면서, 고객 분석 데이터가 영업팀에만 공유되고 있음을 알게 되었습니다. 그녀는 영업팀 담당자에게 먼저 찾아가 "저희 팀의 마케팅 전략에 고객 데이터가 큰 도움이 될 것 같습니다. 혹시 정기적으로 데이터를 공유해 주실 수 있을까요? 저희도 그 데이터를 활용해 얻은 인사이트를 공유해드리겠습니다"라고 제안했습니다. 이 제안은 두 부서 간의 소통을 활성화했고, A는 조직의 비효율적인 문제를 해결하려는 주도적인 인재로 인정받게 되었습니다.

2. '큰 그림'을 보는 시야 증명

협업은 당신의 업무가 다른 사람의 업무와 어떻게 연결되는지 이해하고, **팀 전체의 목표에 기여하는 과정**입니다. 이는 당신이 단지 '내 일'만 잘하는 사람이 아니라, '큰 그림'을 보는 **전략적 사고**를 가졌음을 보여줍니다. 자신의 업무가 전체 프로젝트에서 어떤 역할을 하는지 이해하고, 다른 팀원의 어려움을 먼저 파악하는 능력은 높은 평가를 받게 됩니다.

- **사례:** 신입사원 B는 새로운 제품의 상세 페이지 디자인을 맡았습니다. 그는 단순히 디자인만 하는 것에 그치지 않고, 개발팀에게 찾아가 "이 디자인이 구현하기에 어려운 점은 없을까요? 혹시 더 효율적인 방법이 있다면 피드백 부탁드립니다"라고 의견을 물었습니다. B의 협업 덕분에 디자

인 단계에서 발생할 수 있는 잠재적인 기술적 문제를 미리 해결할 수 있었고, 그는 단순히 디자인 역량뿐만 아니라 프로젝트 전체를 아우르는 시야를 가졌다는 인정을 받았습니다.

3. 동료와의 신뢰 구축

협업은 서로의 전문성을 인정하고, 부족한 부분을 채워주는 과정입니다. 이 과정에서 동료들은 당신의 역량뿐만 아니라, 당신의 인간적인 면모를 보고 신뢰를 쌓게 됩니다. 도움을 주고받으며 형성된 **긍정적인 관계**는 팀의 생산성을 높이는 결정적인 역할을 합니다.

- **사례:** 신입사원 C가 급한 업무로 어려움을 겪고 있을 때, 동료 D는 먼저 다가와 "제가 이 부분은 경험이 좀 있으니, 함께 고민해보자"고 제안했습니다. C는 D의 도움 덕분에 문제를 해결할 수 있었고, 이후 D의 업무를 기꺼이 돕는 등 긍정적인 상호작용이 이어졌습니다. 이러한 협업 경험은 두 사람 사이에 깊은 신뢰를 구축했고, 팀 내에 협업에 긍정적인 분위기를 확산시켰습니다.

협업의 가치는 단순히 착한 팀원이 되는 데 있지 않습니다. 당신의 **리더십, 전략적 사고, 그리고 동료와의 신뢰**를 동시에 보여주는 가장 효과적인 무기입니다. 외국계 기업에서 당신의 존재감을 증명하고 싶다면, '개인의 성과'를 넘어 '팀의 성공'을 위한 협업에 집중하세요.

협업 제안의 3단계 실전 가이드: '팀'의 성공을 이끄는 리더십

협업은 다른 사람의 업무를 돕는 행위를 넘어, 팀의 목표를 함께 달성하기 위한 능동적인 과정입니다. 하지만 막연하게 "도와 드릴게요"라고 말하는 것은 오히려 상대방에게 부담을 줄 수 있습니다. 다음의 3단계 전략을 활용하여, 당신의 협업 제안을 효과적으로 성공시키고, 팀의 성공을 이끄는 리더로 성장하세요.

1단계: '우리'의 시각으로 문제를 정의하라

협업을 제안할 때는 개인의 이익이 아닌 **'팀'의 이익을 먼저 내세워야 합니다.** "제가 이 부분을 도와 드릴게요"와 같은 개인적인 제안보다는 "우리 팀의 최종 목표를 달성하기 위해"라는 문장으로 협업의 필요성을 강조하세요. 이는 당신이 자신의 업무뿐만 아니라, 팀 전체의 큰 그림을 보고 있다는 인상을 줍니다.

- **잘못된 접근:** "제가 이 부분을 잘하니, OO님의 일을 도와 드릴게요."
- **효과적인 접근:** "우리 팀의 최종 목표를 달성하기 위해서는, 이 두 가지 업무가 긴밀하게 연결되어야 합니다. 함께 논의하면 더 효율적일 것 같습니다."

- **사례:** 신입사원 E가 맡은 프로젝트의 성공 여부가 옆 부서의 데이터 분석 결과에 달려있다는 것을 알게 되었습니다. 그녀는 "우리 팀의 목표를 달성하려면 옆 부서의 데이터 분석이 필수적입니다. 이 두 가지 업무를 함

께 논의하면 더 좋은 결과가 나올 것 같습니다."라고 팀장에게 제안했습니다. 이 제안은 팀 전체의 관점에서 협업의 중요성을 강조하며, 긍정적인 평가를 이끌어냈습니다.

2단계: '내가 기여할 가치'를 명확히 제시하라

막연하게 "도와드리겠습니다"라고 말하는 것은 상대방에게 오히려 부담을 줄 수 있습니다. 상대방은 당신이 어떤 부분에서 어떤 기여를 할 수 있는지 알지 못하므로, 당신의 제안을 받아들여야 할 이유를 찾기 어렵습니다. 당신이 어떤 전문성과 자원을 가졌는지 **구체적으로 제시**해야 합니다.

- **잘못된 접근:** "제가 도와드릴 일 없나요?"
- **효과적인 접근:** "저는 데이터 분석을 담당하고 있는데, 이 데이터를 활용하면 OO님이 맡으신 프로젝트의 효율을 높일 수 있을 것 같습니다. 제가 분석한 자료를 공유해 드릴까요?"

- **사례:** 신입사원 F는 동료의 프로젝트에 자신의 데이터 분석 역량이 필요하다는 것을 알게 되었습니다. 그는 동료에게 "제가 가지고 있는 최신 시장 트렌드 데이터로 고객 분석을 해보니 새로운 인사이트를 얻을 수 있었습니다. 이 분석 결과를 공유해 드릴까요? 프로젝트 기획 단계에 도움이 될 것 같습니다."라고 구체적인 가치를 제안했습니다. 이처럼 당신이 가진 전문성과 자원을 명확히 제시하면, 상대방은 당신의 제안을 단순한 '도움'이 아닌 '가치 있는 기여'로 인식하게 됩니다.

3단계: '주도적으로' 협업을 이끌어라

협업을 제안했다면, 이제 당신이 그 과정을 주도적으로 이끌어야 합니다. 회의를 주선하고, 안건을 정리하고, 논의 결과를 문서화하는 등 **'리더'의 역할**을 수행하세요. 당신이 책임감 있고 능동적인 사람임을 보여주며, 자연스럽게 팀의 리더로 성장할 수 있는 기반을 마련해줄 것입니다.

- **잘못된 접근:** "언제 시간 되실 때 이야기 한번 하시죠."
- **효과적인 접근:** "좋습니다, 그럼 제가 회의 일정을 잡아볼까요? 제가 안건을 정리해서 미리 공유해 드리겠습니다."

- **사례:** 신입사원 G가 부서 간의 협업을 제안했습니다. 그녀는 상대 부서 담당자에게 먼저 "제가 협업의 첫걸음으로 두 부서가 함께 논의할 수 있는 미팅 일정을 잡아보겠습니다. 논의 안건을 미리 정리해서 보내드릴 테니, 편하신 시간을 알려주세요"라고 말했습니다. 이러한 주도적인 태도는 상대방에게 긍정적인 인상을 주었고, G를 '단순한 협업 제안자'가 아닌 '문제 해결의 주도자'로 인식하게 만들었습니다.

이 세 가지 단계를 통해, 당신은 좋은 팀원이 되는 것을 넘어, **팀의 성장을 이끄는 핵심 인재**로 자리매김할 수 있습니다.

리더십의 시작: '팀원'에서 '팀을 이끄는 사람'으로

외국계 기업에서 협업을 제안하고 이끌어가는 과정은 당신의 **리더십 역량**을 증명하는 가장 확실한 방법입니다. '나만 잘하면 된다'는 생각을 넘어, 팀의 성과를 위해 기꺼이 자신의 시간과 노력을 투자하고 다른 팀원들과 함께 시너지를 창출하려는 태도는 당신을 '팀 전체를 생각하는 리더'로 각인시킵니다. 이러한 주도적인 협업은 당신의 영향력을 확장 시키고, 궁극적으로 공식적인 리더십 역할로 나아갈 수 있는 기반이 됩니다.

협업을 통한 리더십 증명: 두 가지 핵심 효과

1. 신뢰의 기반 마련: 당신의 영향력을 키우는 힘

당신의 주도적인 협업 제안은 동료들에게 당신이 얼마나 **신뢰할 수 있는 사람인지** 보여줍니다. 당신의 제안을 통해 팀의 성과가 향상되는 경험이 쌓이면, 동료들은 "이 사람과 함께 일하면, 더 좋은 결과를 얻을 수 있겠구나"라는 믿음을 갖게 됩니다. 이러한 믿음은 당신의 말에 힘을 싣고, 당신의 의견에 더 귀 기울이게 만드는 원동력이 됩니다.

- **사례:** 신입사원 H는 프로젝트 과정에서 동료들과의 협업을 적극적으로 이끌었습니다. 그녀는 자신의 역할뿐만 아니라 다른 팀원들의 업무에도 관심을 가지고, 문제 해결을 위한 아이디어를 먼저 제안했습니다. 처

음에 그녀는 '적극적인 팀원' 정도로 여겼지만, 그녀의 제안으로 팀의 비효율적인 프로세스가 개선되고 성과가 향상되자, 팀원들은 점차 그녀를 '믿고 따를 수 있는 사람'으로 인식하게 되었습니다. 중요한 의사결정이 필요할 때, 팀원들은 먼저 그녀에게 의견을 구하기 시작했고, H는 자연스럽게 팀 내의 영향력 있는 인재로 성장했습니다.

2. 공식적인 리더십으로의 전환: 기회는 준비된 자에게 온다

이러한 평판과 신뢰는 머지않아 **공식적인 리더십 역할**로 이어질 수 있습니다. 팀장이나 매니저는 팀의 새로운 리더를 찾을 때, 단순히 '개인 성과가 뛰어난 사람'이 아닌 '팀 전체의 성공을 위해 가장 많이 기여하는 사람'을 가장 먼저 떠올립니다. 당신이 보여준 협업과 리더십은 인사 평가에 긍정적인 영향을 미치고, 더 큰 책임과 권한을 가진 자리로 나아갈 수 있는 기회를 열어줍니다.

- **사례:** 신입사원 I는 입사 후 2년 만에 팀 리더 후보로 추천 받았습니다. 팀장은 평가 회의에서 "I 씨는 항상 팀 전체의 목표를 최우선으로 생각하고, 부서 간의 협업을 주도하여 팀의 성과를 크게 향상시켰다"고 언급했습니다. I의 높은 개인 성과뿐만 아니라, 팀 전체를 이끌었던 그의 협업 리더십이 높은 평가를 받은 것입니다. I는 단순한 업무 능력을 넘어, **미래의 리더로서의 잠재력**을 보여주었기 때문에 승진 기회를 잡을 수 있었습니다.

리더십은 거창한 직책에서 시작되는 것이 아닙니다. **일상적인 협업 속에서 팀의 성공을 위해 헌신하는 태도**가 바로 리더십의 시작입니다.

당신의 주도적인 협업은 당신의 역량을 증명하고, 동료들의 신뢰를 얻으며, 궁극적으로 당신을 '팀을 이끄는 사람'으로 성장시키는 가장 강력한 무기가 될 것입니다.

4장. 실전 커뮤니케이션 스킬:
당신의 말이 곧 경쟁력이다

외국계 기업에서 커뮤니케이션은 단순한 의사소통 수단을 넘어 당신의 역량과 가치를 증명하는 가장 중요한 도구다. 명확하고 간결한 커뮤니케이션은 불필요한 오해를 줄이고, 업무 효율을 극대화하는 핵심이다.

글로벌 비즈니스의 핵심: 명확하고 간결한 소통

외국계 기업의 가장 중요한 덕목 중 하나는 '명확하고 간결한 소통' 입니다. 단지 유창한 영어를 구사하는 것이 아니라, 상대방이 오해할 여지 없이 **핵심을 정확하게 전달하는 능력**을 의미합니다. 한국식 문화에서는 예의를 갖추기 위해 배경 설명을 길게 늘어놓거나, 직접적인 표현을 피하는 경우가 많지만, 글로벌 비즈니스 환경에서는 이러한 방식이 오히려 비효율과 오해를 낳을 수 있습니다. 효과적인 소통은 당신의 프로페셔널리즘을 증명하고, 팀의 생산성을 극대화하는 핵심적인 도구입니다.

명확하고 간결한 소통을 위한 실전 가이드

1. 결론부터 말하는 두괄식 화법: 상대방의 시간을 존중하라

글로벌 비즈니스 환경에서는 모두가 바쁘게 움직입니다. 따라서 상대방의 시간을 존중하고 핵심을 명확히 전달하는 두괄식 화법(Bottom-Line Up Front)이 가장 효과적입니다. 서론이 길어지면 상대방은 핵심을 파악하는 데 어려움을 느끼고, 결국 당신의 메시지를 놓치게 됩니다.

- **잘못된 화법:** "지난주에 저희가 진행했던 프로젝트의 데이터를 분석해 봤습니다. 다양한 변수들이 있었고... (중략)... 그래서 이 문제를 해결하기 위해 저는 A라는 방안을 제안합니다."
- **효과적인 화법:** "저는 이 문제를 해결하기 위해 A라는 방안을 제안합니다. 그 이유는 지난주 프로젝트 데이터 분석 결과 ~~~했기 때문입니다."

- **효과:** 결론부터 말하면 상대방은 당신의 의도를 즉시 파악하고, 필요한 경우에만 추가 설명을 요구할 수 있습니다. 커뮤니케이션의 효율성을 높이는 것은 물론, 상대방에게 당신이 논리적으로 사고하는 사람이라는 인상을 줍니다.

2. 불필요한 미사여구 대신 정확한 어휘 선택: 오해의 소지를 없애라

"알아서", "적당히", "대충"과 같이 모호하고 주관적인 표현은 치명적인 오해를 불러일으킬 수 있습니다. 특히 다양한 문화적 배경을 가진 팀원들과 일할 때 이러한 모호함은 소통의 가장 큰 걸림돌이 됩니다. **구체적이고 정확한 어휘**를 사용하여 메시지를 전달하세요.

- **잘못된 표현:** "이 보고서 적당히 정리해서 보내주세요."
- **효과적인 표현:** "이 보고서의 핵심 데이터를 요약해서, 3페이지 이내로 정리해서 보내주세요."

- **효과:** 명확한 어휘는 상대방의 예측을 가능하게 하고, 불필요한 재작업을 줄여줍니다. 이는 당신이 기대하는 바를 정확히 전달하고, 팀의 생산성을 높이는 핵심적인 방법입니다.

3. 이메일, 메신저 사용의 기술: 상황에 맞는 채널을 활용하라

이메일, 메신저, 화상회의 등 다양한 소통 채널의 특성을 이해하고, 상황에 맞게 활용하는 것도 중요합니다.

- **이메일:** 공식적이고 중요한 내용을 전달할 때 사용합니다. 구체적인 회의록, 프로젝트 최종 보고서, 공식적인 결정 사항 등을 포함할 때는 **이메일**을 활용하세요. 이메일은 기록이 남기 때문에 분쟁 발생 시 근거 자료로 활용될 수 있습니다.

- **메신저:** 긴급하고 간단한 내용을 전달할 때 사용합니다. "회의 시간 10분 후에 시작합니다", "방금 보낸 파일 확인 부탁드립니다"와 같이 즉각

적인 소통이 필요할 때 **메신저**를 활용하세요.

- **사례:** 신입사원 A는 상사에게 "이 프로젝트에 대한 제안서를 작성했습니다"라고 메신저로만 보냈습니다. 상사는 메신저 알림을 놓쳤고, 제안서가 늦게 확인되는 문제가 발생했습니다. 반면, 신입사원 B는 "팀장님, 프로젝트 제안서 최종본을 메일로 보내드렸습니다. 확인 부탁드립니다"라고 메신저로 알림을 주고, 공식적인 제안서를 **이메일**로 함께 보냈습니다. B의 효율적인 소통 방식은 팀원들에게 높은 평가를 받았습니다.

명확하고 간결한 소통은 당신의 **프로페셔널리즘과 효율성**을 동시에 보여주는 가장 효과적인 도구입니다. 이러한 소통 방식을 통해 당신은 동료들의 신뢰를 얻고, 글로벌 비즈니스 환경에서 핵심적인 인재로 자리매김할 수 있을 것입니다.

효율적인 이메일 및 문서 작성: '문서로 말하기'의 힘

글로벌 기업에서 서면 커뮤니케이션은 단순한 정보 전달 수단을 넘어, **'나'의 전문성과 사고방식을 보여주는 중요한 도구**입니다. 시차나 근무 환경의 차이로 대면 소통이 어려울수록, 명확하고 논리적인 글쓰기 능력은 당신의 역량을 증명하는 가장 확실한 방법이 됩니다. 이메일 한 통, 문서 한 장에 당신의 '프로페셔널'이 담겨야 합니다. 당신의 글쓰기 능력은 곧 당신의 일하는 방식을 대변합니다.

이메일 작성의 기본 원칙:
'Thank you'이상의 대화를 이끌어내기

외국계 기업의 이메일은 **간결함이 생명**입니다. 하지만 간결함이 무례함을 의미하지는 않습니다. 다음 원칙들을 지켜 '감사합니다'한 줄 이상의 의미 있는 대화를 만들어 보세요.

1. 명확한 제목(Subject Line):
핵심 키워드로 시선을 사로잡아라

이메일 제목은 당신의 메시지를 여는 첫 번째 문입니다. 한눈에 내용을 파악할 수 있도록 핵심 키워드를 포함해야 합니다. **[Action Required]**, **[FYI]**, [Update]와 같은 접두사를 사용하면 상대방이 이메일의 중요도를 즉시 판단할 수 있습니다.

- **나쁜 예시:** Question, Hello, Project, Urgent
- **좋은 예시:**
  [Action Required] Project Alpha Plan Review by EOD Friday (금요일 업무 마감까지 알파 프로젝트 계획 검토 요청)
  [FYI] Weekly Status Report: Project Alpha Progress (알려드립니다: 주간 현황 보고서-알파 프로젝트 진행 상황)
  [Update] Beta Launch Timeline (업데이트: 베타 론칭 타임라인)

- **효과:** 명확한 제목은 상대방이 수많은 이메일 속에서 당신의 메시지를 놓

치지 않게 하고, 업무의 우선순위를 정하는 데 도움을 줍니다.

2. 간결한 본문(Concise Body): 목적을 명확히 하고 핵심만 전달하라

한국식 이메일처럼 불필요한 안부 인사나 서론을 길게 늘어놓는 것은 피해야 합니다. 이메일의 목적을 서두에 명확히 밝히고, 핵심 내용만 요약하여 전달하세요. 상세한 내용은 첨부 파일이나 별도의 링크에 담는 것이 좋습니다.

- **나쁜 예시:** (너무 길어 생략)
- **좋은 예시:** "Hi John, I hope you had a great weekend. The purpose of this email is to get your approval for the attached budget plan. We need to submit it by the end of this week. (안녕하세요 John, 주말 잘 보내셨길 바랍니다. 이 이메일은 첨부된 예산 계획에 대한 승인을 받기 위함입니다. 이번 주말까지 제출해야 합니다.)"

- **효과:** 상대방은 이메일을 읽는 데 시간을 낭비하지 않고 핵심 내용을 빠르게 파악할 수 있습니다. 이는 당신의 효율적인 업무 방식을 보여주는 중요한 증거가 됩니다.

3. 명확한 행동 요청(Clear Call to Action): 상대방의 다음 행동을 예측하게 하라

상대방에게 기대하는 행동(예: 회신, 검토, 승인 등)을 명확하게 제시해야 합니다. "알아서 해주겠지"라는 생각은 금물입니다. **구체적인 기한**을 포함하면 상대방은 언제까지 어떤 행동을 해야 하는지 정확히 알 수 있습니다.

- **나쁜 예시:** "시간 되실 때 한번 봐주세요."
- **좋은 예시:** "Please review the attached document and provide your feedback by EOD Friday."(첨부된 문서를 검토하시고 금요일 업무 마감까지 피드백을 부탁드립니다.)

- **효과:** 명확한 행동 요청은 불필요한 후속 이메일을 줄이고, 업무의 흐름을 원활하게 만듭니다.

4. 프로페셔널한 인사 및 마무리: 문화적 차이를 이해하라

글로벌 기업은 다양한 문화권의 사람들이 모여 일하는 곳입니다. 일반적으로 Hi [Name],으로 시작하고 Best regards, 또는 Regards,로 마무리하는 것이 무난합니다. 너무 딱딱하거나 지나치게 친밀한 표현은 피하는 것이 좋습니다.

- **나쁜 예시:** To: Mr. Smith, (딱딱하고 격식 있는 표현), Yours truly, (너무 격식 있음)
- **좋은 예시:** Hi Jane,으로 시작하여, Best regards,로 마무리

- **효과:** 적절한 인사와 마무리는 당신의 비즈니스 매너를 보여주고, 상대

방과의 관계를 긍정적으로 형성하는 데 도움을 줍니다.

글로벌 협업을 위한 문서 작성:
'누구나 이해할 수 있는' 언어로

글로벌 팀원들과 함께 작업하는 문서는 국적과 배경에 관계없이 **누구나 이해할 수 있어야** 합니다. '나만 아는 문서'는 협업의 가장 큰 걸림돌이 됩니다. 효과적인 문서 작성은 단순히 정보를 전달하는 것을 넘어, 팀원 간의 오해를 줄이고 프로젝트의 진행 속도를 높이는 핵심적인 방법입니다.

1. 쉬운 언어 사용: 전문 용어와 줄임말은 피하세요

전문 용어나 업계 내부에서만 통용되는 줄임말(Jargon)은 최대한 피해야 합니다. 간단하고 명확한 문장으로 작성하고, 꼭 필요한 경우 용어 정의를 함께 제공하는 것이 좋습니다.

- **나쁜 예시:** "이번 프로젝트의 KPI는 ROI와 NPV를 기준으로 측정할 예정입니다."(KPI, ROI, NPV와 같은 줄임말이 익숙하지 않은 사람에게는 혼란을 줄 수 있음)
- **좋은 예시:** "이번 프로젝트의 성과(KPI)는 투자 대비 수익률(ROI)과 순현재 가치(NPV)를 기준으로 측정할 예정입니다."(용어의 전체 의미를 함께 제공)

- **효과:** 모든 팀원이 문서의 내용을 명확하게 이해함으로써, 불필요한 질문과 오해를 줄이고 효율적인 의사결정을 가능하게 합니다.

2. 시각적 구조화: 가독성을 높여 핵심을 전달하세요

긴 글은 읽는 사람을 지치게 합니다. 제목, 부제목, **글머리 기호(bullet points)**, 표 등을 활용해 문서를 시각적으로 구조화하세요. 핵심 내용을 **굵은 글씨**로 강조하거나, 박스로 처리하면 가독성을 크게 높일 수 있습니다.

- **사례:** 프로젝트 진행 상황 보고서를 작성할 때, 진행 중인 주요 과제를 글머리 기호로 나열하고, 각 과제의 상태(진행 중, 완료, 지연)를 표로 정리해 한눈에 파악할 수 있도록 만듭니다.

- **효과:** 시각적으로 구조화된 문서는 핵심 내용을 빠르게 파악할 수 있게 하여, 바쁜 동료들의 시간을 절약해줍니다.

3. 템플릿 활용: 문서의 일관성을 유지하세요

팀이나 회사에서 사용하는 표준 **템플릿**이 있다면 반드시 사용하세요. 템플릿은 문서의 일관성을 유지하고, 팀원들이 익숙한 형식으로 내용을 빠르게 파악하는 데 도움을 줍니다. 또한, 문서 작성자가 중요한 항목을 놓치지 않도록 가이드하는 역할도 합니다.

- **사례:** 새로운 프로젝트 제안서를 작성할 때, 회사 표준 템플릿을 활용하

여 '목표', '범위', '예산', '타임라인' 등의 필수 항목을 빠짐없이 채워 넣습니다.

- **효과:** 템플릿은 문서의 품질을 일정하게 유지하고, 팀 전체의 효율성을 높입니다.

'CC'와 'Reply All'의 현명한 사용: 정보 공유의 마스터가 되기

이메일의 'CC'와 'Reply All'은 강력한 정보 공유 도구이지만, 잘못 사용하면 불필요한 혼란을 야기할 수 있습니다. 상황에 맞는 현명한 사용법을 익혀 정보 공유의 마스터가 되세요.

1. 'CC'는 정보 공유의 대상: 모두가 알아야 할 때만

'CC'는 이메일 내용에 직접적인 행동을 취할 필요는 없지만, **정보를 공유 받아야 하는 이해관계자**를 추가하는 곳입니다. 'To'에 있는 사람에게만 행동 요청이 있다는 점을 명심하세요.

- **사례:** 팀원에게 특정 업무를 요청하는 이메일을 보낼 때, 팀장에게는 상황을 알리기 위해 'CC'를 넣습니다. 팀장은 이메일을 통해 진행 상황을 파악하지만, 직접적인 응답이나 행동을 할 필요는 없습니다.

- **효과:** 'CC'는 투명한 정보 공유를 통해 팀의 조율을 원활하게 하고, 모

든 이해관계자가 동일한 정보를 기반으로 의사결정을 내리도록 돕습니다.

2. 'Reply All'은 꼭 필요한 경우에만: 이메일함의 청결을 유지하세요

'Reply All'은 전체 팀원에게 답장할 필요가 있을 때만 사용해야 합니다. "네, 알겠습니다"와 같은 단순한 응답은 개인에게만 보내는 것이 이메일함을 깨끗하게 유지하는 기본적인 에티켓입니다.

- **나쁜 예시:** 팀 전체에 "회의 시간 변경 알림"메일이 왔을 때, "네, 확인했습니다!"라고 'Reply All'로 답장하는 경우.
- **좋은 예시:** 팀 전체에 프로젝트 최종 결정에 대한 의견을 구하는 메일이 왔을 때, 모든 팀원이 다른 팀원의 의견을 함께 공유해야 할 필요가 있을 때 'Reply All'로 답장하는 경우.

- **효과:** 불필요한 'Reply All'을 줄이면 팀원들의 이메일 알림 피로도를 낮추고, 중요한 이메일이 단순한 응답에 묻히는 것을 방지할 수 있습니다.

글로벌 기업에서 '문서로 말하기'는 꾸준한 연습과 노력이 필요한 일입니다. 오늘부터 보내는 이메일과 작성하는 문서에 이 원칙들을 적용하며, 당신의 전문성을 한 단계 더 끌어올려 보세요.

3부.

성과주의의 세계에서 '잘 버티고 잘 크기'

부제: KPI, 피드백, 성장 마인드셋

5장. 철저한 성과주의, 압박인가 기회인가?

외국계 기업은 철저한 성과주의 문화를 가지고 있다. 단순히 '열심히' 일하는 것이 아니라 '잘' 일하는 것을 중요하게 여긴다는 의미다. 성과주의는 때로는 압박으로 느껴질 수 있지만, 잘 활용하면 당신의 성장을 위한 강력한 발판이 된다.

▶ 성과 중심 문화, 어떻게 적응하고 성장할까?

외국계 기업의 가장 큰 특징 중 하나는 '성과'를 최우선으로 한다는 점이다. 단순히 열심히 일하는 것을 넘어, 명확한 목표를 설정하고, 효율적으로 업무를 수행하며, 끊임없이 자신의 강점을 개발하여 가시적인 결과물을 만들어내는 것이 중요하다. 이 장에서는 외국계 기업의 성과 평가 시스템을 이해하고, 그 속에서 당신의 가치를 증명하며 성장하는 실질적인 전략을 제시한다.

외국계 기업 성과 평가 시스템 이해

외국계 기업의 성과 평가 시스템은 직원의 동기 부여와 조직 전체의 효율성을 극대화하는 데 초점을 맞춥니다. 국내 기업과는 다른 특징들을 명확히 이해하고 대비하는 것이 중요합니다.

외국계 기업 성과 평가 시스템의 핵심 특징

강력한 성과주의(Pay for Performance):

개인의 목표 달성도와 조직 기여도를 최우선으로 평가하며, 이 결과가 연봉 인상, 인센티브, 승진에 직접적으로 연동됩니다.

성과가 미흡할 경우, '성과 개선 계획(PIP: Performance Improvement Plan)'을 통해 재교육 기회를 제공하기도 하지만, 지속적으로 저성과를 보이면 해고로 이어질 가능성도 국내 기업에 비해 높습니다. 직원의 동기 부여를 극대화하고, 조직 전체의 효율성을 높이는 데 목적이 있습니다.

- **저자의 경험:** "저는 28년간 외국계 기업에서 일하며 수많은 성과 평가를 경험했습니다. 특히 미국계 기업에서는 'Pay for Performance' 원칙이 철저하여, 연말 평가 시즌이 되면 모든 직원이 자신의 성과를 객관적인 데이터로 증명하기 위해 치열하게 준비했습니다. '열심히 했다'는 말로는 통하지 않았죠. 반대로 뛰어난 성과를 낸 직원에게는 파격적인 보상과 함께 더 큰 기회가 주어졌습니다. 이와 같은 성과 평가는 때로는 압박으로 다가왔지만, 저를 포함한 많은 직원들이 스스로의 한계를 뛰어넘도록 만드는 강력한 동기가 되었습니다."

투명하고 객관적인 평가 기준:

성과 지표(KPI: Key Performance Indicators)나 목표(OKR: Objectives and Key Results)를 명확하게 설정하고, 이를 바탕으로 객관적인 데이터를 활용하여 평가합니다.

평가 기준이 사전에 명확히 공유되며, 직원들은 어떤 기준으로 평가받는지 정확히 인지할 수 있습니다. 이는 평가의 공정성을 높이고 직원들의 불만을 줄이는 데 기여합니다.

잦은 피드백과 코칭:

연 1회 형식적인 평가보다는 상시적인 피드백과 코칭을 중요하게 생각합니다. 분기별 또는 월별로 성과 면담을 진행하며, 목표 달성 과정에서의 문제점을 파악하고 개선 방향을 제시합니다.

이와 같은 꾸준한 관리는 직원들이 목표에서 벗어나지 않고 지속적으로 성과를 낼 수 있도록 돕습니다. 리더는 단순한 평가자를 넘어, 직원의 성장을 위한 코치이자 멘토로서의 역할을 수행합니다.

- **저자의 경험:** "제가 대표이사로 재직할 때, 가장 중요하게 생각했던 것 중 하나가 바로 '지속적인 피드백 문화'였습니다. 연말에 한 번 평가하는 것으로는 직원의 성장을 이끌 수 없다고 생각했습니다. 매 분기 1:1 면담을 통해 팀원들의 목표 달성 현황을 점검하고, 어려움을 함께 고민하며, 구체적인 개선 방안을 제시했습니다. 때로는 날카로운 피드백도 있었지만, 모두 팀원의 성장을 위한 것이었기에 서로 신뢰를 바탕으로 진솔한 대화를 나눌 수 있었습니다."

상사의 역할 증대:

성과 평가자가 주로 직속 상사인 경우가 많습니다. 상사는 단순히 평가를 넘어, 직원의 성장을 위한 코치이자 멘토로서의 역할을 수행합니다.

상사의 평가는 개인의 성과에 직접적인 영향을 미치며, 상사는 직원의 성장을 지원할 책임이 있습니다. 따라서 상사와의 관계 관리 및 소통이 중요합니다.

다양한 평가 방식 도입:

- **360도 평가(360-Degree Feedback):** 직속 상사뿐만 아니라 동료, 부하 직원, 심지어 외부 파트너로부터도 피드백을 받아 다각적인 관점에서 역량과 성과를 평가합니다. (넷플릭스 등 일부 글로벌 기업에서 활용) 이는 평가의 객관성을 높이고, 개인의 다양한 측면을 파악하는 데 유용합니다.

- **강제 배분(Forced Ranking):** 특정 비율에 따라 직원을 고성과자, 중간성과자, 저성과자로 분류하는 방식입니다. GE 등 일부 기업에서 과거에 사용했으나, 최근에는 개인 간 경쟁을 과도하게 유발한다는 비판으로 인해 사용이 줄어드는 추세입니다.

- **상시 성과 관리(Continuous Performance Management):** 연말에 집중되던 평가를 연중 상시적인 대화와 피드백 중심으로 전환하는 방식입니다. 목표 설정, 실행 촉진, 피드백, 코칭이 하나의 사이클로 통합 운영

됩니다. 급변하는 비즈니스 환경에 더 적합한 평가 방식입니다.

성과 평가 시스템의 주요 프로세스

일반적인 외국계 기업의 성과 평가 프로세스는 다음과 같은 단계를 따릅니다.

목표 설정(Goal Setting):

회계연도 초에 회사 전체의 전략적 목표가 각 부서와 팀, 그리고 개인의 목표로 'Top-Down' 방식으로 연계되어 설정됩니다.

개인의 목표는 SMART(Specific, Measurable, Achievable, Relevant, Time-bound) 원칙에 따라 구체적이고 측정 가능하게 설정됩니다.

KPI(핵심 성과 지표)나 OKR(목표 및 핵심 결과) 등의 방법론을 활용하여 목표를 명확히 합니다.

중간 검토 및 피드백(Mid-Year Review & Feedback):

연초에 세운 목표에 대한 중간 점검을 진행합니다. 목표 달성 현황을 파악하고, 필요에 따라 목표를 수정하거나 조정합니다.

상사와 직원 간의 1:1 면담을 통해 성과에 대한 피드백을 주고받고, 어려움이 있다면 해결 방안을 함께 모색합니다. 이때 코칭이 활발하게 이루어집니다.

연말 평가 (Year-End Review):

한 해 동안의 성과를 종합적으로 평가합니다. 설정된 목표 대비 달성도, 업무 방식, 역량 발휘 등을 평가합니다.

주로 직속 상사가 평가를 진행하며, 필요에 따라 동료나 다른 부서의 피드백도 반영될 수 있습니다.

평가 등급 확정 (Rating & Calibration):

개인의 성과 평가 결과를 바탕으로 최종 등급(Rating)이 확정됩니다. 이 과정에서 부서 내 또는 조직 전체의 'Calibration(조정 회의)'을 통해 평가의 공정성과 객관성을 확보하려 노력합니다. (예: 특정 부서의 평가가 전반적으로 너무 높거나 낮을 경우 조정)

보상 연동(Compensation Linkage):

확정된 성과 평가 등급에 따라 연봉 인상률, 인센티브 지급액, 스톡옵션 등의 보상이 결정됩니다.

고성과자에게는 파격적인 보상이 주어지고, 저성과자에게는 제한적인 보상 또는 개선 계획이 제시됩니다.

성과 면담 및 개발 계획(erformance Discussion & Development Plan):

최종 평가 결과를 직원에게 공유하고, 성과 면담을 통해 강점과 개선이 필요한 부분을 논의합니다.

직원의 성장을 위한 개인별 개발 계획(IDP: Individual Development Plan)을 수립하고, 필요한 교육이나 경험 등에 대한 기회를 제공합니다.

분석 및 시사점

외국계 기업의 성과 평가 시스템은 다음과 같은 장단점을 가집니다.

장점:

- **높은 동기 부여:** 성과에 대한 명확한 보상으로 직원들의 업무 동기를 높입니다.
- **공정성 및 투명성:** 객관적인 지표와 투명한 프로세스를 통해 평가의 공정성을 확보하려 노력합니다.
- **개인의 성장:** 상시적인 피드백과 개발 계획을 통해 개인의 역량 발전을 적극적으로 지원합니다.
- **책임감 증대:** 명확한 목표와 평가 기준은 직원들이 자신의 업무에 대한 책임감을 높이도록 유도합니다.

단점:

- **과도한 경쟁:** 성과주의가 지나칠 경우 직원들 간의 과도한 경쟁을 유발하

고, 협업을 저해할 수 있습니다.

- **심리적 압박:** 목표 달성에 대한 압박감과 저성과에 대한 불안감이 높아질 수 있습니다.
- **정량화의 어려움:** 모든 업무를 정량적으로 평가하기 어렵다는 한계가 있습니다. 특히 지원 부서나 장기적인 관점에서 성과가 나타나는 직무의 경우 더욱 그렇습니다.
- **관리자의 역량에 의존:** 피드백과 코칭의 질이 관리자의 역량에 크게 좌우될 수 있습니다.

결론적으로, 외국계 기업의 성과 평가 시스템은 개인의 성과를 극대화하고 조직의 효율성을 높이는 데 초점을 맞춥니다. 지원자나 재직자는 이러한 시스템의 특성을 이해하고, 명확한 목표 설정 능력, 적극적인 피드백 수용 자세, 그리고 지속적인 자기 계발 노력을 보여주는 것이 중요합니다. 또한, 평가를 잘 받기 위해서만이 아니라, 성과 관리 과정을 통해 자신의 강점을 강화하고 약점을 보완하며 성장하는 기회로 활용해야 합니다.

목표의 기술: KPI(핵심성과지표)를 설정하고 관리하는 법

글로벌 기업에서 KPI(Key Performance Indicator)는 '얼마나 열심히 했는가'가 아니라 '얼마나 잘했는가'를 증명하는 도구입니다. KPI는 당신의 업무 목표가 팀과 회사의 비전과 어떻게 연결되는지 보여주는 나침반이자, 당신의 성과를 객관적인 숫자로 증명하는 강력한 무기입니다. KPI를 압박이 아닌 성장의 기회로 활용하는 기술을 익혀야 합니다.

KPI는 단순한 평가 지표가 아닌 '성장 로드맵'이다

KPI(핵심 성과 지표)는 단순히 연봉, 보너스, 승진 등 당신의 보상과 직접적으로 연결되는 평가 지표가 아닙니다. 이보다 더 중요한 것은, KPI가 당신의 **전문성과 역량을 향상시키기 위한 '성장 로드맵' 역할**을 한다는 점입니다. KPI를 설정하는 과정 자체가 당신이 어떤 부분에 집중해야 하고, 어떤 역량을 강화해야 하는지 스스로에게 질문하는 과정입니다. 즉, KPI는 회사가 당신에게 기대하는 역할과 당신이 스스로 성장하고 싶은 방향을 일치시키는 나침반과 같습니다.

KPI를 '성장 로드맵'으로 활용하는 구체적인 방법

1. '나'만의 KPI를 설정하라: 자기 주도적 성장

회사가 제시하는 KPI를 수동적으로 받아들이는 것에 그치지 말고, 당신의 커리어 목표와 연결된 '나만의 KPI'를 능동적으로 설정해야 합니다. '성장 로드맵'으로서의 KPI는 당신이 어떤 역량을 키우고 싶은지, 어떤 전문가로 성장하고 싶은지에 대한 당신의 의지가 담겨야 합니다.

- **수동적 KPI:** "이번 분기 영업 실적 10% 달성"

- **성장 로드맵형 KPI:** "이번 분기 영업 실적 10% 달성을 위해 신규 고객 발굴 채널 2가지 이상 확보 및 실행"

- **효과:** 이처럼 구체적인 행동 계획을 담은 KPI는 당신의 성과뿐만 아니라, '신규 채널 발굴'이라는 새로운 역량을 키우는 기회가 됩니다. 회사의 목표와 당신의 성장 목표가 자연스럽게 일치하게 되는 것입니다.

2. KPI 달성 과정에서 '배움'을 찾아라

KPI는 목표를 달성하는 '결과'뿐만 아니라, 그 목표를 향해 나아가는 '과정'에서 더 큰 가치를 발휘합니다. KPI 달성 과정에서 겪는 어려움과 성공은 모두 당신의 성장을 위한 소중한 자산입니다. 매주, 매월 KPI 진행 상황을 점검하며 **"나는 이 과정에서 무엇을 배웠고, 어떤 점을 개선해야 할까?"** 스스로에게 질문하는 습관을 들이세요.

- **사례:** 신입사원 A는 '블로그 콘텐츠 조회수 100% 성장'이라는 KPI를 세웠습니다. 목표를 달성하기 위해 그녀는 다양한 시도를 했고, 결국 '인포그래픽 콘텐츠'가 가장 효과적이라는 것을 발견했습니다. 이 과정에서 그녀는 글쓰기 능력뿐만 아니라, 데이터 분석과 시각화라는 새로운 역량을 습득하게 되었습니다. 그녀의 KPI는 단순한 숫자가 아닌, 새로운 전문성을 획득하는 성장 과정이었던 것입니다.

3. 상사와의 대화: KPI를 통한 성장 공유

KPI 설정 과정에서 상사는 당신의 가장 강력한 조력자가 될 수 있습니다. 상사에게 "KPI를 달성했습니다"라고 결과만 보고할 것이 아니라, "이 KPI를 달성하는 과정에서 이러한 어려움을 겪었고, 이러한 방식으로 해결했습니다. 덕분에 ~~~라는 역량을 키울 수 있었습니다"라고 구체적인 과정까지 함께 공유하세요.

- **효과:** 상사에게 당신이 단순히 지시를 따르는 직원이 아닌, 스스로 성장하는 주도적인 인재라는 인상을 줍니다. 상사는 당신의 성장 의지를 높이 평가하고, 다음 KPI 설정 시 더 도전적인 과제를 부여하며 당신의 성장을 적극적으로 지원하게 될 것입니다.

KPI는 당신의 성과를 측정하는 도구를 넘어, **당신이 어떤 사람으로 성장할지 결정하는 중요한 이정표**입니다. KPI를 수동적인 평가 지표가 아닌, 당신의 커리어를 주도적으로 설계하는 '성장 로드맵'으로 인식하고 활용하세요.

KPI 설정의 핵심: SMART 원칙

외국계 기업에서 KPI를 설정할 때 가장 많이 사용되는 원칙은 바로 **SMART 원칙**입니다. SMART는 목표가 가져야 할 다섯 가지 핵심 요소를 의미하며, 이 원칙에 따라 목표를 수립하면 불필요한 오해를 줄이고 목표 달성 가능성을 극대화할 수 있습니다. SMART 원칙은 당신의 목표를 명확하고 실행 가능한 '성장 로드맵'으로 만드는 데 필수적인 도구입니다.

SMART 원칙의 구체적인 적용 사례

S(Specific): 구체적이어야 한다

막연하고 추상적인 목표는 실행하기 어렵습니다. 목표는 누가(Who), 무엇을(What), 언제(When), 왜(Why), 어떻게(How) 달성할 것인지 명확히 정의되어야 합니다.

- **잘못된 예시:** "고객 만족도를 높이겠다."
- **올바른 예시:** "3분기 내에 CS 설문조사 결과, 고객 만족도 점수를 현재 85점에서 90점 이상으로 향상시키겠다."

- **구체적 사례:**
  - ❖ **마케팅:** "6월 30일까지 인스타그램 팔로워 수를 현재 1만 명에서 2만 명으로 늘리기 위해 일주일에 3개 이상의 릴스 콘텐츠를 제작하고, 유료 광고를 집행하겠다."
  - ❖ **영업:** "12월 31일까지 신규 고객 50개사를 확보하기 위해 잠재 고객 리스트 200개를 작성하고, 콜드콜 100회, 방문 미팅 20회를 진행하겠다."

M(Measurable): 측정 가능해야 한다

목표 달성 여부를 **객관적으로 측정할 수 있는 숫자**를 포함해야 합니다. 측정 가능한 목표는 당신의 성과를 명확하게 보여주고, 평가 과정에서 오해의 소지를 없애줍니다.

- **잘못된 예시:** "마케팅 효과를 높이겠다."
- **올바른 예시:** "12월까지 신규 가입자 수를 **1만 명 이상**으로 늘리고, 광고 ROI(투자수익률)를 **20% 이상**으로 향상시키겠다."

- **구체적 사례:**
  - ❖ **콘텐츠:** "6개월 내에 블로그 콘텐츠의 평균 조회수를 현재 1,000회에서 3,000회로 늘리고, 상위 5개 키워드의 검색 순위를 10위 안으로 진입시키겠다."
  - ❖ **개발:** "3분기까지 웹사이트 로딩 속도를 현재 3초에서 1.5초로 단축하고, 월간 서버 다운타임을 1시간 이내로 줄이겠다."

A(Achievable): 달성 가능해야 한다

목표는 현실적인 도전이어야 합니다. 혼자서는 달성할 수 없는 비현실적인 목표보다는, **팀원들과 함께 노력했을 때 충분히 달성 가능한 목표**를 설정하고 상사와 논의해야 합니다.

- **잘못된 예시:** "1년 안에 회사의 매출을 10배로 늘리겠다."(비현실적)
- **올바른 예시:** "시장 동향과 우리 팀의 역량을 고려하여, 1년 내에 매출을

20% 성장시키겠다."

- **구체적 사례:**
  - ❖ **기획:** "다음 분기까지 신규 서비스 기획을 완료하고, 핵심 기능을 개발팀과 함께 검토하여 실행 가능성을 높이겠다."
  - ❖ **인사:** "6개월 내에 신입사원 온보딩 프로그램을 개선하여, 신입사원들의 조직 적응 만족도를 현재 70%에서 85%로 향상시키겠다."

R(Relevant): 관련성이 있어야 한다

당신의 KPI는 **팀과 조직의 최종 목표와 직접적으로 연결**되어야 합니다. 이는 당신의 업무가 전체 조직에 어떤 기여를 하는지 명확히 보여주는 역할을 합니다.

- **잘못된 예시:** "개인 역량 강화를 위해 새로운 자격증을 취득하겠다."(회사 목표와 무관)
- **올바른 예시:** "마케팅 팀의 리더가 되기 위해 디지털 마케팅 전문가 자격증을 취득하고, 관련 프로젝트에 참여하여 팀의 디지털 마케팅 역량을 강화하겠다."

- **구체적 사례:**
  - ❖ **디자인:** "우리 제품의 사용자 경험(UX) 개선을 위해 UI/UX 전문 과정을 수료하고, 3분기 내에 사용자 인터뷰를 진행하여 디자인 개선안을 도출하겠다."

T(Time-bound): 기한이 정해져 있어야 한다

모든 목표에는 명확한 **마감일**이 있어야 합니다. 마감일은 목표 달성을 위한 긴장감과 동기 부여를 제공하고, 일정 관리를 용이하게 합니다.

- **잘못된 예시:** "다음 분기까지 프로젝트를 완성하겠다."
- **올바른 예시:** "다음 분기**(12월 31일)**까지 베타 버전을 출시하고, **1분기 내**에 정식 버전을 론칭하겠다."

- **구체적 사례:**
  ❖ **개발:** "10월 30일까지 신규 기능 개발을 완료하고, 11월 15일까지 내부 테스트를 진행하여 버그를 수정하겠다."

SMART 원칙은 단순히 KPI를 설정하는 도구를 넘어, 당신의 업무와 성장을 체계적으로 관리하는 습관을 만들어줍니다. 이 원칙에 따라 목표를 설정하고 달성하는 과정을 반복하며, 당신의 커리어를 주도적으로 설계해 나가세요.

KPI 설정 및 관리 실전 가이드

KPI(핵심 성과 지표) 설정은 상사가 일방적으로 정해주는 것이 아니라, 당신과 상사가 함께 논의하고 합의하는 과정입니다. 이 과정을 **주도적으로 이끌어가는 것**은 당신이 수동적으로 주어진 일을 하는 사람이 아닌, 팀과 조직의 목표를 함께 달성하는 파트너임을 증명합니다. KPI를 설정하고 관리하는 4단계 실천 가이드를 통해 당신의 커리어를 능동적으로 설계해 나가세요.

1단계: 회사의 목표 이해하기

- **핵심:** 당신의 KPI는 회사의 비전, 그리고 당신이 속한 팀의 목표와 일치해야 합니다. 상사와의 1:1 면담이나 팀 회의를 통해 회사의 핵심 우선순위와 목표를 명확히 이해해야 합니다. 당신의 업무가 팀과 조직의 큰 그림에 어떻게 기여하는지 이해하는 것이 첫걸음입니다.

- **실천:** 상사에게 이렇게 질문해 보세요. "저의 KPI를 설정하기 전에, 이번 분기에 팀의 가장 중요한 목표는 무엇인가요?" "팀의 목표를 달성하기 위해 가장 시급하게 해결해야 할 과제는 무엇이라고 생각하시나요?"

- **효과:** 이러한 질문은 당신이 단순히 개인의 목표에만 관심 있는 것이 아니라, **팀의 성공에 기여하고자 하는 의지**를 보여줍니다. 상사는 당신의 적극적인 태도에 긍정적인 인상을 받고, 더 구체적인 정보를 공유하게 될 것입니다.

2단계: 나의 역할과 기여도 정의하기

- **핵심:** 회사의 목표를 달성하는 데 당신의 업무가 어떻게 기여할 수 있는

지 구체적으로 생각해 보아야 합니다. 이 과정은 당신의 업무에 대한 깊이 있는 이해를 돕고, 당신의 전문성을 증명하는 기회가 됩니다.

- **실천:** 팀의 목표가 '신규 고객 10% 증가'라면, 당신의 기여도를 이렇게 정의해 보세요.
  "팀의 목표가 '신규 고객 10% 증가'라면, 저는 '데이터 분석을 통해 타깃 고객을 명확히 정의하고, 이를 기반으로 마케팅 효율을 20% 높이는' 방식으로 기여할 수 있을 것 같습니다."

- **효과:** 당신의 역할이 팀의 목표와 어떻게 연결되는지 명확히 보여줌으로써, 당신의 업무가 단순한 잡무가 아닌 전략적인 가치를 지니고 있음을 증명합니다.

3단계: 초안 작성 및 상사와 논의

- **핵심:** SMART 원칙에 따라 KPI 초안을 먼저 작성하고, 상사와의 면담을 통해 최종 합의를 도출해야 합니다. 초안을 준비해 가는 것은 당신이 목표 설정 과정에 주도적으로 참여하고 있음을 보여줍니다.

- **실천:** 상사에게 이렇게 말해 보세요. "제가 생각한 이번 분기 KPI 초안입니다. 함께 검토해주시고, 피드백 주실 수 있을까요?", "이 목표를 달성하기 위해서는 OOO라는 리소스가 필요할 것 같습니다. 이 부분에 대해 함께 논의해 주실 수 있을까요?"

- **효과:** 상사는 당신이 제시한 구체적인 목표와 그에 필요한 리소스에 대해 건설적인 논의를 할 수 있게 됩니다. 이 과정에서 현실적인 도전 과제와 지원 방안을 함께 논의하며, 최종적으로 **당신이 납득하고 실행할 수 있는 KPI**를 설정할 수 있습니다.

4단계: 주기적인 점검 및 수정

- **핵심:** KPI는 한 번 설정했다고 끝이 아닙니다. 분기별 또는 월별로 상사와 정기적인 점검(Check-in)을 통해 목표 달성 상황을 공유하고, 필요에 따라 목표를 수정해야 합니다. 상황 변화에 유연하게 대처하는 것은 당신의 문제 해결 능력을 보여줍니다.

- **실천:** 정기 점검 시, 현재 상황과 앞으로의 계획을 함께 공유하세요. "이번 달 KPI 달성률은 현재 70%입니다. 이대로라면 목표 달성이 가능할 것 같습니다. 다만, 다음 달에는 A 방식을 보완하여 속도를 더 내보려고 합니다.", "예상치 못한 변수(경쟁사의 신제품 출시)로 인해 목표 달성이 어려울 것 같습니다. 목표를 수정하고, 새로운 전략 B를 실행하는 것에 대해 어떻게 생각하시나요?"

- **효과:** 주기적인 점검은 당신이 **책임감을 가지고 업무를 관리**하고 있음을 보여줍니다. 또한, 당신이 목표 달성에 어려움을 겪고 있을 때 상사에게 도움을 요청하고 함께 해결책을 모색하는 협업의 기회가 됩니다.

KPI를 '나의 성장'을 위한 무기로 활용하는 법

KPI(핵심 성과 지표)를 단순한 평가 도구가 아닌, **당신의 성장을 위한 강력한 무기**로 활용하면 압박감은 줄어들고 동기 부여는 극대화됩니다. 이는 당신이 회사의 목표를 달성하는 동시에, 당신의 커리어를 주도적으로 설계하는 가장 효과적인 방법입니다. KPI는 당신의 성과를 객관적으로 증명하고, 성장 스토리를 명확히 보여주는 중요한 도구가 됩니다.

KPI를 '성장 무기'로 만드는 세 가지 방법

1. 데이터로 증명하는 나의 가치: '열심'이 아닌 '성과'를 말하라

'열심히 일했다'는 주관적인 주장은 객관적인 평가를 받기 어렵습니다. KPI는 당신이 어떤 일을 얼마나 잘했는지 **구체적인 데이터로 증명할 수 있는 근거**를 제공합니다. 이는 이직이나 승진 시 당신의 역량을 증명하는 가장 강력한 무기가 됩니다.

- **사례:**
  - ❖ **잘못된 표현:** "지난 분기에 마케팅 활동을 열심히 했습니다."
  - ❖ **효과적인 표현:** "지난 분기 마케팅 캠페인을 통해 신규 고객 20%를 유치하고, 광고 클릭률(CTR)을 15% 향상시켰습니다."

- **효과:** 당신이 달성한 수치들은 당신의 노력과 능력을 명확하게 보여줍니

다. 면접관이나 상사는 당신의 역량을 구체적인 데이터로 평가하고, 당신을 믿고 중요한 역할을 맡길 수 있게 됩니다.

2. KPI는 곧 당신의 '포트폴리오'다: 성장 스토리를 만들어라

당신이 설정하고 달성한 KPI는 당신의 커리어 포트폴리오를 구성하는 핵심 요소가 됩니다. 어떤 KPI를 설정하고, 어떻게 달성했는지 기록해두면 당신의 **성장 스토리를 명확하게 보여줄 수 있습니다.** 이는 당신의 경험을 단순히 나열하는 것이 아니라, 당신이 어떤 목표를 향해 달려왔는지를 보여주는 것입니다.

- **사례:** 신입사원 A는 '블로그 콘텐츠 조회수 100% 성장'이라는 KPI를 세우고, 이를 달성하기 위해 '인포그래픽 콘텐츠 제작', 'SEO 최적화' 등 다양한 시도를 기록했습니다. 이 과정에서 그녀는 데이터 분석, 콘텐츠 기획, 디자인 협업 등 새로운 역량을 키울 수 있었습니다. 그녀의 포트폴리오에는 단순히 '콘텐츠 제작'이 아닌, '데이터 기반 콘텐츠 전략을 통해 유입률을 극대화한 경험'이라는 구체적인 성장 스토리가 담기게 되었습니다.

- **효과:** 당신의 포트폴리오는 당신의 '성장 곡선'을 보여주는 지도로, 당신이 과거에 머물러 있지 않고, 끊임없이 발전하는 인재임을 증명합니다.

3. 피드백을 통해 KPI를 개선하라: 성장의 가속 페달을 밟아라

KPI 달성 과정에서 상사나 동료들에게 "이 KPI를 달성하기 위해 제가 어떤 부분을 더 보완해야 할까요?"와 같이 피드백을 요청하세요. 피드백은 KPI 달성 가능성을 높여줄 뿐만 아니라, 당신의 역량을 한 단계 더 발전시키는 기회가 됩니다.

- **사례:** 신입사원 B는 '월간 신규 고객 10명 유치'라는 KPI를 달성하기 위해 동료에게 "제가 작성한 제안서에 어떤 점을 보완하면 좋을까요?"라고 피드백을 요청했습니다. 동료는 '고객의 페인 포인트(Pain Point)를 더 명확히 짚어주라'는 조언을 해주었고, B는 이를 반영하여 제안서의 설득력을 높일 수 있었습니다.

- **효과:** 피드백은 당신의 약점을 보완하고, 강점을 더욱 날카롭게 만드는 성장의 가속 페달 역할을 합니다. 또한, 피드백을 수용하는 당신의 겸손하고 배우려는 태도는 동료들로부터 신뢰를 얻는 중요한 요소가 됩니다.

KPI는 당신이 어디로 가고 있는지, 그리고 얼마나 빨리 가고 있는지를 보여주는 지도와 같습니다. 이 지도를 주도적으로 설정하고 관리하며, 당신의 커리어 여정을 성공적으로 이끌어 나가기를 바랍니다.

피드백 문화 활용법: 성장과 해고의 갈림길

외국계 기업에서 피드백은 한국 기업의 '업무 지시'나 '선배의 조언'과는 완전히 다른 의미를 가집니다. 피드백은 당신의 현재 상태를 객관적으로 파악하고, 목표 달성을 위한 최적의 경로를 알려주는 '성장 가이드'입니다. 피드백을 '압박'이 아닌 '성장의 기회'로 받아들이는 마인드셋이 당신의 커리어를 좌우합니다.

피드백, 압박이 아닌 성장의 기회로 만드는 법

한국 기업의 피드백은 주로 정기적인 평가 기간에 상사로부터 일방적으로 전달되는 경우가 많아, 피드백을 '압박'이나 '질책'으로 여기기 쉽습니다. 반면, 외국계 기업은 상시 피드백 문화(Continuous Feedback)가 활성화되어 있습니다. 언제든지, 누구에게든 피드백을 주고받는 것이 자연스러운 일상이라는 의미입니다. 이러한 문화를 이해하고 적극적으로 활용하는 것은 당신의 성장을 가속화하고, 팀 내에서 당신의 존재감을 강화하는 핵심적인 방법입니다.

지속적인 피드백의 힘: 성장을 주도하는 인재로 거듭나기

피드백은 당신의 업무 진행 상황을 점검하고, 예상치 못한 문제점을 조기에 발견하여 해결할 수 있는 좋은 기회입니다. 상사나 동료들에게 먼저 "이 프로젝트에 대해 어떻게 생각하시나요?", "제가 개선할 점은 없을까요?"라고 질문하는 것을 습관화하면, 당신은 단순히 피드백을 받는 사람이 아닌, 자신의 성장을 주도하는 인재로 인식됩니다.

구체적인 사례:

- **신입사원 C:** 프로젝트의 중간 단계에서 상사에게 "이번 프로젝트 기획안에 대해 어떻게 생각하시나요? 특히 데이터 분석 부분에서 제가 놓치고 있는 점은 없을지 궁금합니다"라고 먼저 피드백을 요청했습니다. 상사는 그녀의 적극적인 태도에 감명받아 더 구체적인 조언을 해주었고, C는 예상치 못한 문제를 조기에 발견하여 프로젝트 방향을 수정할 수 있었습니다.

- **신입사원 D:** 동료에게 "제가 작성한 보고서 초안에 대해 피드백을 받을 수 있을까요? 특히 가독성과 논리 전개 부분에서 개선할 점이 있다면 솔직하게 말씀해주시면 감사하겠습니다"라고 요청했습니다. 동료는 그의 열린 자세에 호감을 느끼고, 진심 어린 피드백을 주었습니다. D는 이를 통해 글쓰기 능력을 크게 향상시킬 수 있었습니다.

- **효과:** 이러한 '피드백 요청'은 당신이 끊임없이 배우고 성장하려는 사람임을 보여줍니다. 또한, 당신의 솔직하고 겸손한 태도는 동료들과의 신뢰를 구축하고, 긍정적인 관계를 형성하는 데 결정적인 역할을 합니다.

피드백을 두려워하지 않는 자세: 건설적인 조언으로 받아들이는 법

많은 사람이 피드백을 개인에 대한 비난이나 질책으로 받아들여 방어적인 태도를 취합니다. 하지만 외국계 기업에서 피드백은 '당신이 더 잘할 수 있도록 돕기 위한 건설적인 조언'을 뜻합니다. 피드백을 감정적으로 받아들이지 않고, 사실에 기반한 데이터와 의견으로 객관화하는 연습을 해야 합니다.

피드백을 받는 올바른 자세:

- **경청하고, 감사를 표하세요:** 피드백을 들을 때는 상대방의 말을 끝까지 경청하고, "솔직하게 말씀해주셔서 감사합니다"라고 말하세요. 이는 상대방의 시간과 노력을 존중한다는 의미입니다.

- **구체적으로 질문하세요:** 피드백이 모호하다면, "이 부분은 어떤 점에서 개선이 필요하다고 생각하시나요?", "예를 들어 주실 수 있을까요?"와 같이 구체적인 질문을 통해 피드백의 핵심을 파악하세요.

- **다음 단계를 제안하세요:** 피드백을 받은 후에는 "말씀해주신 부분을 반영하여 다음번에는 ~~~와 같은 방식으로 시도해보겠습니다"라고 말하며, 피드백을 개선을 위한 행동으로 연결하려는 의지를 보여주세요.

피드백은 당신이 가진 약점을 파악하고, 그 약점을 강점으로 바꾸는 가장 효과적인 도구입니다. 피드백을 두려워하지 않고 적극적으로 활용하는 태도는 당신의 성장을 가속화하고, 당신을 팀의 중요한 구성원으로 자리매김하게 할 것입니다.

건설적인 피드백을 받는 5가지 기술

피드백을 받았을 때의 반응은 매우 중요합니다. 당신의 **태도와 성장 가능성**을 보여주는 척도가 되기 때문입니다. 피드백을 감정적인 압박이 아닌, 성장의 기회로 만드는 5가지 기술을 통해 피드백을 100% 활용하는 전문가가 되어보세요.

1단계: 개인적으로 받아들이지 않기

- **핵심:** 피드백은 '당신이라는 사람'에 대한 평가가 아니라, **'당신의 업무'에 대한 객관적인 의견**입니다. "이건 내 인격을 무시하는 거야"라고 감정적으로 반응하기보다, "이 피드백은 나의 업무 방식을 개선하는 데 도움이 될 거야"라고 생각하며 객관성을 유지해야 합니다.

- **사례:** 상사가 당신의 보고서에 대해 "보고서의 논리 전개가 약합니다"라고 피드백했다고 가정해 봅시다. 이를 "나는 논리적인 사고를 못하는 사람이다"라고 받아들이기보다, "보고서의 논리 전개 방식을 개선해야겠구나"라고 생각하세요.

- **효과:** 객관적인 태도는 당신이 감정에 휩쓸리지 않고, 피드백의 핵심을 파악하는 데 집중할 수 있도록 돕습니다.

2단계: 경청하고 메모하기

- **핵심:** 피드백을 받는 동안 변명하거나 즉각적으로 반박하지 말고, 상대방의 말을 끝까지 경청해야 합니다. 상대방의 말에 집중하고, 내가 제대로 이해했는지 확인하며, 피드백 내용을 구체적으로 메모하는 습관을 들이세요.

- **사례:** 피드백을 듣는 동안 "아, 그 말씀은 그러니까 마케팅 캠페인 타기팅이 너무 넓다는 말씀이시군요?"라고 요약하며 내가 제대로 이해했는지 확인하세요. 그리고 "타기팅이 넓다"라는 피드백을 메모하세요.

- **효과:** 경청하고 요약하는 태도는 당신이 피드백을 진지하게 받아들이고 있음을 보여줍니다. 메모는 나중에 피드백을 되짚어보고, 구체적인 개선 계획을 세우는 데 중요한 자료가 됩니다.

3단계: 즉각적으로 반응하지 않기

- **핵심:** 피드백을 들은 직후, 감정적으로 대응하기보다 "좋은 피드백 감사합니다. 잠시 시간을 갖고 생각해본 후 다시 말씀드릴게요."와 같이 대답하는 것이 좋습니다. 이는 당신이 피드백을 진지하게 고민하고 있음을 보

여주는 **프로페셔널한 태도**입니다.

- **사례:** "네, 잘 알겠습니다. 말씀해주신 부분을 30분 정도 생각해본 후, 개선 계획을 말씀드려도 괜찮을까요?"라고 말하며, 생각할 시간을 확보하세요.

- **효과:** 즉각적으로 반응하지 않음으로써, 당신은 감정적인 실수를 피하고, 신중하고 사려 깊은 인상을 줄 수 있습니다.

4단계: 명확한 개선 계획 세우기

- **핵심:** 피드백은 개선 계획이 없으면 의미가 없습니다. 들은 피드백을 바탕으로 구체적인 행동 계획(Action Plan)을 세워야 합니다. 상사와 함께 "OOO까지 이 부분을 개선하겠습니다"와 같이 목표와 데드라인을 설정하는 것이 중요합니다.

- **사례:** 피드백(보고서의 논리 전개 보완)을 바탕으로, "다음 보고서 작성 시, 도입부에 결론을 명확히 제시하고, 각 주장마다 데이터 근거를 3가지 이상 추가하여 논리 전개를 강화하겠습니다. 데드라인은 다음 주 금요일까지로 하겠습니다."와 같이 구체적인 계획을 세우세요.

- **효과:** 명확한 개선 계획은 당신이 피드백을 실제 행동으로 옮길 의지가 있음을 보여줍니다. 이는 상사의 신뢰를 얻는 가장 확실한 방법입니다.

5단계: 후속 조치를 취하고 공유하기

- **핵심:** 개선 계획을 실행하고 있다면, 그 진행 상황을 주기적으로 상사에게 공유해야 합니다. "지난번에 피드백 주신 OO 부분에 대해 OOO 방식으로 개선하고 있습니다."라고 말하며, 당신의 성장 의지를 적극적으로 어필해야 합니다.

- **사례:** "안녕하세요 팀장님, 지난번에 피드백 주신 보고서 논리 전개 부분에 대해 말씀해주신 대로 데이터 근거를 보강하고 있습니다. 다음 보고서 초안이 나오면 다시 한번 검토 부탁드려도 될까요?"와 같이 말하세요.

- **효과:** 이러한 후속 조치는 당신이 피드백을 흘려 듣지 않고, 진지하게 실행하고 있음을 보여줍니다. 상사는 당신의 발전 과정을 직접 확인하고, 당신을 믿고 더 중요한 업무를 맡길 수 있게 됩니다.

6장. '워라밸'의 민낯: 시차와 리모트 워크의 도전

▶ 외국계 기업은 '워라밸'(Work-Life Balance)이 좋다는 인식이 강하다. 하지만 이는 '눈치 야근'이 없을 뿐, 또 다른 형태의 도전이 기다리고 있다는 의미이기도 하다. 특히 시차와 리모트 워크 환경은 당신의 자기관리 능력을 시험하는 가장 큰 난관이 될 수 있다.

눈치 야근은 없지만, 시차가 주는 도전

외국계 기업에 대한 환상 중 하나는 '눈치 야근'이 없고 자유로운 워라밸이 보장된다는 것입니다. 하지만 해외 본사와 협업해야 하는 한국 지사의 경우, 시차로 인해 새벽이나 늦은 저녁에 회의가 잡히는 일이 비일비재합니다. 단순히 불편함을 넘어, 당신의 삶에 깊은 영향을 미칠 수 있는 도전입니다. 이러한 도전을 고통으로 여기는 대신, 극복하고 성장해나갈 방법을 찾아야 합니다.

‘내 시간’을 잃는다는 좌절감: 시차 근무가 가져오는 삶의 균열

한국 기업의 야근이 단순히 **물리적으로 회사에 남아 있는 시간**이라면, 시차 근무는 내 개인적인 시간을 업무에 **‘내어주는’ 개념**에 가깝습니다. 이는 단순히 근무 시간의 문제가 아니라, ‘내 삶이 온전히 나의 것이 아니다’라는 깊은 좌절감으로 이어질 수 있습니다. 시차 근무는 퇴근 후의 일상과 휴식의 영역까지 침범하며, 삶의 균형을 송두리째 흔들게 됩니다.

시차 근무가 개인의 삶에 미치는 영향

1. 불확실성 속에서 사라지는 ‘개인의 시간’

시차 근무는 예측 불가능한 일정으로 인해 당신의 개인적인 시간을 언제든 빼앗아갈 수 있다는 불안감을 심어줍니다. 퇴근 후 친구와 저녁 약속을 잡으려다가도, 혹시 새벽에 긴급 회의가 잡힐까 걱정되어 일정을 잡지 못하는 일이 반복됩니다. 이러한 불확실성은 개인의 삶을 유보 상태에 머물게 하고, 온전한 휴식과 자기계발의 기회를 박탈합니다.

- **사례:** 신입사원 A는 금요일 저녁에 친구들과의 모임을 계획했습니다. 하지만 미국 본사의 회의가 한국 시간으로 새벽 3시에 잡힐 수도 있다는 불안감 때문에 모임을 취소해야 했습니다. 회의가 실제로 잡히지 않더라

도, **'혹시 모를 상황'** 때문에 그녀는 친구들과의 즐거운 시간을 포기해야 했습니다. 이러한 경험이 반복되면서 A는 중요한 개인 일정을 잡는 것 자체를 꺼리게 되었습니다.

2. '포기'해야 하는 소중한 순간들

시차 근무는 특히 중요한 개인 일정이나 가족 행사까지도 업무 때문에 포기해야 할 때, 좌절감을 극대화시킵니다. 물리적으로 '할 수 있는' 상황임에도 불구하고, 시차 근무의 특성상 '해야 하는' 업무 때문에 소중한 순간들을 놓치게 됩니다.

- **사례:** 신입사원 B는 부모님의 결혼기념일 저녁 식사에 참석하려 했습니다. 그런데 유럽 지사와의 중요한 프로젝트 회의가 저녁 8시에 예정되었습니다. 결국 B는 부모님께 죄송하다는 말을 남기고 회의에 참석해야 했습니다. 부모님의 결혼기념일이라는 소중한 순간을 놓친 그는 '나는 누구를 위해 일하는가'라는 근본적인 회의감에 시달리게 되었습니다.

3. '항상 연결되어 있어야 한다'는 심리적 압박

시차 근무 환경에서는 퇴근 후에도 항상 업무 관련 알림(이메일, 메신저)을 확인해야 한다는 심리적 압박에 시달리게 됩니다. 이러한 압박은 '진정한 휴식'을 방해하고, 만성적인 피로와 번아웃으로 이어질 수 있습니다.

- **사례:** 신입사원 C가 휴가 중에도 미국 본사에서 온 급한 메일을 확인했습니다. 그 메일로 인해 그녀는 휴가 내내 업무 관련 생각에서 벗어날 수 없

었습니다. 물리적으로는 휴가였지만, 그녀의 정신은 계속해서 업무에 묶여 있었던 것입니다.

시차 근무는 단순한 근무 시간을 넘어, 개인의 삶과 행복을 갉아먹는 심각한 문제입니다. 이러한 좌절감을 극복하기 위해서는 개인적인 경계(boundary)를 설정하고, 휴식과 업무의 균형을 의식적으로 찾아가려는 노력이 필요합니다.

'업무와 삶'의 경계를 허무는 위험성: 번아웃의 지름길

한국 기업은 '업무'와 '삶'의 공간이 명확하게 분리되어 있습니다. 회사에서는 업무를, 집에서는 삶을 영위하는 것이 일반적이죠. 하지만 리모트 워크 환경에서의 시차 근무는 이 경계를 모호하게 만듭니다. 근무 시간의 문제가 아니라, 당신의 삶이 업무에 침식당하는 위험한 상황을 초래합니다. 이러한 불규칙한 생활 패턴은 결국 심각한 심리적, 신체적 문제를 야기하며, '번아웃(Burnout)'으로 이어지는 가장 큰 원인이 됩니다.

시차 근무가 개인의 삶에 미치는 치명적인 영향

1. 삶을 잠식하는 '불규칙한 생활 패턴'

시차 근무는 당신의 일상적인 리듬을 파괴합니다. 저녁 9시에 시작된 회의가 밤 11시가 넘도록 이어지거나, 새벽 5시에 깨어 회의를 준비해야 하는 상황이 반복되면, 당신의 삶은 업무에 완전히 잠식당하기 시작합니다. 이러한 불규칙성은 신체에 극심한 스트레스를 주고, 당신의 가장 기본적인 욕구인 '수면'을 방해합니다.

- **사례:** 신입사원 B는 잦은 새벽 회의 때문에 만성적인 수면 부족에 시달렸습니다. 밤늦게까지 이어진 회의 후 잠들기 직전까지 업무 생각을 하거나, 새벽에 깨어 회의를 준비하는 생활이 반복되자, 그녀의 수면의 질은 급격히 떨어졌습니다. 결국 그녀는 업무 중 잦은 실수와 집중력 저하를 경험하게 되었고, 일상생활에서도 무기력함을 느끼기 시작했습니다.

2. 업무와 삶의 경계가 사라지는 '모호한 경계'

리모트 워크 환경에서의 시차 근무는 물리적인 근무 공간의 부재로 인해 업무와 삶의 경계를 더욱 모호하게 만듭니다. 퇴근 후에도 항상 컴퓨터 앞에 앉아 있거나, 업무 관련 알림에 즉각적으로 반응해야 한다는 압박감에 시달리게 됩니다. 그 결과, 당신의 정신이 업무에서 완전히 분리되지 못하게 하고, '진정한 휴식'을 방해합니다.

- **사례:** 신입사원 A는 집에서 근무하며 저녁 6시에 퇴근했습니다. 하지만 밤 10시에 유럽 팀과의 회의가 예정되어 있었기 때문에, 그는 퇴근 후에도 온전히 쉬지 못했습니다. 저녁 식사를 하면서도 회의 준비를 해야 한다는 압박감에 시달렸고, 결국 퇴근과 동시에 시작되었어야 할 휴식 시간

이 사라지게 되었습니다.

3. 결국 찾아오는 '번아웃(Burnout)'

이러한 불규칙한 생활 패턴과 업무에 침식당한 삶은 결국 **번아웃**이라는 심각한 상태로 이어집니다. 번아웃은 업무에 대한 열정과 의욕을 완전히 상실하고, 극도의 피로감과 무기력감을 느끼는 상태를 말합니다. 그저 쉰다고 해서 나아지는 것이 아니라, 전문적인 치료와 긴 회복 시간이 필요할 수 있습니다.

- **사례:** 신입사원 B가 잦은 야근과 새벽 회의로 인해 번아웃을 경험했습니다. 그녀는 아침에 눈을 뜨는 것조차 힘들어졌고, 좋아하는 취미 활동에도 흥미를 잃었습니다. 결국 업무 효율성은 급격히 떨어졌고, 그녀는 더 이상 자신의 일을 사랑하지 않게 되었습니다.

시차 근무는 효율적인 글로벌 협업을 위한 필수 요소일 수 있지만, 개인의 삶과 건강을 희생해서는 안 됩니다. 업무와 삶의 경계를 명확히 설정하고, 불규칙한 근무 패턴으로 인한 신체적, 심리적 영향을 최소화하기 위한 노력이 반드시 필요합니다.

'고립'을 심화시키는 시차의 함정: 보이지 않는 외로움

시차 근무는 물리적인 거리뿐만 아니라, 심리적인 거리까지 만들어

'고립'을 심화시키기도 합니다. 동료들이 낮 시간에 함께 점심을 먹고 커피를 마시며 비공식적인 대화를 나누는 동안, 당신은 저녁이나 새벽에 홀로 모니터를 바라보며 일하게 됩니다. 이러한 근무 패턴은 팀원들과의 비공식적인 교류를 단절시키고, 결국 팀 내에서 당신이 '따로 노는 사람'처럼 인식되게 만들 수 있습니다. 앞서 이야기했던 좌절감과 고립감을 다시 한번 느끼게 하는 원인이 될 수 있습니다

시차 근무가 초래하는 고립의 심리적 영향

1. 비공식적 교류의 단절: 팀의 일원에서 소외되다

팀워크와 소속감은 공식적인 회의뿐만 아니라, 비공식적인 대화에서 형성되는 경우가 많습니다. 점심시간에 나누는 가벼운 농담, 커피 한 잔을 마시며 공유하는 일상적인 이야기들은 팀원 간의 유대감을 강화하는 중요한 요소입니다. 하지만 시차 근무는 이러한 비공식적인 교류를 단절시켜, 당신이 팀의 일원이 아닌 '단순한 협업 대상'으로 느껴지게 할 수 있습니다.

- **사례:** 신입사원 A는 밤 10시부터 새벽 2시까지 본사 팀원들과 회의를 진행했습니다. 회의는 순조롭게 진행되었지만, 회의가 끝난 후 팀원들은 "내일 점심에 이어서 이야기하자"며 대화를 마무리했습니다. 그녀는 다음 날 아침 9시에 일어났을 때 이미 팀원들의 비공식적인 대화가 진행되었을 것이라는 생각에 소외감을 느꼈습니다.

2. '나'만 모르는 이야기: 정보 격차와 소외감

비공식적인 대화에서 오가는 정보들은 때로는 공식적인 회의보다 더 중요할 때가 있습니다. 팀의 분위기, 프로젝트의 숨겨진 이슈, 의사 결정의 배경 등은 주로 비공식적인 경로를 통해 공유되곤 합니다. 이러한 정보 교류에서 소외되면, 중요한 맥락을 놓치고 '나만 모르는 이야기'가 많아지는 정보 격차를 경험하게 됩니다.

- **사례:** 신입사원 B는 새벽에 미국 팀원들과 회의를 마친 뒤, 다음 날 아침에 한국 팀원들과 함께 일했습니다. 하지만 한국 팀원들은 점심 식사 중에 나눈 대화로 인해 이미 프로젝트의 방향성에 대한 공감대를 형성한 상태였습니다. 그는 팀원들 간의 대화에 쉽게 끼지 못했고, 그들의 결정에 의문을 가질 수밖에 없었습니다.

3. 외로움을 넘어선 '무기력함'

이러한 고립감은 단순히 외로움을 넘어, 당신의 업무 동기까지 앗아갈 수 있습니다. 당신의 노력이 팀의 성공에 어떻게 기여하는지 피부로 느끼기 어려워지고, 당신의 존재가 팀에 필수적이지 않다고 느끼게 될 뿐 아니라, **무기력함과 번아웃**으로 이어지는 위험한 감정입니다.

- **사례:** 신입사원 C가 밤늦게까지 홀로 작업을 마치고 메신저를 확인했을 때, 낮에 진행된 팀원들의 대화방에는 그녀의 업무와는 관련 없는 농담과 웃음 이모티콘이 가득했습니다. 그녀는 '내가 지금 열심히 하고 있는

이 일이 과연 이 팀에 의미가 있는가'라는 근본적인 의문을 품게 되었습니다.

시차 근무는 효율적인 협업을 위한 필수적인 도구일 수 있지만, 그 이면에 숨겨진 고립의 함정을 간과해서는 안 됩니다. 당신의 삶과 심리적 건강을 지키기 위해서는 이러한 고립을 극복하려는 적극적인 노력이 필요합니다.

새벽 회의를 '축제'로 만드는 마인드셋

시차 근무는 피할 수 없는 현실입니다. 그렇다면 이 현실을 어떻게 받아들여야 할까요? 저는 새벽 회의를 단순히 '힘든 일'이 아니라, '글로벌 무대에서 나의 존재감을 드러내는 특별한 축제'라고 생각했습니다.

'축제'의 본질: 나의 무대, 나의 시간

시차 근무로 인한 새벽 회의는 많은 사람에게 부담스러운 '의무'로 느껴지기 쉽습니다. 하지만 이러한 회의를 '축제'처럼 즐기는 마인드셋을 가진다면, 당신의 커리어는 완전히 달라질 수 있습니다. 축제는 준비하고 즐기는 것입니다. 새벽 회의는 본사 팀원들과 직접 소통하며 당신의 전문성과 열정을 보여줄 수 있는 '나의 무대'입니다. 한국 지사의 대표로서, 혹은 팀의 핵심 인력으로서 당신이 이 무대 위에서 얼마나 돋보이는지에 따라 당신의 영향력은 배가됩니다. 무대 위에 오를 그 시간을 '억지로 하는 일'이 아니라, '기다려지는 일'로 바꾸는 마인드셋이 필요합니다.

새벽 회의를 '나의 무대'로 만드는 법

1. 적극적인 준비: 당신의 존재감을 각인시켜라

축제가 즐거운 이유는 충분한 준비가 있기 때문입니다. 새벽 회의도 마찬가지입니다. 회의 안건을 미리 완벽하게 파악하고, 당신이 공유할 핵심 내용과 데이터를 명확하게 준비하세요. 단순히 듣는 것에 그치지 않고, 당신의 전문성을 보여줄 수 있는 질문이나 의견을 미리 준비하는 것이 중요합니다.

- **사례:** 신입사원 A는 미국 본사와의 새벽 회의를 앞두고, 한국 시장에 대한 최신 데이터와 트렌드를 담은 슬라이드 몇 장을 미리 준비했습니다. 회의 중 본사 팀원들이 한국 시장에 대해 질문했을 때, 그녀는 "제가 준비한 자료를 보시면 더 이해하기 쉬울 것 같습니다"라고 말하며 자신의 스크린을 공유했습니다. 그녀의 준비된 모습은 본사 팀원들에게 깊은 인상을 남겼습니다.

- **효과:** 적극적인 준비는 당신의 전문성을 돋보이게 하고, '한국 시장의 전문가'로서 당신의 존재감을 각인시키는 가장 확실한 방법입니다.

2. 열정적인 참여: 당신의 목소리를 내라

회의에 참여할 때, 일개 '참석자'가 아닌, '기여자'로서 당신의 목소리를 내야 합니다. 당신의 의견은 팀의 의사결정에 중요한 영향을 미칠 수 있습니다. '나의 무대'라는 생각으로, 당신의 아이디어를 자신감 있게 공유하세요.

- **사례:** 신입사원 B는 새벽 회의에서 조용히 듣기만 하는 대신, "제 생각에는 한국 시장에서는 ~~~라는 점을 고려해야 한다고 생각합니다"라고 의견을 제시했습니다. 그의 의견은 본사 팀원들이 미처 생각하지 못했던 새로운 관점을 제시했고, 팀의 전략을 보완하는 데 큰 도움을 주었습니다.

- **효과:** 회의에 열정적으로 참여하는 당신의 모습은 당신이 이미 팀의 성공에 깊이 관여하고 있음을 보여줍니다. 나아가 팀 내에서 당신의 영향력을 점진적으로 키우고, 미래에 더 중요한 역할을 맡을 기회를 만들어 줍니다.

3. 긍정적인 마무리: '다음 축제'를 기대하게 하라

회의가 끝난 후에도 긍정적인 마무리 인사로 당신의 프로페셔널한 태도를 보여주세요. "오늘 논의 정말 좋았습니다. 다음 회의도 기대됩니다"와 같은 긍정적인 메시지는 당신이 새벽 회의를 '고통'이 아닌 '가치 있는 시간'으로 여기고 있음을 보여줍니다.

- **사례:** 회의가 끝난 후, 신입사원 C가 메신저에 "오늘 회의를 통해 많은 것을 배웠습니다. 저희도 좋은 결과로 보답하겠습니다!"라고 긍정적인 메시지를 남겼습니다. 이 메시지는 팀의 분위기를 더욱 밝게 만들었고, 본사 팀원들에게 C의 열정과 긍정적인 에너지를 전달했습니다.

- **효과:** 긍정적인 마무리는 당신과의 협업을 더욱 즐거운 경험으로 만들고, 다음 회의를 기대하게 하는 효과를 가져옵니다.

새벽 회의를 '억지로 하는 일'이 아닌, '기다려지는 축제'로 바꾸는 마인드셋은 당신의 커리어에 놀라운 변화를 가져올 것입니다. 당신의 열정과 전문성을 마음껏 펼쳐, 이 무대 위에서 가장 빛나는 사람이 되기를 바랍니다.

4부.

나만의 강점을 만드는 법

부제: 차별화된 나만의 성장 전략

7장. 퀀텀 점프를 위한 성장 전략

'퀀텀 점프(Quantum Jump)'는 물리학 용어로, 전자가 한 궤도에서 다른 궤도로 도약할 때 에너지를 흡수하거나 방출하며 순식간에 이동하는 현상을 말한다. 커리어에서도 한 단계 더 높은 곳으로 도약하기 위해서는 기존의 방식을 답습하는 것이 아니라, 새로운 전략과 마인드셋이 필요하다.

실패를 통한 학습: '실패는 경험치'라는 마인드셋

성공한 사람들의 화려한 이야기만 듣다 보면, 실패는 마치 피해야 할 재앙처럼 느껴질 수 있습니다. 하지만 실제 커리어는 수많은 실패의 연속입니다. 그러므로 실패를 두려워하기보다, 실패를 통해 무엇을 배우고 성장할 수 있는가를 짚어보아야 합니다. '실패는 경험치'라는 마인드셋은 당신을 좌절에 머물게 하는 대신, 다음 단계로 나아가게 하는 강력한 원동력이 될 것입니다.

실패가 우리에게 주는 3가지 선물

실패는 누구에게나 두렵고 고통스러운 경험입니다. 하지만 실패는 단순히 좌절의 끝이 아니라, 우리에게 귀중한 깨달음을 안겨주는 **가장 강력한 스승**입니다. 실패를 통해 우리는 더 단단해지고, 더 현명해지며, 궁극적으로 더 큰 성공으로 나아갈 수 있습니다.

1. 객관적인 자기 분석의 기회

성공에 취해 보지 못했던 나의 약점과 한계를 명확하게 파악할 수 있게 해줍니다. 무엇이 부족했는지 냉정하게 돌아보고 보완할 점을 찾을 수 있습니다. 성공은 우리의 강점을 보여주지만, 실패는 우리의 약점을 적나라하게 드러내줍니다.

- **사례:** 신입사원 A는 야심 차게 기획했던 프로젝트가 실패하자, "내가 과연 이 일을 계속할 수 있을까?"라는 좌절감에 빠졌습니다. 하지만 실패의 원인을 분석하는 과정에서 그녀는 혼자서 모든 것을 해결하려 했던 **독단적인 태도**가 문제였음을 깨달았습니다. 이후 그녀는 팀원들과의 소통을 늘리고 협업하는 방법을 배우면서, 더 좋은 결과물을 만들어내는 팀의 핵심 멤버로 성장했습니다.

- **효과:** 실패를 통해 우리는 자신의 강점뿐만 아니라, 약점까지도 객관적으로 바라볼 수 있게 됩니다. 이는 당신의 성장을 위한 가장 확실한 첫

걸음입니다.

2. 회복탄력성(Resilience) 강화

실패를 겪고 다시 일어서는 과정은 당신의 **정신적 근육**을 단련시킵니다. 이것은 어떤 어려움에도 흔들리지 않는 단단한 내면을 형성하는데 큰 도움이 됩니다. 한 번의 실패를 딛고 일어선 경험은 미래의 더 큰 역경을 이겨낼 수 있는 힘이 됩니다.

- **사례:** 신입사원 B는 여러 번의 영업 실패를 경험했습니다. 거절당할 때마다 힘들었지만, 그는 포기하지 않고 다음 고객을 찾아갔습니다. 이러한 경험을 통해 그는 '거절에 대한 두려움'을 극복하고, 어떤 상황에서도 긍정적인 마음을 유지하는 **강한 회복탄력성**을 얻게 되었습니다.

- **효과:** 실패를 극복하는 과정은 당신의 내면을 단련시켜, 앞으로 어떤 어려움이 닥쳐도 흔들리지 않고 헤쳐나갈 수 있는 용기와 자신감을 심어줍니다.

3. 성공의 방향을 알려주는 나침반

모든 실패는 '이 길은 아니다'라는 명확한 신호를 줍니다. 실패의 원인을 분석하는 것은 당신이 올바른 성공의 길로 방향을 수정할 수 있도록 돕는 나침반 역할을 합니다. 실패가 가르쳐준 교훈은 당신이 앞으로 나아갈 길을 더 명확하게 보여줍니다.

- **사례:** 신입사원 C는 자신의 강점과 맞지 않는 분야의 업무에서 실패를 거듭했습니다. 그녀는 이 실패를 통해 '내가 정말 잘하고 싶은 일은 무엇인가'를 진지하게 고민했고, 결국 자신의 적성에 맞는 다른 직무로 보직을 변경했습니다. 이후 그녀는 자신의 역량을 마음껏 발휘하며 놀라운 성과를 낼 수 있었습니다.

- **효과:** 실패는 당신의 잠재력을 발굴하고, 진정으로 당신이 원하는 것이 무엇인지 깨닫게 해줌으로써 당신의 인생 방향을 재정립하는 중요한 기회가 됩니다.

실패를 두려워하지 마세요. 실패는 당신을 망가뜨리는 고통이 아니라, 당신을 더 강하고 현명한 사람으로 만들어주는 소중한 선물입니다.

실패를 분석하고 성장하는 4단계 프로세스

실패를 '경험치'로 바꾸기 위해서는 체계적인 접근이 필요합니다. 실패를 단지 아픈 기억으로 남기지 않고, 성장의 자양분으로 만들기 위한 다음 4단계를 따라가 보세요. 이 과정은 당신이 실패를 두려워하지 않는 강력한 리더로 성장하는 데 결정적인 역할을 할 것입니다.

1단계: 감정 해소 및 상황 인정하기

실패 후의 좌절감, 분노, 자책 등의 감정은 자연스러운 것입니다. 먼저 이러한 감정을 충분히 느끼고 인정하는 시간을 가지세요. 감정이 정리되지 않으면 객관적인 분석이 어렵습니다.

- **실천 방법:**
    - ❖ "괜찮아, 실패할 수도 있지. 이번 일은 내 잘못이 아니야"라고 스스로에게 말해주며 감정을 정돈합니다.
    - ❖ 실패와 관련된 감정을 솔직하게 일기장에 적거나, 믿을 수 있는 친구나 동료에게 털어놓는 것도 좋은 방법입니다.

- **효과:** 감정을 해소하고 상황을 인정하는 과정은 당신이 실패를 개인적인 비난으로 받아들이지 않고, 객관적인 문제로 인식하게 만듭니다.

2단계: 실패의 원인 분석하기

감정이 정리되었다면, 이제 '무엇이 잘못되었는가?'에 대한 질문에 답하며 실패의 원인을 구체적으로 파악합니다. 이때 '내 탓'만 하기보다는 객관적인 사실에만 집중하는 것이 중요합니다.

- **원인 분류:**
    - ❖ **내부 요인:** 나의 역량 부족, 잘못된 판단, 준비 미흡 등. (예: "발표 자

료는 좋았지만, 예상 질문에 대한 답변을 준비하지 못했다.")

❖ **외부 요인:** 예상치 못한 시장 상황 변화, 경쟁사의 전략 등. (예: "경쟁사가 우리보다 먼저 유사한 서비스를 출시했다.")

❖ **운의 요인:** 예측 불가능한 우연한 사건 등. (예: "프로젝트 진행 중 핵심 팀원이 갑자기 퇴사했다.")

- **효과:** 원인을 명확하게 분류하면, 당신이 통제할 수 있는 것과 없는 것을 구분할 수 있습니다. 이는 불필요한 자책을 막고, 다음에 집중해야 할 것이 무엇인지 알려줍니다.

3단계: 행동 계획 수립하기

2단계에서 파악한 원인을 바탕으로 앞으로 무엇을 어떻게 개선할지 구체적인 행동 계획을 세웁니다. 이 계획은 반드시 **실천 가능하고, 측정 가능한 형태**여야 합니다.

- **실천 방법:**

❖ **내부 요인:** '발표 역량 부족'이 원인이라면, '매주 1회 팀원 앞에서 발표 연습하기', '발표 관련 서적 2권 읽고 요약하기'와 같은 실천 가능한 계획을 세웁니다.

❖ **외부 요인:** '경쟁사의 공격적인 전략'이 원인이라면, '주 1회 경쟁사 동향 보고서 작성하기'와 같은 모니터링 계획을 세웁니다.

❖ **운의 요인:** '예상치 못한 팀원의 퇴사'가 원인이라면, '업무 인수인계

매뉴얼을 미리 작성하여 위기 상황에 대비하기'와 같은 플랜B를 준비하는 것으로 대응할 수 있습니다.

- **효과:** 구체적인 행동 계획은 당신이 실패로부터 배운 교훈을 실질적인 성장으로 연결하도록 돕습니다.

4단계: 실행 및 피드백 받기

3단계에서 세운 계획을 즉시 실행에 옮기고, 그 과정에서 주변 동료나 멘토에게 솔직한 피드백을 요청하세요. 피드백은 당신의 성장을 가속화하는 중요한 정보가 됩니다. 결과에 일희일비하기보다, 과정 속에서 무엇을 배우고 있는지를 꾸준히 확인하세요.

- **실천 방법:**
  - ❖ 피드백을 요청할 때는 "제가 이번 발표 연습에서 어떤 부분을 보완하면 좋을까요?"와 같이 구체적으로 물어보세요.
  - ❖ 피드백을 들을 때는 변명하지 말고, "좋은 지적 감사합니다. 다음에는 그렇게 해보겠습니다"와 같이 긍정적으로 반응하세요.

- **효과:** 이 과정을 반복하며 당신은 실패를 두려워하지 않는 강력한 리더로 성장해 나갈 것입니다. 실패는 더 이상 당신의 발목을 잡는 걸림돌이 아니라, 당신을 더 높은 곳으로 이끄는 디딤돌이 될 것입니다.

마인드셋 관리: 흔들리지 않는 내면의 힘 키우기

글로벌 기업의 치열한 경쟁 환경에서, 뛰어난 실력만큼 중요한 것이 바로 '마인드셋'입니다. 아무리 뛰어난 능력을 가졌더라도, 불안감, 스트레스, 그리고 외부의 부정적인 시선에 쉽게 흔들린다면 그 잠재력을 온전히 발휘하기 어렵습니다. 흔들리지 않는 내면의 힘을 키우는 것은 리더로 성장하기 위한 필수적인 덕목입니다.

멘탈 관리, 왜 중요할까요?

성공적인 커리어는 뛰어난 업무 능력만으로 만들어지지 않습니다. 예측 불가능한 상황, 높은 업무 강도, 그리고 끊임없는 경쟁 속에서 흔들리지 않는 **강한 마인드셋**은 당신의 커리어를 지탱하는 가장 중요한 힘입니다. 멘탈 관리는 단순히 스트레스를 해소하는 것을 넘어, 당신이 어떤 어려움 속에서도 성장하고 지속적으로 성과를 낼 수 있도록 돕는 핵심 역량입니다.

멘탈 관리가 커리어에 미치는 3가지 긍정적 영향

1. 스트레스 극복 능력 향상

강한 멘탈은 예측 불가능한 상황과 높은 업무 강도 속에서도 감정적으로 무너지지 않고 문제를 해결하는 힘을 길러줍니다. 스트레스 상황을 위기가 아닌, '해결해야 할 과제'로 인식하게 만들어줍니다.

- **사례:** 신입사원 A는 마케팅 캠페인 도중 예상치 못한 오류가 발생하자 극심한 스트레스를 받았습니다. 하지만 평소 명상과 규칙적인 운동으로 멘탈 관리를 해온 덕분에, 그녀는 감정적으로 동요하는 대신 문제의 원인을 파악하고 해결책을 찾는 데 집중할 수 있었습니다.

- **효과:** 멘탈 관리는 스트레스가 당신의 판단력과 업무 효율을 방해하지 않도록 보호합니다. 이는 당신을 위기 상황에서도 빛나는 문제 해결사로 만들어줍니다.

2. 긍정적이고 주도적인 태도

멘탈 관리를 통해 당신은 어려운 상황에서도 **'할 수 있다'는 긍정적인 태도**를 유지하며, 문제의 원인을 외부에서 찾기보다 스스로 해결책을 찾아 나서는 주도성을 갖게 됩니다. 이는 팀의 사기를 높이고, 당신을 신뢰할 수 있는 리더로 성장하게 합니다.

- **사례:** 신입사원 B는 팀원들과의 의견 충돌로 프로젝트가 난항을 겪자, "나만 열심히 한다"며 불평하기보다 먼저 팀원들과 1대1 대화를 시도했습니다. "어떻게 하면 우리가 더 효율적으로 일할 수 있을까요?"라고 질문하며 적극적으로 해결책을 모색했고, 결국 그는 팀의 분위기를 긍정적으로 이끄는 리더로 인정받았습니다.

- **효과:** 긍정적이고 주도적인 태도는 당신이 단순한 업무 수행자가 아닌, 문제를 해결하고 팀을 이끌어가는 핵심 인재임을 증명합니다.

3. 번아웃(Burnout) 방지

단단한 멘탈은 자신의 한계를 명확히 인지하고, 적절한 휴식과 재충전 시간을 가지며 지속적으로 에너지를 관리할 수 있게 합니다. 이는 당신이 단거리 질주가 아닌, 장기적인 마라톤을 완주할 수 있도록 돕는 가장 중요한 자산입니다.

- **사례:** 신입사원 C는 업무량이 폭증하자, 그녀는 자신의 한계를 인정하고 상사에게 업무 분배에 대해 솔직하게 이야기했습니다. 그리고 퇴근 후에는 업무와 완전히 분리된 취미 활동을 즐기며 에너지를 재충전했습니다. 덕분에 그녀는 번아웃 없이 꾸준히 높은 성과를 유지할 수 있었습니다.

- **효과:** 멘탈 관리는 당신이 자신의 에너지를 효율적으로 관리하고, 지속 가능한 성장을 이끌어갈 수 있도록 돕습니다. 이는 당신의 커리어를 길고 안정적으로 유지하는 비결이 됩니다.

멘탈 관리는 당신의 업무 효율성과 행복을 동시에 높여주는 필수적인 습관입니다. 지금부터라도 당신의 멘탈을 관리하는 작은 습관을 시작해 보는 건 어떨까요?

흔들리지 않는 내면의 힘을 키우는 3가지 습관

성공적인 커리어와 만족스러운 삶을 위해서는 외부의 환경에 흔들리지 않는 단단한 내면의 힘을 키우는 것이 중요합니다. 다음 3가지 습관을 통해 당신의 마인드셋을 강화하고, 어떤 어려움 속에서도 자신을 지키는 힘을 길러보세요.

1. '긍정적 자기 대화'의 힘 활용하기

당신이 스스로에게 하는 말은 당신의 잠재의식에 강력한 영향을 미칩니다. 부정적인 생각에 빠지기 쉬운 순간, 의식적으로 긍정적인 자기 대화를 시도하세요.

- **실천 방법:** 매일 아침 거울을 보며 "나는 이 문제를 해결할 수 있는 능력이 있다", "오늘도 최선을 다해 성장할 것이다"와 같은 긍정적인 자기 암시를 해보세요. 업무가 잘 풀리지 않을 때는 "괜찮아, 이 경험을 통해 나는 더 나은 해결책을 찾을 수 있어"라고 스스로를 다독여 주세요.

- **효과:** 긍정적 자기 대화는 부정적인 생각의 고리를 끊고, 자신에 대한 믿음과 자신감을 회복하는 데 큰 도움이 됩니다. 이는 당신이 어려운 상황을 극복할 수 있는 힘을 길러줍니다.

2. 목표를 '과정' 중심으로 재설정하기

'최고의 성과를 낸다'와 같은 결과 중심의 목표는 달성하지 못했을 때 큰 좌절감을 안겨줄 수 있습니다. 당신이 통제할 수 있는 '과정'에 초점을 맞춰 목표를 재설정하세요.

- **실천 방법:** 결과 중심의 목표인 "이번 프로젝트에서 최고의 발표자가

된다"는 목표를, 과정 중심의 목표인 "발표 준비를 위해 매일 1시간씩 연습한다", "발표 자료에 대한 예상 질문 10가지를 준비한다"로 바꿔 보세요.

- **효과:** 과정 중심의 목표는 결과에 대한 부담감을 줄이고, 매일의 작은 성취를 통해 꾸준히 동기를 부여받을 수 있습니다. 이는 당신이 성장의 과정을 즐기도록 돕고, 최종적으로 더 좋은 결과를 만들어냅니다.

3. '디지털 디톡스 '및 '오프라인 활동' 시간 갖기

현대 사회는 정보의 홍수와 끝없는 비교 속에서 당신의 정신적 에너지를 빠르게 고갈시킵니다. 의도적으로 디지털 기기에서 벗어나 자신에게 집중하는 시간을 가지세요.

- **실천 방법:** 주말이나 퇴근 후에는 업무 관련 알림을 끄고, 스마트폰 사용을 최소화하며 온전히 자신에게 집중하는 시간을 가지세요. 대신, 좋아하는 취미 생활, 운동, 독서, 친구와의 대화 등 오프라인 활동에 더 많은 시간을 할애하세요.

- **효과:** 지나친 정보의 홍수와 비교 의식에서 벗어나, 정신적 에너지를 재충전하고 자신의 내면에 더 귀 기울일 수 있게 됩니다. 이는 당신의 삶에 활력을 불어넣고, 번아웃을 방지하는 가장 효과적인 방법입니다.

이 세 가지 습관은 하루아침에 당신을 완벽한 사람으로 만들어주지는 않습니다. 하지만 꾸준히 실천한다면, 어떤 어려움에도 흔들리지 않는 단단한 내면의 힘을 기르게 될 것입니다.

워라밸(Work-Life Balance)과 번아웃: 지속 가능한 성장을 위한 지혜

글로벌 기업은 높은 목표와 끊임없는 도전으로 가득 차 있습니다. 이러한 환경에서 '일'과 '삶'의 균형을 찾는 것은 단순한 개인의 행복을 넘어, 장기적으로 뛰어난 성과를 내기 위한 필수 전략입니다. 워라밸을 잃고 번아웃을 경험하게 되면, 당신의 잠재력은 물론 커리어 자체가 위협받을 수 있습니다. 이 섹션에서는 워라밸의 중요성과 번아웃을 예방하고 극복하는 구체적인 실천 방안에 대해 다룹니다.

워라밸이 단순한 휴식이 아닌 이유: 전략적 재충전의 가치

워라밸(Work-Life Balance)은 흔히 '일은 적게 하고, 많이 쉬는 것'이라고 오해받곤 합니다. 하지만 진정한 워라밸은 게으름이나 업무 회피가 아닙니다. 오히려 업무에 더 깊이 몰입하고, 창의적인 아이디어를 발산하기 위한 '전략적 재충전'입니다. 워라밸을 통해 당신은 더 적은 시간 안에 더 좋은 성과를 내고, 장기적으로 성공적인 커리어를 유지할 수 있습니다.

1. 업무 효율성 증대: 몰입도를 극대화하는 힘

충분한 휴식은 당신의 집중력을 높여 업무 시간을 단축하고, 더 적은 시간 안에 더 좋은 결과물을 만들어내는 데 도움을 줍니다. 당신의 뇌가 밤새도록 깨어 있을 수 없듯이, 당신도 하루 종일 업무에만 몰두할 수 없습니다. 적절한 휴식은 당신의 뇌가 에너지를 재충전하고, 최고의 컨디션을 유지하도록 돕습니다.

- **사례:** 신입사원 A는 야근을 하던 습관을 버리고, 정해진 시간에 퇴근해 충분한 휴식을 취했습니다. 그 결과, 다음 날 아침에는 맑은 정신으로 업무에 임할 수 있었고, 전날 밤늦게까지 하려던 일을 오전 안에 끝내는 놀라운 효율성을 경험했습니다.

- **효과:** 휴식은 당신의 업무 효율성을 극대화하는 가장 확실한 방법입니다.

2. 창의성과 혁신 촉진: 새로운 영감의 원천

새로운 경험과 다양한 취미 활동은 고정관념에서 벗어나 새로운 아이디어를 얻는 영감의 원천이 됩니다. 업무 외적인 활동을 통해 당신의 시야는 넓어지고, 이는 곧 혁신적인 아이디어로 이어집니다.

- **사례:** 신입사원 B는 주말마다 사진 촬영이라는 취미를 즐겼습니다. 그는 사진을 찍으며 세상을 관찰하는 습관을 기르게 되었고, 이는 마케팅 프로젝트를 기획할 때 고객을 새로운 시각으로 바라보는 계기가 되었습니다. 그는 '사진'이라는 취미에서 얻은 영감으로 창의적인 마케팅 캠페인을

성공시킬 수 있었습니다.

- **효과:** 워라밸은 당신의 뇌를 업무라는 틀에서 벗어나게 하고, 창의적인 영감을 얻을 수 있는 통로를 열어줍니다.

3. 장기적인 커리어 유지: 지속 가능한 성장의 힘

몸과 마음의 에너지를 균형 있게 관리하여, **번아웃**을 예방하고 오랫동안 열정적으로 일할 수 있는 체력을 길러야 합니다. 커리어는 단거리 경주가 아닌, 장기적인 마라톤과 같습니다. 워라밸은 이 긴 여정을 완주하기 위한 필수적인 전략입니다.

- **사례:** 신입사원 C가 과도한 업무로 번아웃을 경험할 뻔했을 때, 상사는 그녀에게 '휴식 시간'의 중요성을 강조했습니다. 이후 그녀는 퇴근 후에는 업무 관련 알림을 끄고, 주말에는 등산이나 요가와 같은 활동을 하며 몸과 마음의 균형을 되찾았습니다. 덕분에 그녀는 번아웃을 극복하고, 더욱 건강하고 열정적인 모습으로 커리어를 이어갈 수 있었습니다.

- **효과:** 워라밸은 당신의 커리어를 길고 안정적으로 유지할 수 있도록 돕는 가장 중요한 투자입니다.

워라밸은 단순히 쉬는 것이 아니라, 당신의 커리어를 위한 가장 현명한 전략입니다. 지금부터라도 당신만의 워라밸을 설계하여, 더 효율적으로 일하고 더 만족스러운 삶을 만들어가세요.

번아웃은 어느 날 갑자기 찾아오는 것이 아니라, 몸과 마음이 보내는 작은 신호들을 무시했을 때 나타나는 현상입니다. 이러한 신호를 미리 알아채고 관리하는 것이 번아웃을 예방하고, 지속 가능한 성장을 이루는 데 매우 중요합니다.

번아웃의 주요 징후

번아웃을 예방하려면, 먼저 자신에게 다음과 같은 징후가 나타나고 있지는 않은지 점검해야 합니다.

- **극심한 피로와 에너지 고갈:** 충분히 쉬어도 피로가 풀리지 않고, 아침에 일어나는 것조차 힘듭니다. 업무를 시작하기 전부터 무기력함을 느끼고, 작은 일에도 쉽게 지칩니다.

- **업무에 대한 부정적인 태도:** 예전에는 즐겁게 했던 일들이 지겹게 느껴집니다. 자신의 업무에 대해 회의감을 느끼고, 작은 문제에도 짜증이 늘며, 동료나 상사에게 쉽게 비난의 화살을 돌립니다.

- **업무 효율성 저하:** 집중력이 떨어지고, 기억력이 감퇴합니다. 이전에는 쉽게 해결했던 문제도 어렵게 느껴지며, 실수가 잦아집니다. 업무의 질이 낮아지고, 마감일을 맞추기 위해 벼락치기로 업무를 처리하는 경우가 늘어납니다.

- **신체적 증상:** 두통, 소화불량, 근육통 등 신체적인 이상 증상이 나타납니다. 수면 패턴에 문제가 생겨 불면증이나 과도한 수면을 겪기도 합니다.

번아웃 예방을 위한 전략

번아웃 징후를 발견했다면, 더 늦기 전에 적극적으로 자신을 돌보는 노력이 필요합니다. 다음의 전략을 통해 몸과 마음의 에너지를 회복하세요.

- **경계(Boundary) 설정하기:** 업무와 개인적인 삶의 경계를 명확히 나누는 것이 중요합니다. 퇴근 후에는 업무용 메신저 알림을 끄거나, 주말에는 업무 관련 이메일을 확인하지 않는 등 **'디지털 디톡스'** 시간을 가지세요. 이는 당신의 뇌가 온전히 휴식하고 재충전할 수 있는 시간을 확보해 줍니다.

- **충분한 휴식과 수면:** 휴식은 사치가 아니라 필수입니다. 하루에 7~8시간의 충분한 수면을 확보하고, 주말에는 평소 해보고 싶었던 취미 활동이나 가벼운 운동을 하며 스트레스를 해소하세요. 업무와 완전히 분리된 시간을 가질 때, 당신의 마음은 다시 활력을 되찾습니다.

- **소통과 지지 받기:** 혼자서 모든 것을 해결하려고 하지 마세요. 신뢰할 수 있는 동료, 상사, 친구에게 솔직한 마음을 털어놓고 도움을 요청하세요.

당신의 어려움을 이해하고 지지해 주는 사람들과의 소통은 당신이 번아웃을 극복하는 데 큰 힘이 됩니다.

- **전문가의 도움 받기:** 번아웃 증상이 심각해져 혼자 해결하기 어렵다면, 주저하지 말고 전문가의 도움을 받으세요. 심리 상담이나 코칭을 통해 당신의 감정과 생각을 정리하고, 효과적인 회복 방법을 찾을 수 있습니다.

번아웃 자가진단 체크리스트

번아웃은 어느 날 갑자기 찾아오는 것이 아니라, 몸과 마음이 보내는 작은 신호들을 무시했을 때 나타나는 현상입니다. 아래 항목 중 **3개 이상에 해당된다면, 번아웃을 의심하고 워라밸 점검이 필요합니다.** 이 체크리스트를 통해 자신의 상태를 점검하고, 번아웃을 예방하기 위한 노력을 시작해 보세요.

- **업무에 대한 열정이 사라졌다.** 예전에는 즐겁고 보람 있었던 일들이 더 이상 흥미롭게 느껴지지 않고, '억지로 해야 하는 일'처럼 느껴집니다. 아침에 눈을 뜨는 것조차 힘겹게 느껴진다면 번아웃을 의심해 봐야 합니다.

- **사소한 일에도 쉽게 짜증이 나고, 동료나 상사에게 부정적인 감정이 든다.** 감정 조절이 어려워지고, 평소에는 아무렇지 않았던 동료의 말이나 행동

에 불쾌함을 느낍니다. 이는 업무 스트레스가 개인의 감정까지 지배하고 있다는 신호입니다.

- **만성적인 피로와 두통, 수면 장애에 시달린다.** 충분히 쉬어도 피로가 풀리지 않고, 두통이나 소화불량 등 신체적인 이상 증상이 나타납니다. 잠들기 어렵거나, 밤중에 자주 깨는 등 수면의 질이 저하되는 것도 대표적인 징후입니다.

- **업무 외의 취미나 여가 활동에 대한 흥미를 잃었다.** 퇴근 후에는 아무것도 하고 싶지 않고, 평소 좋아하던 취미 활동도 귀찮게 느껴집니다. 이는 업무가 당신의 모든 에너지를 소진하고 있다는 신호입니다.

- **업무 실수가 잦아지고, 집중력이 현저히 떨어진다.** 이전에는 쉽게 처리했던 업무에서 실수가 반복됩니다. 하나의 일에 집중하기 어렵고, 기억력이 감퇴하는 등 인지 능력 저하를 느낀다면 번아웃의 가능성이 높습니다.

번아웃 예방을 위한 실천 방안: 나를 위한 전략적 투자

번아웃은 어느 날 갑자기 찾아오는 것이 아니라, 몸과 마음이 보내는 작은 신호들을 무시했을 때 나타나는 현상입니다. 이를 예방하기 위해서는 일상 속에서 의식적으로 자신을 돌보는 노력이 필요합니다.

1. 일과 삶의 경계 명확히 설정하기

퇴근 후에는 업무 관련 알림을 끄고, 주말에는 이메일을 확인하지 않는 등 업무와 개인 시간의 물리적, 심리적 경계를 확실히 하세요. 물리적인 경계가 없는 리모트 워크 환경에서는 이러한 경계 설정이 더욱 중요합니다.

- **실천 사례:** 퇴근 시간에는 업무용 노트북의 전원을 끄고, 스마트폰의 업무용 메신저 알림을 끄는 습관을 들이세요. 주말에는 '이메일 확인 금지' 규칙을 정하고, 대신 가족이나 친구들과의 소중한 시간에 집중하세요.

2. '잘 쉬는 법' 배우기

휴식은 단순히 아무것도 하지 않는 것이 아닙니다. 좋아하는 취미 활동(운동, 독서, 영화 감상, 여행 등)을 통해 적극적으로 에너지를 재충전하세요. 해외여행처럼 거창한 휴가 계획보다는 일상 속에서 즐거움을 찾고 회복하는 것이 더 중요합니다.

- **실천 사례:** 점심시간 30분 동안 좋아하는 음악을 들으며 산책을 하거나, 퇴근 후에는 집에서 30분간 명상이나 요가로 몸을 풀어주세요. 주말에는 평소 미뤄두었던 취미 활동에 몰입하며 업무 스트레스에서 벗어나세요.

3. 자연과 가까워지기

햇볕을 쬐고 산책하는 것만으로도 행복 호르몬인 세로토닌 분비가 촉진되어 스트레스 해소에 큰 도움이 됩니다. 점심시간을 활용해 가까운 공원을 거닐거나, 주말에 가벼운 등산을 해보세요.

- **실천 사례:** 맑은 날에는 점심 식사 후 잠시 사무실을 나와 햇볕을 쬐며 10분만이라도 걸어보세요. 주말에는 가까운 산이나 숲길을 찾아 자연의 소리를 들으며 걷는 시간을 가지는 것도 좋습니다.

4. 건강한 식단과 수면 관리

뇌와 몸의 회복에 필수적인 영양소를 골고루 섭취하고, 충분한 수면 시간을 확보하는 것이 중요합니다. 특히 밤 11시부터 새벽 3시 사이의 깊은 잠은 멜라토닌 분비를 촉진하여 면역력 강화에 효과적입니다.

- **실천 사례:** 퇴근 후에는 가벼운 식사를 하고, 잠들기 1시간 전부터는 스마트폰 사용을 자제하세요. 충분한 수면을 위해 정해진 시간에 잠자리에 들고, 아침에 일어나는 규칙적인 습관을 들이는 것이 좋습니다.

이러한 작은 실천들이 모여 당신의 번아웃을 예방하고, 지속 가능한 커리어를 만들어가는 가장 중요한 원동력이 될 것입니다.

네트워킹과 관계 관리: 'Lt'를 지지하는 든든한 울타리 만들기

직장에서의 성공은 당신 혼자만의 힘으로 이룰 수 없습니다. 상사, 동료, 부하직원, 그리고 외부 관계자와의 원만한 관계는 업무 성과를 높이고, 갈등을 효과적으로 해결하며, 궁극적으로 당신의 커리어에 긍정적인 영향을 미치는 강력한 자산입니다.

직장 내 건강한 인간관계는 단순히 업무를 원활하게 만드는 것을 넘어, 당신의 커리어와 삶에 긍정적인 영향을 미치는 중요한 자산입니다. 다음은 좋은 관계를 맺는 것이 왜 중요한지에 대한 세 가지 이유입니다.

1. 정보 및 기회 공유: 성장을 위한 네트워크

직장 내 좋은 관계는 단순한 친목을 넘어, 당신의 성장을 위한 강력한 네트워크가 됩니다. 공식적인 채널로 알기 어려운 중요한 정보와 새로운 프로젝트 기회를 얻는 통로가 되기 때문입니다. 이는 당신의 커리어를 한 단계 더 도약시키는 핵심적인 역할을 합니다.

- **사례:** 신입사원 A는 점심시간에 다른 팀 동료와 대화를 나누던 중, 팀에서 곧 시작할 새로운 AI 프로젝트에 대한 정보를 우연히 들었습니다. 그녀는 평소 AI 기술에 관심이 많았기 때문에, 이 정보를 바탕으로 팀장에게 해당 프로젝트에 참여하고 싶다는 의사를 전달했습니다. 그 결과, 그

녀는 예상치 못한 기회를 얻어 자신의 전문성을 확장할 수 있었습니다.

- **효과:** 당신의 네트워크는 정보의 힘을 통해 성장을 가속하는 중요한 자원이 됩니다. 이는 공식적인 보고서나 회의에서는 얻기 힘든 살아있는 정보이며, 당신의 커리어에 새로운 가능성을 열어줍니다.

비공식적 정보의 힘

공식적인 보고서나 회의록에는 담기지 않는 '비공식적인 정보'는 직장 생활의 중요한 부분입니다. 프로젝트의 숨겨진 이슈, 팀의 분위기, 상사의 숨겨진 의도 등은 비공식적인 소통을 통해 얻을 수 있습니다.

- **사례:** 신입사원 B는 팀원들과의 정기적인 소통을 통해 "최근 팀장님이 고객과의 소통 방식에 대한 새로운 아이디어를 찾고 있다"는 정보를 얻었습니다. 그는 이 정보를 바탕으로 고객 경험 개선에 대한 자료를 미리 준비했고, 팀장에게 좋은 인상을 남길 수 있었습니다.

- **효과:** 비공식적 정보를 잘 활용하면, 당신은 항상 한 발 앞서서 준비하고 대응할 수 있습니다. 당신이 주어진 업무만 수행하는 것이 아니라, 조직의 흐름을 읽는 전략적인 인재임을 보여줍니다.

2. 갈등 해결 능력 향상: 신뢰 기반의 협업

직장 내 갈등은 피할 수 없는 현실입니다. 하지만 동료와 신뢰 관계를 쌓으면, 갈등이 발생했을 때 비난 대신 협력을 통해 문제를 해결할 수 있습니다. 개인적인 감정 싸움으로 번지기 쉬운 갈등 상황에서, 서로에 대한 신뢰는 문제의 본질에 집중하게 하고 원만한 해결책을 찾도록 돕습니다. 신뢰는 갈등을 단순히 해결하는 것을 넘어, 팀을 더 강하게 만드는 원동력이 됩니다.

- **사례:** 신입사원 A와 B는 프로젝트 방향을 두고 의견 충돌이 있었습니다. B는 "A님은 고객 경험보다 디자인에만 너무 치중하는 것 같아요"라고 말했고, A는 "B님은 항상 데이터만 중요하게 생각해서 새로운 시도를 하지 않으려고 해요"라고 반박했습니다. 하지만 둘은 평소 서로에 대한 신뢰가 있었기에, 감정적인 대립 대신 "우리가 놓치고 있는 부분이 무엇인지 함께 찾아보자"고 제안했습니다. 그 결과, 둘은 고객 경험과 디자인을 모두 고려한 새로운 해결책을 찾았고, 프로젝트의 완성도를 높일 수 있었습니다.

- **효과:** 신뢰를 바탕으로 한 관계는 갈등을 성장을 위한 기회로 바꿀 수 있는 힘을 줍니다. 이는 서로의 의견을 존중하고, 건설적인 대화를 통해 더 좋은 결과물을 만들어내는 팀 문화를 형성하는 데 필수적입니다.

3. 심리적 안정감: 든든한 '울타리'

직장 생활은 때때로 예상치 못한 어려움과 스트레스로 가득합니다. 이때 당신을 지지하고 응원해주는 든든한 '울타리'가 되어주는 것이 바로 건강한 직장 동료 관계입니다. 업무 스트레스나 예상치 못한 실패를 겪을 때, 곁에 있는 동료는 당신에게 큰 힘이 되어줍니다. 이러한 심리적 지지는 당신이 어떤 어려움에도 흔들리지 않고 앞으로 나아갈 수 있는 단단한 내면을 가질 수 있도록 돕습니다.

- **사례:** 신입사원 C는 야심차게 준비했던 프로젝트가 실패하자 큰 좌절감에 빠졌습니다. 하지만 그녀는 점심시간에 동료에게 솔직한 심정을 털어놓았고, 동료는 "너의 잘못이 아니야. 다음 프로젝트는 더 잘될 거야"라고 진심으로 응원해주었습니다. 동료의 따뜻한 말 한마디는 그녀가 다시 일어설 수 있는 용기를 주었습니다.

- **효과:** 직장 내 건강한 관계는 당신이 심리적으로 안정감을 느끼고, 어떤 어려움에도 흔들리지 않는 단단한 내면을 가질 수 있도록 돕습니다. 이는 당신이 혼자가 아니라는 소속감을 느끼게 하고, 어려운 상황에서도 긍정적인 태도를 유지할 수 있도록 만들어줍니다.

갈등을 기회로 바꾸는 3가지 대화 기술

직장에서의 갈등은 피해야 할 대상이 아닙니다. 오히려 관계를 더욱 돈독하게 만들고, 더 좋은 결과물을 만들어낼 수 있는 기회가 될 수 있습니다. 갈등을 건설적인 방향으로 이끌기 위한 세 가지 대화 기술을 익혀보세요.

1. '나 전달법(I-message)'으로 감정 표현하기

'나 전달법'은 상대방을 비난하지 않고 자신의 감정과 상황을 중심으로 이야기하는 기술입니다. "당신 때문에"라는 비난 대신 "나는 ~을 느낀다"라고 말하며, 상대방이 방어적으로 나오지 않고 문제 해결에 집중할 수 있도록 돕습니다.

- **잘못된 예시:** "당신 때문에 프로젝트가 늦어졌다."
- **올바른 예시:** "프로젝트가 늦어져서 **제가 걱정됩니다.** 마감일을 맞추기 위해 함께 논의할 점이 있을까요?"

- **효과:** '나 전달법'은 상대방의 방어적인 태도를 줄이고, 문제 해결에 집중할 수 있는 대화 분위기를 만듭니다. 상대방에게 감정을 공유하는 동시에, 협력을 요청하는 긍정적인 신호로 작용합니다.

2. 적극적 경청(Active Listening)하기

상대방의 말을 듣는 동안, 단순히 듣는 것을 넘어 **눈을 맞추고 고개를 끄덕이며** 공감하는 표현을 사용하세요. 상대방의 감정을 읽고, 그들의 입장을 이해하려는 노력을 보여주는 것이 중요합니다.

- **실천 방법:** 상대방이 말할 때 "그렇군요", "그래서 기분이 안 좋으셨군요"와 같이 상대방의 감정을 되짚어주세요. 상대방의 말이 끝난 후에는 "제가 이해한 바로는 ~~~라는 말씀이시죠?"라고 요약하며 정확히 이해했는지 확인하는 것도 좋습니다.

- **효과:** 적극적 경청은 상대방이 존중받고 있다는 느낌을 받아 마음을 열게

하고, 갈등의 근본적인 원인을 파악하는 데 도움이 됩니다. 상대방의 관점을 이해해야만 진정한 해결책을 찾을 수 있습니다.

3. '원팀(One Team)'마인드로 협력하기

갈등이 발생했을 때, '누가 옳고 그른가'를 따지기보다 '어떻게 하면 이 문제를 함께 해결할 수 있을까?'에 초점을 맞춰 대화하세요. 우리는 같은 팀의 일원이며, 공동의 목표를 달성하기 위해 함께 노력해야 한다는 인식을 심어주는 것이 중요합니다.

- **실천 방법:** "당신의 의견은 틀렸다"라고 말하는 대신, "당신 의견도 일리가 있습니다. 하지만 우리 팀의 목표를 위해서는 ~~~하는 방법이 더 좋지 않을까요? 함께 더 좋은 방법을 찾아봅시다"라고 제안하세요.

- **효과:** '원팀' 마인드는 갈등을 개인의 문제가 아닌, 팀의 문제로 인식하게 합니다. 이를 통해 양측 모두에게 이익이 되는 해결책을 찾고, 갈등을 통해 팀워크를 더욱 강화할 수 있습니다.

자신을 어필하는 전략: 프로젝트 참여, 사이드 프로젝트

당신의 역량을 증명하는 가장 좋은 방법은 '결과'를 보여주는 것입니다. 그 방법은 다음 두 가지가 있습니다.

새로운 프로젝트 참여

새로운 프로젝트에 자원하는 것은 단순한 업무 확장이 아니라, 당신의 열정과 도전 의지를 보여주는 아주 좋은 기회입니다. 새로운 프로젝트는 다음과 같은 세 가지 이점을 제공합니다.

- **새로운 기술과 경험 습득:** 새로운 프로젝트는 기존 업무와 다른 기술이나 지식을 요구하는 경우가 많습니다. 이를 통해 당신은 새로운 것을 배우고, 자신의 역량을 확장할 수 있습니다.

- **성장 가능성 증명:** 당신이 현재에 안주하지 않고, 끊임없이 배우고 성장하려는 사람임을 상사에게 보여주는 확실한 방법입니다.

- **네트워크 확장:** 새로운 프로젝트는 당신의 사내 네트워크를 넓히고, 다양한 관점을 배우는 기회가 됩니다. 다른 팀원들과 협력하면서 새로운 관계를 맺을 수 있습니다.

사이드 프로젝트와 대외 활동

사이드 프로젝트와 대외 활동은 단순한 스펙 쌓기를 넘어, 당신의 열정과 잠재력을 보여줄 수 있는 강력한 무기입니다. 직무와 직접적인 관련이 없더라도 이러한 활동을 통해 얻는 경험은 당신의 커리어에 다음과 같은 긍정적인 영향을 미칩니다.

1. 주도성과 문제 해결 능력 증명

사이드 프로젝트는 처음부터 끝까지 당신의 주도하에 진행됩니다. 프로젝트의 기획부터 실행, 그리고 발생할 수 있는 모든 문제를 스스로 해결하는 과정을 통해 당신의 **주도성과 문제 해결 능력**을 자연스럽게 증명할 수 있습니다. 그 결과 면접관에게 당신이 시키는 일만 하는 사람이 아닌, 스스로 목표를 설정하고 결과를 만들어내는 인재라는 인상을 심어줍니다.

- **예시:** "저는 평소 관심이 많았던 데이터 분석을 활용해 '지역 상권 분석 웹사이트'를 만드는 사이드 프로젝트를 진행했습니다. 혼자서 데이터를 수집하고, 웹사이트를 구축하며 예상치 못한 기술적 문제를 해결하는 과정을 거쳐 프로젝트를 성공적으로 완성했습니다. 이 경험을 통해 저는 데이터 분석 기술뿐만 아니라, 스스로 문제를 정의하고 해결하는 능력을 키울 수 있었습니다."

2. 숨겨진 강점과 잠재력 발견

직무와 직접 관련이 없는 대외 활동이라도, 그 과정에서 당신의 숨겨진 강점과 잠재력을 발견할 수 있습니다. 예를 들어, 봉사 활동을 통해 리더십을 발휘하거나, 동아리 활동을 통해 뛰어난 커뮤니케이션 능력을 발견할 수도 있습니다.

- **예시:** "저는 노인 복지관에서 주 1회 봉사 활동을 하며 어르신들을 위한 디지털 교육 프로그램을 기획하고 진행했습니다. 이 과정에서 저는 참여

자들의 눈높이에 맞춰 복잡한 내용을 쉽게 설명하는 저의 강점을 발견했고, 이는 제가 마케팅 분야에서 고객과 소통하는 능력을 기르는 데 큰 도움이 되었습니다."

3. 새로운 관점과 창의성 확보

다양한 분야의 사람들과 교류하며 새로운 경험을 쌓는 것은 당신의 시야를 넓히고, 고정관념에서 벗어난 창의적인 아이디어를 얻는 데 큰 도움이 됩니다. 업무 외적인 활동을 통해 얻은 새로운 관점은 당신의 전문 분야에도 긍정적인 영향을 미칩니다.

- **예시:** "저는 주말마다 사진 동호회 활동을 하며 다양한 전시회와 출사 활동에 참여했습니다. 사진의 구도를 잡는 연습을 하며 사물을 새로운 시각으로 바라보는 습관을 길렀고, 이는 제가 UX/UI 디자이너로서 사용자 경험을 개선할 때 창의적인 아이디어를 얻는 영감의 원천이 되었습니다."

사이드 프로젝트와 대외 활동은 당신의 이력서를 풍부하게 만들 뿐만 아니라, 당신의 커리어에 새로운 방향을 제시하고, 당신의 삶을 더욱 풍요롭게 만들어줄 것입니다.

5부.

리더가 되기 위한 길

부제: 영향력을 가진 최고의 리더로 성장하기

8장. '마이크로 매니징'을 넘어 진정한 리더가 되려면

'마이크로 매니징'은 팀원의 모든 업무를 세세하게 간섭하고 통제하는 것을 의미한다. 아직 낮은 단계의 리더십에 머무르고 있음을 보여주는 가장 큰 증거가 된다. 진정한 리더는 팀원들이 스스로 성장하고 최고의 성과를 낼 수 있도록 돕는 사람이어야 한다. 마이크로 매니징은 단기적으로는 효율적으로 보일 수 있지만, 장기적으로는 팀과 리더 모두에게 해로운 영향을 미친다.

마이크로 매니징의 부정적인 영향

1. 팀원의 자율성 및 동기 저하

마이크로 매니징을 당하는 팀원은 자신의 업무에 대한 주도권을 잃고, 수동적으로 변하기 쉽습니다. 팀원의 창의성과 문제 해결 능력을 저해하고, 결국 업무에 대한 동기를 잃게 만듭니다.

- **예시:** "리더가 모든 보고서의 문장 하나하나까지 수정하면, 팀원은 '어차피 내가 뭘 하든 리더가 바꿀 텐데'라는 생각에 더 이상 좋은 결과물을 내

기 위해 노력하지 않게 됩니다."

2. 리더의 업무 부담 가중

리더가 팀원의 모든 업무를 직접 챙기면, 리더의 업무 부담이 가중됩니다. 리더는 더 중요한 전략적 업무에 집중할 수 없게 되고, 결국 리더십 역량의 성장을 방해합니다.

- **예시:** "리더가 팀원의 작은 업무까지 일일이 확인하느라 정작 중요한 프로젝트의 큰 그림을 놓치게 됩니다."

3. 팀 전체의 성장 저해

마이크로 매니징은 팀원들의 성장을 막고, 팀 전체의 역량을 정체시킵니다. 팀원들이 스스로 문제를 해결하고 배우는 기회를 잃으면, 팀은 리더에게만 의존하게 되고, 리더가 부재할 때 무너질 위험이 커집니다.

- **예시:** "리더가 없으면 아무도 결정을 내리지 못하는 팀은 외부 환경 변화에 빠르게 대응할 수 없게 됩니다."

마이크로 매니징에서 벗어나기 위한 리더의 역할

진정한 리더는 팀원을 믿고, 그들의 성장을 돕는 사람입니다.

- **권한 위임:** 팀원에게 업무에 대한 **권한과 책임**을 명확하게 위임하세요. 팀원들이 스스로 결정하고, 그 결과에 대해 책임지도록 하는 것이 중요합니다.

- **코칭과 멘토링:** 단순히 지시만 하는 것이 아니라, 팀원들이 스스로 문제를 해결하고 성장할 수 있도록 돕는 코치이자 멘토가 되어주세요.

- **결과 중심의 관리:** 업무의 진행 과정보다는 최종 결과에 집중하세요. 팀원들이 어떤 방법으로든 좋은 결과물을 낼 수 있도록 신뢰하는 것이 중요합니다.

마이크로 매니징에서 벗어나 팀원들의 잠재력을 믿어주세요. 당신의 팀은 당신의 기대를 뛰어넘는 놀라운 결과물을 만들어낼 것입니다.

팀원의 성장을 돕는 코칭 리더십

- **'정답'을 주지 말고 '질문'을 던져라:** 팀원이 문제를 들고 왔을 때, 바로 해결책을 제시하기보다 "이 문제의 핵심은 무엇이라고 생각하세요?", "이

문제를 해결하기 위해 어떤 방법이 있을까요?"와 같이 질문을 던져보자. 이는 팀원 스스로 생각하고 답을 찾게 만들며, 문제 해결 능력을 키워주는 가장 효과적인 방법입니다.

왜 '정답' 대신 '질문'을 던져야 할까요?

1. 문제 해결 능력 향상

리더가 항상 정답을 알려주면 팀원은 스스로 생각하는 것을 멈추게 됩니다. 질문을 통해 팀원들은 문제의 본질을 파악하고, 다양한 해결책을 스스로 모색하는 훈련을 하게 됩니다.

- **잘못된 예시:** "보고서가 늦어지고 있으니, 지금 당장 데이터부터 다시 분석하세요."
- **훌륭한 예시:** "보고서가 늦어지는 이유가 무엇이라고 생각하세요? 이 문제를 해결하기 위해 어떤 방법이 있을까요?"

2. 주도성과 책임감 강화

팀원이 스스로 내린 결정은 리더가 일방적으로 지시한 해결책보다 훨씬 더 큰 책임감과 주도성을 불러일으킵니다. 그래서 팀원이 문제 해결 과정에 적극적으로 참여하고, 더 좋은 결과물을 내기 위해 노력하게 만듭니다.

- 잘못된 예시: "제가 말한 대로만 하면 됩니다."

- 훌륭한 예시: "당신이 제안한 해결책이 좋네요. 그 방법으로 한번 진행해 봅시다. 제가 어떻게 지원해 드릴까요?"

3. 리더의 역할 변화

질문을 던지는 것은 리더의 역할을 '문제 해결사'에서 '조력자'로 변화시킵니다. 당신은 더 이상 모든 문제의 답을 알고 있어야 하는 부담에서 벗어나, 팀원들의 잠재력을 이끌어내는 데 집중할 수 있게 됩니다.

- **잘못된 예시:** "이 문제는 제가 아니면 해결할 수 없습니다."
- **훌륭한 예시:** "이 문제는 당신이 충분히 해결할 수 있다고 믿습니다. 당신의 생각을 듣고 싶네요."

팀원들에게 정답을 알려주기보다 질문을 던져보세요. 당신의 팀은 당신의 기대 이상으로 성장할 것입니다.

실패를 용납하는 환경 조성:

- 팀원이 실패했을 때, 질책하기보다 "이번 실패를 통해 우리가 무엇을 배웠을까?"라고 물어보세요. 실패를 통해 학습하고 성장하는 문화는 팀원들의 도전 의식을 북돋아주고, 더 큰 성과를 낼 수 있는 기반이 됩니다.

왜 실패를 용납하는 환경이 중요할까요?

1. 도전 의식 고취

실패에 대한 두려움은 팀원들이 새로운 아이디어를 제안하거나 도전적인 시도를 하는 것을 주저하게 만듭니다. 하지만 실패가 용납되는 환경에서는 팀원들이 마음껏 아이디어를 내고, 새로운 시도를 할 수 있는 용기를 얻게 됩니다.

- **예시:** "이번에 시도한 마케팅 캠페인이 실패했지만, 이 경험을 통해 고객의 반응에 대해 새로운 인사이트를 얻을 수 있었습니다. 다음 캠페인에서는 이 경험을 바탕으로 더 좋은 결과를 낼 수 있을 것입니다."

2. 문제 해결 능력 강화

실패를 질책하는 대신, 실패의 원인을 분석하고 해결책을 찾는 과정에 집중하면 팀원들의 문제 해결 능력이 강화됩니다. 팀원들은 실패를 통해 얻은 귀중한 교훈을 다음 프로젝트에 적용하여 더 나은 결과물을 만들 수 있습니다.

- **예시:** "프로젝트가 실패했을 때, '누구의 잘못인가'를 따지는 대신 '이 프로젝트의 어떤 부분이 실패의 원인이 되었을까?'를 함께 분석했습니다. 덕분에 우리는 다음에 같은 실수를 반복하지 않는 방법을 배울 수 있었습니다."

3. 팀워크 향상

실패를 함께 극복하는 과정은 팀원들 간의 유대감을 강화하고, 팀워크를 향상시킵니다. 팀원들은 서로를 비난하기보다 서로를 지지하고 격려하며, '우리는 한 팀'이라는 소속감을 느끼게 됩니다.

- **예시:** "프로젝트가 실패했을 때, 팀원들이 서로를 비난하지 않고 함께 해결책을 찾으려 노력했습니다. 이 경험을 통해 저희 팀은 더 단단해질 수 있었습니다."

리더는 실패를 두려워하지 말고, 팀원들이 실패를 통해 배우고 성장할 수 있도록 지지하고 격려해야 합니다.

권한 위임의 기술: 믿고 맡겨라

- **'믿음'이 성과를 만든다:** 팀원에게 업무를 맡길 때는 그들의 역량을 믿고, 전적으로 위임해야 한다. 물론, 적절한 중간 점검은 필요하지만, 모든 과정을 시시콜콜 확인하는 것은 팀원의 자율성과 책임감을 떨어뜨린다.

왜 '믿음'이 성과를 만들까요?

1. 자율성과 주도성 강화

리더의 믿음은 팀원들에게 자율성을 부여하고, 이는 곧 주도성으로 이어집니다. 팀원들은 자신의 업무에 대해 주인의식을 갖고, 스스로 더 좋은 방법을 찾기 위해 고민하게 됩니다.

- **예시:** "이번 프로젝트는 A 씨의 강점인 데이터 분석 능력을 활용해 진행하면 좋을 것 같아요. 저는 A 씨의 능력을 믿으니, 방향성에 대한 큰 틀만 공유하고 세부적인 것은 A 씨의 판단에 맡기겠습니다."라는 리더의 말은 팀원의 자율성을 극대화합니다.

2. 책임감과 동기 부여 증진

리더가 전적으로 업무를 위임하면, 팀원들은 그 업무에 대한 책임감을 느끼고, 더 좋은 결과물을 내기 위해 스스로 동기를 부여합니다. 단순히 지시를 따르는 것을 넘어, 자신의 능력을 증명하고 싶다는 열정으로 이어집니다.

- **예시:** "이 프로젝트의 성공은 당신에게 달려 있습니다. 저는 당신의 노력을 존중하며, 필요한 모든 지원을 아끼지 않겠습니다."라는 리더의 말은 팀원에게 강한 책임감과 동기를 심어줍니다.

3. 리더의 역량 확장

팀원을 믿고 위임하는 것은 리더가 더 큰 그림을 그릴 수 있는 시간을 확보하게 해줍니다. 리더는 세부적인 업무에서 벗어나 팀의 전략적 방향성을 고민하거나, 팀원들의 성장을 위한 계획을 세우는 데 집중할 수 있습니다.

- **예시:** "저는 팀원들을 믿고 위임하는 법을 배운 후, 팀의 장기적인 목표를 설정하고, 새로운 비즈니스 기회를 탐색하는 데 더 많은 시간을 할애할 수 있게 되었습니다."

팀원들에게 믿음을 보여주세요. 당신의 믿음은 팀원들을 성장시키고, 결국 팀의 성공으로 이어질 것입니다.

명확한 목표와 역할 정의:

- 권한을 위임하기 전에, 팀원에게 프로젝트의 **목표**와 그들이 맡은 **역할**을 명확하게 설명해주어야 한다. 이러한 설명은 팀원이 자신의 업무를 더 잘 이해하고, 주도적으로 일하는 데 도움이 된다.

왜 명확한 목표와 역할 정의가 중요한가요?

1. 주도성 및 책임감 강화

팀원이 자신의 역할이 팀 전체 목표에 어떻게 기여하는지 명확히 이해하면, 그들은 단순히 지시를 따르는 것을 넘어 주인의식을 가지고 일하게 됩니다. 자신의 업무에 대한 책임감을 강화하고, 더 좋은 결과물을 내기 위해 스스로 고민합니다.

- **잘못된 예시:** "A 씨, 이 보고서를 작성해주세요."
- **훌륭한 예시:** "A 씨가 작성할 이 보고서는 다음 주 전체 회의에서 신규 프로젝트 예산 확보를 위한 핵심 자료로 사용될 예정입니다. 특히, 이 보고서의 데이터 분석 부분은 우리 팀의 주장을 뒷받침하는 중요한 근거가 될 것입니다."

2. 효율적인 협업 촉진

명확한 역할 정의는 팀원들 간의 중복 업무를 방지하고, 각자의 역할을 존중하며 협업하는 문화를 만듭니다. 누가 무엇을 담당하는지 명확해야 팀원들이 서로에게 필요한 도움을 요청하고, 효율적으로 소통할 수 있습니다.

- **잘못된 예시:** "보고서 초안은 각자 알아서 준비해주세요."

- **훌륭한 예시:** "이번 보고서 초안은 A 씨가 데이터 분석을, B 씨가 시각화를, 그리고 C 씨가 최종 문서화를 담당해주시길 바랍니다."

3. 리더십 신뢰도 향상

리더가 명확한 목표와 역할을 정의하는 것은 리더가 팀의 방향성을 명확하게 파악하고 있다는 신호입니다. 이는 팀원들에게 리더에 대한 신뢰를 심어주고, 리더의 결정에 대해 긍정적인 태도를 갖게 만듭니다.

- **잘못된 예시:** "일단 시작해보고 방향은 나중에 정합시다."
- **훌륭한 예시:** "우리의 최종 목표는 3개월 안에 신규 서비스를 성공적으로 론칭하는 것입니다. 이를 위해 이번 달에는 시장 조사와 기획에 집중하고, 다음 달부터는 개발에 착수할 것입니다."

팀원들에게 명확한 목표와 역할을 제시하는 것은 팀의 성공을 위한 가장 확실한 투자입니다.

'결과'보다 '과정'에 집중해야 하는 순간들

- **결과가 아닌 '과정'에 대한 피드백:** 결과가 좋지 않았더라도, 팀원이 노력했던 과정을 인정해주고, 다음 프로젝트를 위한 건설적인 피드백을 주어

야 합니다. "이번 프로젝트는 실패했지만, 자료 조사 과정은 매우 훌륭했습니다. 다음에는 이 부분을 더 활용해봅시다."와 같이 말하는 것은 팀원의 사기를 북돋아줍니다.

왜 '과정'에 대한 피드백이 중요할까요?

1. 팀원의 사기와 동기 부여

결과가 좋지 않았을 때 팀원은 좌절하기 쉽습니다. 이때 리더가 결과만을 지적하면 팀원은 더 큰 실망감에 빠지게 됩니다. 하지만 리더가 팀원의 노력을 인정해주고 과정 속의 긍정적인 부분을 짚어주면, 팀원은 실패 속에서도 배움과 성장의 의미를 찾게 됩니다. 이를 통해 다음 도전을 위한 강한 동기를 얻게 됩니다.

- **예시:** "이번 신규 서비스 론칭이 기대만큼의 성과를 내지 못해 아쉽습니다. 하지만 마케팅 전략을 수립하기 위해 밤늦게까지 시장 조사를 했던 팀원들의 노력은 정말 훌륭했습니다. 그 자료 덕분에 우리는 실패의 원인을 명확하게 분석할 수 있었습니다. 다음 프로젝트에서는 이 뛰어난 자료 조사 능력을 더 활용해봅시다."

2. 건설적인 학습 문화 형성

결과에만 집중하는 문화는 '실패는 곧 끝'이라는 인식을 심어줍니다. 반면, 과정에 대한 피드백은 '실패는 배움의 과정'이라는 인식을 심어줍니다. 리더는 팀원들과 함께 실패의 원인을 객관적으로 분석하고, 다음에는 어떻게 개선할 수 있을지 함께 고민하는 문화를 만들어야 합니다.

- **예시:** "이 프로젝트가 실패한 것은 A 씨의 발표 능력이 부족해서가 아닙니다. 발표 자료의 구성과 전달 방식에 대해 함께 고민하고 연습했다면 더 좋았을 것입니다. 다음에는 발표 준비 과정을 함께 검토해봅시다."

3. 리더에 대한 신뢰 강화

팀원이 실패했을 때 질책 대신 격려와 건설적인 피드백을 주는 리더의 모습은 팀원들에게 깊은 신뢰를 심어줍니다. 팀원들은 리더가 자신을 단순히 '성과를 내는 도구'로 보는 것이 아니라, '함께 성장하는 동반자'로 여긴다는 것을 느끼게 됩니다.

- **예시:** "프로젝트가 실패했을 때, 리더님은 '괜찮다'고 말하며 저를 위로해 주셨습니다. 그리고 '네가 이 프로젝트를 위해 얼마나 노력했는지 알고 있다'고 말씀해주셨습니다. 리더님 덕분에 저는 좌절하지 않고 다시 일어설 수 있었습니다."

결과가 아닌 과정에 집중하는 피드백은 팀원들의 성장을 돕고, 팀 전체의 성공을 이끄는 중요한 리더십 역량입니다.

팀의 '심리적 안정감' 구축:

- 리더는 팀원이 실패에 대한 두려움 없이 자신의 의견을 말하고, 새로운 아이디어를 제안할 수 있는 '심리적 안정감'을 제공해야 합니다. 이는 팀의 창의성과 혁신을 이끌어내는 가장 중요한 요소입니다.

왜 심리적 안정감 구축이 중요한가요?

1. 창의성과 혁신 촉진

팀원들이 자신의 의견이나 아이디어가 비난 받을까 걱정하지 않고 자유롭게 말할 수 있을 때, 팀은 더 풍부하고 혁신적인 아이디어를 얻게 됩니다. 리더는 팀원들의 다양한 의견을 존중하고 경청하는 문화를 만들어야 합니다.

- **예시:** "이번 회의에서 가장 엉뚱한 아이디어를 내는 사람에게 제가 커피를 쏘겠습니다! 어떤 아이디어든 좋으니 편하게 말씀해주세요."와 같이 리더가 먼저 팀의 분위기를 유쾌하게 만들어 팀원들의 참여를 독

려할 수 있습니다.

2. 실패를 두려워하지 않는 문화 조성

심리적 안정감은 팀원들이 실패를 두려워하지 않고 도전적인 시도를 할 수 있는 용기를 줍니다. 리더는 실패를 '배움의 기회'로 인식하고, 팀원들과 함께 실패의 원인을 분석하며 다음을 기약하는 문화를 만들어야 합니다.

- **예시:** "이번 프로젝트가 실패했지만, 이 경험을 통해 우리가 얻은 데이터와 인사이트는 정말 소중한 자산입니다. 다음번에는 이 경험을 활용해 더 좋은 결과를 만들어낼 수 있을 것입니다. 여러분의 용기 있는 도전에 박수를 보냅니다."

3. 팀워크와 신뢰 강화

팀원들이 서로의 의견을 존중하고, 실패를 함께 극복하는 과정은 팀원들 간의 유대감을 강화합니다. 심리적 안정감이 구축된 팀은 서로를 신뢰하고, 갈등이 발생했을 때도 감정적인 대립이 아닌 문제 해결에 집중하게 됩니다.

- **예시:** "팀 회의에서 의견 충돌이 생겼을 때, 리더는 '우리 모두 팀의 성공을 위해 각자의 의견을 말하는 것'이라고 말하며, '서로를 존중하며 대화

하자'고 제안했습니다. 덕분에 저희 팀은 갈등을 통해 더 단단해질 수 있었습니다."

리더는 팀의 성과를 이끌어내는 동시에, 팀원들의 마음을 먼저 챙겨야 합니다. 당신의 팀에 심리적 안정감을 구축하여, 팀원들이 마음껏 역량을 발휘할 수 있는 환경을 만들어주세요.

9장. 대표이사로 가는 길: 비전, 전략, 그리고 철학

리더의 자리에 오르는 것은 팀의 성과를 관리하는 것을 넘어, 조직 전체의 방향을 결정하는 '조타수'가 되는 것을 의미한다. 최고의 리더는 눈앞의 성과뿐만 아니라, 예측 불가능한 미래를 준비하고 조직 구성원들에게 영감을 주는 사람이다. 이 사실은 리더십이 개인의 역량을 넘어, 조직 전체의 운명을 좌우하는 중요한 책임임을 시사한다.

1. 전략적 비전 제시: 미래를 준비하는 조타수

훌륭한 리더는 현재의 문제를 해결하는 데 그치지 않습니다. 시장의 변화를 예측하고, 경쟁사보다 한 발 앞서 나갈 수 있는 **전략적 비전**을 제시해야 합니다. 이 비전은 팀원들이 '우리가 왜 이 일을 하는가'에 대한 명확한 답을 제공하고, 공동의 목표를 향해 나아가도록 돕습니다.

- **예시:** "이번 분기 목표 달성도 중요하지만, 저는 향후 5년 안에 우리 팀이 AI 기술을 활용한 새로운 서비스를 시장에 선보이는 것을 목표로 하고 있습니다. 여러분의 아이디어와 노력이 바로 그 미래를 만드는 힘입니다."

2. 영감과 동기 부여: 사람의 마음을 움직이는 힘

최고의 리더는 팀원들에게 영감을 주고, 내재된 잠재력을 끌어내는 사람입니다. 리더의 말 한마디, 행동 하나가 팀원들의 사기를 좌우하고, 위기 상황에서도 흔들리지 않는 긍정적인 태도를 심어줍니다.

- **예시:** "이번 프로젝트가 쉽지 않은 도전이라는 것을 압니다. 하지만 저는 여러분의 뛰어난 능력을 믿습니다. 우리에게는 이 어려움을 극복하고, 더 큰 성공을 만들어낼 수 있는 힘이 있습니다."

3. 실패를 성장의 발판으로: 안전한 항해를 위한 지혜

예측 불가능한 미래를 항해하는 조타수는 때때로 거친 파도를 만납니다. 훌륭한 리더는 실패를 용납하고, 그 과정에서 배우고 성장하는 문화를 만듭니다. 실패를 질책하기보다, "이번 경험을 통해 우리가 무엇을 배웠을까?"라고 질문하며 팀의 지혜를 모으는 데 집중합니다.

- **예시:** "프로젝트는 실패했지만, 여러분의 노고와 헌신은 결코 헛되지 않았습니다. 이 실패를 통해 얻은 귀중한 교훈을 바탕으로, 다음 프로젝트는 반드시 성공으로 이끌 것입니다."

리더의 역할은 팀을 이끄는 데만 있지 않습니다. 조직 전체의 방향을 설정하고, 팀원들의 마음을 움직이며, 예측 불가능한 미래를 대비하는 것 또한 리더의 중요한 역할입니다.

리더십의 최종 단계: 조직의 비전을 제시하는 사람

- **'왜'에 대한 답을 찾는 비전 수립:** 대표이사는 "무엇을 할 것인가?"를 넘어 "우리가 왜 이것을 해야 하는가?"라는 근본적인 질문에 대한 답을 제시해야 합니다. 명확한 비전은 팀원들에게 강력한 동기 부여를 제공하고, 조직이 나아가야 할 방향을 제시합니다.

'왜'에 대한 답이 중요한 이유

1. 강력한 동기 부여

팀원들은 리더의 지시를 따르기만 하는 존재가 아닙니다. 그들은 자신이 하는 일이 왜 중요한지, 어떤 가치를 창출하는지 알고 싶어 합니다. '왜'에 대한 답은 팀원들에게 일의 의미와 목적을 부여하고, 이는 곧 업무에 대한 열정과 헌신으로 이어집니다.

- **예시:** "'온라인 쇼핑몰을 만듭시다'라고 말하는 대신, '소상공인들이 더

넓은 시장에서 성공할 수 있도록 돕는 온라인 플랫폼을 만듭시다'라고 말하면, 팀원들은 자신이 하는 일이 사회적 가치를 창출한다는 보람을 느끼게 됩니다."

2. 명확한 방향 제시

시장은 끊임없이 변화합니다. 예측 불가능한 상황 속에서 조직이 길을 잃지 않으려면, 흔들리지 않는 명확한 비전이 필요합니다. '왜'에 대한 답은 조직의 모든 의사결정의 기준이 되고, 팀원들이 공동의 목표를 향해 나아가도록 돕습니다.

- **예시:** "경쟁사가 새로운 기능을 출시했을 때, '우리도 똑같은 기능을 만들어야 하는가?'라는 질문에 대한 답을 '우리가 고객의 문제를 해결하는 데 집중한다는 비전에 부합하는가?'라는 기준으로 판단할 수 있습니다."

3. 조직의 문화와 가치 형성

'왜'에 대한 답은 조직의 핵심 가치와 문화를 형성하는 기반이 됩니다. 이는 팀원들이 어떤 방식으로 일해야 하는지에 대한 가이드라인을 제공하고, 조직 전체의 응집력을 강화합니다.

- **예시:** "'우리가 고객의 삶을 더 편리하게 만들기 위해 존재한다'는 비전은 팀원들이 항상 고객 중심적인 사고를 하도록 유도하고, 이는 곧 조직

의 핵심 문화가 됩니다."

'왜'에 대한 답을 찾아 팀원들과 공유하세요. 당신의 비전은 팀원들의 마음을 움직이고, 조직을 성공으로 이끄는 가장 강력한 힘이 될 것입니다.

영감과 동기 부여의 힘:

- 리더는 팀원들에게 영감을 주고, 그들이 스스로 최고의 성과를 낼 수 있도록 동기를 부여해야 합니다. 이는 단순히 '해야 할 일'을 지시하는 것이 아니라, '하고 싶은 일'을 만들어주는 것과 같습니다.

영감과 동기 부여의 핵심

1. 비전을 공유하고 의미를 부여하라

팀원들은 자신이 하는 일이 어떤 가치를 창출하는지 알고 싶어 합니다. 리더는 팀의 비전을 명확하게 공유하고, 팀원들이 하는 일 하나하나가 그 비전을 달성하는 데 얼마나 중요한 역할을 하는지 끊임없이 상기시켜야 합니다.

- **예시:** "이번 신규 서비스는 단순히 새로운 앱을 만드는 것이 아니라, 사용자들의 삶을 더 편리하게 만드는 혁신적인 경험을 창조하는 것입니다. 여러분의 뛰어난 기술과 아이디어가 바로 그 혁신을 현실로 만들 것입니다."

2. 성장의 기회를 제공하라

팀원들은 성장을 통해 보람을 느낍니다. 리더는 팀원들이 새로운 기술을 배우고, 도전적인 프로젝트에 참여하며, 자신의 잠재력을 최대한 발휘할 수 있는 기회를 제공해야 합니다.

- **예시:** "이번 프로젝트는 우리가 이전에 해보지 않았던 새로운 기술을 요구합니다. 이 프로젝트를 통해 여러분은 한 단계 더 성장할 수 있는 좋은 기회를 얻게 될 것입니다. 제가 여러분의 성장을 위해 필요한 모든 지원을 아끼지 않겠습니다."

3. 인정과 칭찬을 아끼지 마라

팀원들은 자신의 노력이 인정받을 때 더 큰 동기를 얻습니다. 리더는 팀원들이 작은 성공이라도 이뤘을 때 진심으로 칭찬하고, 그들의 기여를 인정해 주세요. 팀원들에게 자신감을 심어주고, 다음 도전을 위한 원동력이 됩니다.

- **예시:** "A 씨, 지난번 발표에서 보여준 데이터 시각화 능력은 정말 훌륭했습니다. 덕분에 우리는 고객과의 미팅을 성공적으로 이끌 수 있었습니다. 정말 감사합니다!"

영감과 동기 부여는 팀을 이끄는 가장 강력한 힘입니다. 팀원들이 '하고 싶은 일'을 만들어주는 리더가 되어보세요.

전략적 사고와 문제 해결 능력의 확장

- **숲과 나무를 동시에 보는 관점:** 대표이사는 눈앞의 프로젝트뿐만 아니라, 시장의 변화, 경쟁사의 동향, 기술 트렌드 등 '숲'을 전체적으로 보는 시야가 필요합니다. 전술적 문제 해결을 넘어, 거시적인 관점에서 조직의 미래를 설계하는 '전략적 사고'를 길러야 합니다.

왜 '숲과 나무를 동시에 보는 관점'이 중요한가요?

1. 예측 불가능한 미래에 대비합니다.

오늘의 성공이 내일의 실패를 보장하는 것은 아닙니다. 훌륭한 리더는 눈앞의 성과에만 집중하지 않고, 미래에 닥쳐올 변화를 예측하며 조직을 준비시켜야 합니다. 시장의 흐름을 읽고, 새로운 기술 트렌드를 파악하며, 경쟁사의 전략을 분석하는 것은 조직의 지속 가능한 성장을 위한 가장 중요한 투자입니다.

- **예시:** "스마트폰이 막 등장하던 시절, 피처폰 시장에서 최고의 자리를 지키던 기업이 있었습니다. 그들은 '피처폰'이라는 나무만 보았고, '스마트폰'이라는 새로운 숲이 형성되고 있다는 것을 깨닫지 못했습니다. 결국 그들은 급변하는 시장에서 뒤처지고 말았습니다."

2. 조직의 방향성을 명확히 합니다.

조직의 규모가 커질수록, 각 팀은 자신이 맡은 '나무'에만 집중하기 쉽습니다. 이때 리더의 역할은 팀원들에게 '우리가 지금 어디로 가고 있는지'를 명확하게 알려주는 것입니다. '숲'이라는 큰 그림을 공유하면, 팀원들은 각자의 '나무'가 전체 그림에 어떤 역할을 하는지 이해하고, 더 큰 목표를 향해 나아가게 됩니다.

- **예시:** "이번 프로젝트는 단순히 새로운 앱을 만드는 것이 아니라, 5년 후 우리 회사가 'AI 기반의 개인화 서비스' 분야에서 선두를 차지하기 위한 첫걸음입니다."라고 비전을 제시하면, 팀원들은 자신의 업무에 대한 의미와 중요성을 깨닫게 됩니다.

3. 혁신을 이끌어냅니다.

전략적 사고는 기존의 틀에서 벗어난 혁신적인 아이디어를 만들어내는 원동력이 됩니다. '숲'을 보는 시야는 당신이 새로운 시장 기회를 발견하고, 기존의 비즈니스 모델을 재정의하며, 조직을 한 단계 더 성장시키는 혁신적인 결정을 내리도록 돕습니다.

- **예시:** "넷플릭스는 '온라인 스트리밍'이라는 숲을 보고, 'DVD 대여'라는 나무에서 과감하게 벗어났습니다. 그 결과 그들은 단순히 영화를 빌려주는 회사가 아니라, 전 세계 엔터테인먼트 시장을 주도하는 기업이 될 수 있었습니다."

'숲과 나무를 동시에 보는 관점'은 당신의 리더십을 한 단계 더 끌어올리는 핵심 역량입니다.

- **예측 불가능한 미래에 대한 대응:** 위기는 언제나 찾아옵니다. 최고의 리더는 위기 상황을 예측하고, 이를 기회로 바꾸는 능력을 갖추어야 합니다. 이는 단순히 문제를 해결하는 것을 넘어, 문제를 예방하고 미래를 창조하는 능력입니다.

왜 예측 불가능한 미래에 대한 대응이 중요한가요?

1. 위기를 기회로 바꾸는 능력

훌륭한 리더는 위기 상황을 단순한 장애물이 아닌, 성장의 기회로 인식합니다. 위기가 닥쳤을 때, 리더는 팀을 안정시키고 새로운 해결책을 모색하여 위기 이전보다 더 강력한 조직으로 만듭니다.

- **예시:** "코로나19 팬데믹으로 인해 오프라인 매장이 위기를 겪었을 때, 한 기업의 리더는 '온라인 채널 강화'라는 새로운 전략을 빠르게 수립했습니다. 그 결과, 그들은 오프라인 매출 감소를 극복하고, 새로운 온라인 시장을 개척하는 기회를 얻을 수 있었습니다."

2. 문제를 예방하고 미래를 창조하는 능력

최고의 리더는 위기가 닥치기 전에 미리 대비합니다. 시장의 변화를 예측하고, 잠재적인 위험 요소를 사전에 파악하여 문제를 예방하는 시스템을 구축합니다. 이는 조직의 안정성을 높이고, 미래를 창조하는 데 중요한 역할을 합니다.

- **예시:** "한 IT 기업의 리더는 '사이버 보안'의 중요성을 미리 예측하고, 팀에 보안 전문가를 채용하고 시스템을 강화했습니다. 그 결과, 다른 기업들이 해킹 문제로 위기를 겪었을 때, 그들은 안전하게 사업을 이어

갈 수 있었습니다."

3. 팀원들에게 안정감을 줍니다.

리더가 위기 상황에 침착하게 대응하고, 명확한 방향을 제시하면 팀원들은 안정감을 느낍니다. 팀의 사기를 높이고, 팀원들이 리더를 신뢰하며 위기를 함께 극복하는 데 이러한 안정감이 큰 힘이 됩니다.

- **예시:** "프로젝트가 실패했을 때, 리더는 '우리에게는 이 위기를 극복할 힘이 있다'고 말하며 팀원들을 독려했습니다. 리더의 침착한 모습 덕분에 저희는 좌절하지 않고, 실패의 원인을 분석하며 다음을 기약할 수 있었습니다."

예측 불가능한 미래는 당신의 리더십을 시험하는 가장 중요한 시험대가 될 것입니다. 위기를 기회로 바꾸고, 미래를 창조하는 리더가 되어보세요.

10장. 리더로서의 삶, 그리고 인생관

▶ '강한 정신력'과 '겸손함'의 균형: 대표이사의 자리는 외롭고 고된 자리다. 이때는 어떤 압박에도 흔들리지 않는 강한 정신력이 필요하다. 동시에, 팀원들의 의견에 귀 기울이고 자신의 한계를 인정하는 겸손함이 동반되어야 한다.

왜 '강한 정신력'과 '겸손함'의 균형이 중요한가요?

1. 강한 정신력: 흔들리지 않는 중심

리더는 조직에서 가장 큰 압박감을 받는 사람입니다. 시장의 실패, 재정적인 어려움, 팀원들 간의 갈등 등 수많은 문제 앞에서 흔들리지 않는 강한 정신력은 리더가 올바른 결정을 내리고, 팀원들에게 안정감을 주는 데 필수적입니다.

- **예시:** "회사가 큰 위기를 겪었을 때, A 대표는 '저는 여러분을 믿습니다. 우리가 함께라면 이 어려움을 극복할 수 있습니다'라고 말하며 팀원들을 독려했습니다. 그의 흔들리지 않는 모습 덕분에 팀원들은 좌절하지 않고

함께 위기를 극복할 수 있었습니다."

2. 겸손함: 성장을 위한 지혜

아무리 뛰어난 리더라도 모든 것을 알 수는 없습니다. 자신의 한계를 인정하고, 팀원들의 의견에 귀 기울이는 겸손함은 조직을 더 현명하게 만듭니다. 팀원들은 리더가 자신의 의견을 존중해줄 때 더 큰 책임감을 느끼고, 더 좋은 아이디어를 내놓게 됩니다.

- **예시:** "B 대표가 '이 분야는 저보다 여러분이 더 잘 아실 겁니다. 여러분의 의견을 듣고 싶습니다'라고 말하며 팀원들의 의견을 경청했습니다. 그 결과, 팀원들은 주인의식을 가지고 프로젝트에 임했고, 혁신적인 해결책을 만들어낼 수 있었습니다."

3. 두 가지 자질의 균형: 최고의 시너지

강한 정신력은 리더가 흔들리지 않고 나아갈 힘을 줍니다. 그리고 겸손함은 그 길을 함께 걸어갈 팀원들의 마음을 얻게 만듭니다. 이 두 가지 자질이 균형을 이룰 때, 리더는 혼자서 모든 것을 이끌어가는 것이 아니라, 팀 전체의 지혜를 모아 최고의 결과를 만들어내는 진정한 리더가 됩니다.

- **예시:** "C 리더는 '우리 팀이 최고가 되기 위해서는 저의 강한 리더십과 여

러분의 뛰어난 아이디어가 모두 필요합니다'라고 말하며, 강한 정신력과 겸손함을 동시에 보여주었습니다. 그의 리더십 아래 팀은 놀라운 성과를 이룰 수 있었습니다."

강한 정신력으로 팀의 중심을 잡고, 겸손함으로 팀원들의 마음을 얻으세요.

최고의 리더는 단순히 수익 창출을 넘어, 조직의 **윤리적 책임**과 **사회적 기여**에 대해 깊이 고민해야 합니다. '우리의 일이 세상에 어떤 긍정적인 영향을 미칠 수 있을까?'라는 질문은 리더로서의 삶에 깊은 의미를 부여하고, 조직의 지속 가능한 성장을 위한 중요한 동력이 됩니다.

왜 윤리적 책임과 사회적 기여가 중요한가요?

1. 조직의 지속 가능성 확보

단기적인 이익만을 추구하는 기업은 결국 소비자들의 외면을 받게 됩니다. 반면, 윤리적인 경영을 실천하고 사회적 가치에 기여하는 기업은 소비자들에게 신뢰를 얻고, 브랜드 이미지를 강화하여 장기적으로 지속 가능한 성장을 이룰 수 있습니다.

- **예시:** "한 기업은 친환경 제품을 개발하고, 수익의 일부를 환경 보호 단체에 기부하는 사회적 책임 활동을 꾸준히 펼쳤습니다. 그 결과, 그들은 '환경을 생각하는 착한 기업'이라는 긍정적인 이미지를 구축했고, 소비자들의 적극적인 지지를 얻을 수 있었습니다."

2. 팀원들의 자긍심 고취

팀원들은 단순히 월급을 받는 것을 넘어, 자신이 하는 일에 대해 자긍심을 느끼고 싶어 합니다. 리더가 조직의 사회적 책임을 강조하고, 팀원들이 사회에 긍정적인 영향을 미치는 일에 참여하도록 독려하면, 팀원들의 업무 만족도와 몰입도가 크게 향상됩니다.

- **예시:** "한 IT 기업의 대표는 '우리의 기술은 더 많은 사람들에게 교육의 기회를 제공하기 위해 존재한다'고 말했습니다. 이러한 비전 덕분에 팀원들은 자신의 기술이 사회에 긍정적인 영향을 미친다는 보람을 느끼며, 더욱 열정적으로 일하게 되었습니다."

3. 리더의 삶에 의미 부여

'우리가 하는 일이 세상에 어떤 긍정적인 영향을 미칠 수 있을까?'라는 질문은 리더로서의 삶에 깊은 의미를 부여합니다. 리더는 단순히 회사의 이익을 극대화하는 것을 넘어, 자신의 리더십을 통해 더 나은 세상을 만드는 데 기여한다는 보람을 느끼게 됩니다.

- **예시:** "D 대표는 '우리가 만드는 모든 제품은 사람들의 삶을 더 편리하게 만드는 데 기여해야 한다'는 철학을 가지고 사업을 운영했습니다. 그의 리더십 아래 회사는 큰 성공을 거두었고, 그는 '사람들의 삶에 긍정적인 변화를 가져온 리더'로 존경받게 되었습니다."

윤리적 책임과 사회적 기여는 리더의 역량을 한 단계 더 끌어올리는 중요한 가치입니다.

11장. 외국계 기업, 나만의 성공 신화를 써 내려가다

이 장은 저의 28년간의 외국계 기업 경험과 한국 법인 대표이사까지 오른 여정을 바탕으로, 독자들이 자신만의 강점을 살려 커리어를 구축하고 끊임없이 성장하며 최고의 자리까지 오를 수 있도록 돕는 실질적인 조언과 영감을 제공합니다.

나만의 강점을 살린 커리어 구축 전략

외국계 기업은 다양성과 개성을 존중하며, 개인의 강점을 최대한 발휘할 수 있는 기회를 제공합니다. 나만의 강점을 살려 성공적인 커리어를 구축하기 위해서는 전략적인 접근이 필요합니다.

자기 이해: '나'를 명확히 정의하기

- **핵심 강점 파악:** 단순히 "열심히 한다"는 추상적인 강점보다는, 구체적인 기술(Hard Skill)과 성격/태도(Soft Skill)를 명확히 정의하세요.
  - ❖ **하드 스킬:** 데이터 분석, 특정 소프트웨어 활용 능력, 외국어 구사 능

력, 특정 산업 지식 등.

- ❖ **소프트 스킬:** 문제 해결 능력, 커뮤니케이션 능력, 협업 능력, 리더십, 적응력, 창의성, 회복 탄력성 등.
- ❖ **예시:** "저는 복잡한 데이터를 시각화하여 비즈니스 인사이트를 도출하는 데 강점이 있습니다." 또는 "저는 다양한 문화적 배경을 가진 팀원들과의 협업을 통해 시너지를 창출하는 데 탁월합니다."
- ❖ **저자의 경험:** "제가 커리어 초기에 가장 공들였던 것이 바로 '나 자신을 아는 것'이었습니다. 어떤 업무를 할 때 몰입하고 성과를 내는지, 어떤 상황에서 강점을 발휘하는지 끊임없이 기록하고 분석했습니다. 이를 통해 저는 '전략적 사고'와 '강력한 실행력'이 저의 핵심 강점임을 깨달았고, 이 강점을 살릴 수 있는 직무와 프로젝트를 찾아 집중했습니다."

- **가치관 및 열정 분석:** 어떤 일을 할 때 가장 즐겁고 몰입하는지, 어떤 가치를 중요하게 생각하는지 파악하세요. 이는 장기적인 커리어 만족도와 직결됩니다.

- **약점 인식 및 보완 계획:** 강점만큼이나 약점을 인식하고, 이를 보완하거나 강점으로 상쇄할 수 있는 방안을 모색하는 것도 중요합니다.

시장 및 직무 이해: '나'의 강점이 발휘될 최적의 환경 찾기

- **외국계 기업 문화 이해:** 외국계 기업은 본사의 문화, 산업 특성, 지사

규모 등에 따라 다양한 문화를 가집니다. 자신이 선호하는 조직 문화(자율성 vs. 체계성, 성과 중심 vs. 관계 중심 등)를 가진 기업을 탐색하세요.

- **타깃 직무 분석:** 자신의 강점이 가장 잘 발휘될 수 있는 직무를 구체적으로 파악합니다. 해당 직무에 필요한 역량, 성장 경로, 업계 동향 등을 심층적으로 조사하세요.

- **네트워킹을 통한 정보 수집:** 해당 분야의 외국계 기업에 재직 중인 사람들과 네트워킹을 통해 실제 직무 환경, 필요한 역량, 커리어 경로 등에 대한 생생한 정보를 얻으세요.

강점 기반의 커리어 개발 전략

- **전문성 심화:** 자신의 핵심 강점 분야에서 독보적인 전문성을 갖추기 위해 끊임없이 학습하고 경험을 쌓으세요. 관련 자격증 취득, 전문 교육 수강, 프로젝트 참여 등을 통해 '대체 불가능한 인재'가 되세요.

- **강점을 활용한 문제 해결:** 업무나 프로젝트 수행 시 자신의 강점을 적극적으로 활용하여 문제를 해결하고 성과를 창출하세요. 이는 당신의 가치를 증명하는 가장 확실한 방법입니다.

- **저자의 경험:** "한국 법인 대표이사로 부임했을 때, 시장 점유율 정체라는

큰 문제에 직면했습니다. 저는 저의 강점인 '데이터 분석'과 '전략 수립' 능력을 총동원하여 시장 데이터를 심층 분석했고, 경쟁사 전략의 허점을 파악했습니다. 그리고 이를 바탕으로 새로운 유통 채널 전략을 수립하여 실행에 옮겼습니다. 결과적으로 1년 만에 시장 점유율을 유의미하게 끌어올릴 수 있었습니다. 이처럼 자신의 강점을 실제 문제 해결에 적용하는 것이 중요합니다."

- **개인 브랜딩 강화:** 자신의 강점과 전문성을 외부에 알리는 개인 브랜딩을 구축하세요. LinkedIn 프로필 최적화, 전문 블로그 운영, 관련 커뮤니티 활동, 컨퍼런스 발표 등을 통해 자신을 포지셔닝하세요.

- **다양한 경험 쌓기:** 특정 분야의 전문성을 심화하는 동시에, 다양한 직무나 프로젝트 경험을 통해 시야를 넓히고 새로운 강점을 발견하는 것도 중요합니다. 특히 외국계 기업에서는 **교차 기능 팀(Cross-functional Team) 경험**이나 **글로벌 프로젝트 참여**가 큰 강점이 될 수 있습니다.

- **멘토링 및 코칭 활용:** 자신의 강점을 더욱 발전시키고 약점을 보완하기 위해 멘토나 코치의 도움을 받으세요. 경험이 풍부한 선배나 전문가의 조언은 커리어 성장에 큰 가속도를 붙여줄 것입니다.

나만의 강점 기반 커리어 설계 프로세스

- **자기 이해:** '나는 어떤 사람인가?'에 대한 깊이 있는 질문을 통해 강점, 약

점, 가치관, 열정을 파악합니다.

- **강점 파악:** 자기 이해를 바탕으로 구체적인 기술(Hard Skill)과 태도(Soft Skill) 등 핵심 강점을 정의합니다.

- **시장/직무 매칭:** 파악한 강점을 활용할 수 있는 시장과 직무를 탐색하고, 자신에게 맞는 커리어 방향을 설정합니다.

- **역량 개발:** 목표한 직무에 필요한 역량을 강화하기 위한 학습 및 경험을 쌓습니다.

- **강점 활용/성과 창출:** 실제 업무에서 자신의 강점을 의식적으로 활용하여 성과를 창출합니다.

- **개인 브랜딩:** 성과를 바탕으로 자신의 전문성을 외부에 알리고, 전문가 네트워크를 구축합니다.

커뮤니케이션 및 네트워킹 전략

- **강점을 효과적으로 어필:** 면접이나 업무 보고 시 자신의 강점을 명확하고 설득력 있게 전달하는 연습을 하세요. 단순히 "저는 강점이 많습니다"가 아니라, "이러한 상황에서 저의 [강점]을 활용하여 [구체적인 성과]를 달성했습니다"와 같이 스토리텔링 방식으로 설명하는 것이 효과적입니다.

- **글로벌 네트워킹 확장:** 외국계 기업은 글로벌 네트워크가 중요합니다. LinkedIn을 적극 활용하고, 국제 컨퍼런스나 웨비나에 참여하여 다양한 국적과 배경을 가진 사람들과 교류하며 인맥을 넓히세요. 이 과정에서 문화적 차이를 이해하고 존중하는 태도를 보여주는 것이 중요합니다.

- **피드백 적극 수용:** 상사나 동료로부터 받는 피드백을 자신의 강점을 더욱 발전시키고 약점을 보완하는 기회로 삼으세요. 특히 외국계 기업에서는 솔직하고 직접적인 피드백 문화가 일반적이므로, 이러한 피드백을 긍정적으로 받아들이는 자세가 필요합니다.

나만의 강점을 살린 커리어 구축은 단순히 '어떤 회사에 들어갈까'를 넘어, '어떤 리더로 성장할 것인가'에 대한 장기적인 비전을 세우는 과정입니다. 끊임없이 자신을 탐색하고, 배우고, 도전하며, 당신만의 독특한 가치를 만들어나가세요.

끊임없는 도전과 성장을 위한 마인드셋

끊임없는 성장은 단순히 지식이나 기술을 습득하는 것을 넘어, 변화를 기회로 삼고, 실패를 두려워하지 않으며, 스스로를 지속적으로 발전시키려는 의지와 태도를 의미합니다. 이러한 태도는 개인의 삶과 커리어 전반에 걸쳐 필수적인 요소이며, 특히 급변하는 현대 사회에서는 더욱 중요합니다.

성장을 위한 '도전' 전략

성장은 편안한 영역(Comfort Zone) 밖에서 이루어집니다. 의도적인 도전을 통해 자신의 한계를 넘어서는 경험을 해야 합니다.

- **목표를 높게 설정하고, 점진적으로 확장하기:**
  - ❖ 현재 자신의 역량보다 약간 더 어려운, 그러나 달성 불가능하지는 않은 목표를 설정합니다. 이를 통해 성취감을 느끼고 다음 단계로 나아갈 동력을 얻습니다.
  - ❖ **예시:** "이번 분기에는 새로운 프로그래밍 언어를 마스터하겠다" 또는 "익숙하지 않은 분야의 프로젝트에 자원하겠다"
  - ❖ **저자의 경험:** "저는 대표이사로 부임 후, 새로운 비즈니스 모델 도입이라는 큰 도전을 감행했습니다. 초기에는 많은 반대가 있었고, 실패에 대한 두려움도 컸습니다. 하지만 저는 이 도전을 통해 조직을 한 단계 더 성장시킬 수 있다고 확신했고, 작은 성공들을 쌓아가며 점진적으로 목표를 확장해 나갔습니다. 결국 이 도전은 회사의 새로운 성장 동력이 되었습니다."

- **실패를 학습의 기회로 삼기:**
  - ❖ 도전은 필연적으로 실패를 수반합니다. 실패를 두려워하기보다, 실패를 통해 무엇을 배웠는지 분석하고 다음 시도에 반영하는 태도가 중요합니다.
  - ❖ "실패는 성공의 어머니다"라는 말처럼, 실패는 성장을 위한 가장 강

력한 연료가 될 수 있습니다.

- **새로운 경험에 기꺼이 뛰어들기:**
  - ❖ 익숙한 환경을 벗어나 새로운 분야, 새로운 사람들과의 교류를 통해 시야를 넓히고 새로운 관점을 얻습니다.
  - ❖ **예시:** 다른 부서와의 협업, 해외 파견, 새로운 취미 활동, 봉사 활동 등.

- **지속적인 학습 습관화:**
  - ❖ 책, 온라인 강의, 세미나, 멘토링 등 다양한 채널을 통해 꾸준히 새로운 지식과 기술을 습득합니다.
  - ❖ 특히 '학습 민첩성(Learning Agility)'을 길러, 빠르게 변화하는 환경에 맞춰 새로운 것을 배우고 기존의 것을 버리는 유연성을 갖춥니다.

성장을 위한 '마인드셋'

성장을 위한 도전은 올바른 마인드셋이 뒷받침될 때 비로소 효과를 발휘합니다.

- **성장 마인드셋(Growth Mindset) 갖기:**
  - ❖ 자신의 능력과 지능은 고정된 것이 아니라, 노력과 경험을 통해 얼마든지 발전할 수 있다는 믿음입니다.
  - ❖ 실패를 자신의 한계가 아닌, 배우고 성장할 수 있는 기회로 인식합니다.
  - ❖ "나는 할 수 있다"는 긍정적인 자기 효능감을 가지고, 도전을 즐기는

태도를 가집니다.

성장 마인드셋 vs. 고정 마인드셋 비교

특징	성장 마인드셋 (Growth Mindset)	고정 마인드셋 (Fixed Mindset)
능력에 대한 믿음	"노력하면 능력은 발전한다."	"능력은 타고나는 것이고 변하지 않는다."
도전에 대한 태도	"도전은 배움의 기회다."	"도전은 내 능력을 증명해야 하는 부담이다."
실패에 대한 태도	"실수는 성장의 과정일 뿐이다."	"실수는 내 능력이 부족하다는 증거다."
노력에 대한 믿음	"노력은 성공의 핵심이다."	"노력해도 안될 사람은 안 된다."
타인의 피드백	"피드백은 발전을 위한 정보다."	"피드백은 나에 대한 비난이다."

- **회복 탄력성(Resilience) 키우기:**
  - ❖ 어려움이나 역경에 직면했을 때 좌절하지 않고, 다시 일어서서 극복해내는 능력입니다.
  - ❖ 스트레스와 불확실성을 관리하고, 긍정적인 마음가짐으로 문제를 해결해 나가는 힘을 기릅니다.
  - ❖ **저자의 경험:** "외국계 기업에서 경영진으로 일하면서 수많은 위기와 실패를 경험했습니다. 시장 상황 악화, 본사와의 갈등, 핵심 인재 이

탈 등 예측 불가능한 상황들이 많았죠. 그때마다 저는 '회복 탄력성'을 발휘하려고 노력했습니다. 좌절하기보다는 '이 상황에서 무엇을 배울 수 있을까?', '어떻게 다시 일어설까?'를 고민하며 팀원들과 함께 해결책을 찾아 나갔습니다. 결국 이러한 경험들이 저를 더 강하게 만들었습니다."

- **호기심과 개방성 유지:**
  - ❖ 세상과 주변 현상에 대한 끊임없는 호기심을 가지고, 새로운 아이디어와 관점에 대해 열린 마음을 가집니다.
  - ❖ 자신과 다른 의견이나 방식을 가진 사람들에게서도 배울 점을 찾으려 노력합니다.

- **목적 의식 갖기:**
  - ❖ 자신이 왜 성장해야 하는지, 무엇을 위해 노력하는지에 대한 명확한 목적 의식을 가집니다. 이는 동기 부여를 지속하고 어려움을 극복하는 데 큰 힘이 됩니다.
  - ❖ 개인의 성장 목표가 조직의 비전이나 사회적 가치와 연결될 때 더욱 강력한 시너지를 낼 수 있습니다.

- **자기 성찰과 감사:**
  - ❖ 자신의 행동과 생각, 감정을 주기적으로 돌아보고 성찰하는 시간을 가집니다.
  - ❖ 작은 성공에도 감사하고, 주변 사람들의 도움에 감사하는 마음은 긍

정적인 에너지를 유지하는 데 도움이 됩니다.

끊임없는 성장은 일회성 이벤트가 아니라, 삶의 태도이자 지속적인 여정입니다. 올바른 마인드셋을 바탕으로 의도적인 도전을 반복하고, 그 과정에서 배우고 개선해 나간다면 당신은 어떤 환경에서도 성장하고 발전하는 리더가 될 수 있을 것입니다.

12장. 외국계 기업 경영진의 성공 스토리 (저자의 경험을 녹여낸 구체적인 사례)

이 섹션에서는 저의 28년 외국계 기업 경험과 한국 법인 대표이사까지 오른 여정을 구체적인 사례와 함께 풀어냅니다. 이는 독자들에게 현실적인 영감과 실질적인 교훈을 제공할 것입니다.

저자의 커리어 여정 타임라인

WURTH INDUSTRY KOREA(유)	현) 대표이사(4년 이상 근속 중)
FESTO KOREA(주)	전자산업 본부장(9년 근무)
경동솔라(주)	해외사업부 그룹장(1.9년 근무)
케이씨텍(주)	해외영업팀 팀장(3년 근무)
CORNING KOREA(주)	특수글라스 영업팀 팀장(1.7년 근무)
MEMC KOREA(주)	공정 엔지니어(7.5년 근무)
경북대학교 화학공학과	학사/석사 학위

저자의 경험에서 배우는 성공과 실패의 교훈

외국계 기업 경영진으로서의 경험은 국내 기업과는 다른 환경에서 오는 특유의 도전과 기회를 마주하게 합니다. 저의 성공과 실패를 통해 얻은 교훈은 독자들의 성장과 리더십 발전에 지대한 영향을 미칠 것입니다.

성공을 통해 얻은 교훈:

- **글로벌 비전과 현지화의 균형:** "제가 한국 법인 대표이사로서 가장 중요하게 생각했던 것은 본사의 글로벌 비전을 충실히 따르면서도, 한국 시장의 특수성을 이해하고 반영하는 것이었습니다. 본사에서 강력하게 추진하던 글로벌 마케팅 캠페인이 한국 시장에서는 통하지 않을 것이라는 판단이 들 때, 저는 과감히 본사를 설득하여 한국 시장에 맞는 현지화 전략을 제안하고 실행했습니다. 처음에는 본사의 저항도 있었지만, 결국 현지화 전략이 성공적인 매출 증대로 이어지자 본사에서도 저의 의견을 신뢰하게 되었습니다. 글로벌 스탠다드를 이해하되, 현지화의 중요성을 간과해서는 안 됩니다."

- **다양성과 포용성의 리더십:** "제가 이끌던 팀에는 다양한 국적과 배경을 가진 팀원들이 있었습니다. 이들의 강점을 최대한 끌어내기 위해 저는 '포용적인 리더십'을 실천했습니다. 회의에서는 직급과 관계없이 모두에게 발언 기회를 주었고, 서로 다른 의견이 충돌할 때는 중재자 역할을 하며 합의점을 찾도록 도왔습니다. 특히 문화적 차이로 인한 오해가 발생

했을 때는 개인적인 대화를 통해 서로의 입장을 이해시키고 신뢰를 회복하는 데 주력했습니다. 다양성을 존중할 때 비로소 진정한 시너지가 발휘된다는 것을 깨달았습니다."

- **데이터 기반의 빠른 의사결정:** "외국계 기업에서는 '데이터'가 곧 언어입니다. 저는 모든 중요한 의사결정을 내릴 때 반드시 객관적인 데이터를 기반으로 했습니다. 시장 조사 데이터, 고객 피드백, 재무 지표 등을 철저히 분석하여 전략을 수립하고, 이를 본사에 보고할 때도 데이터로 설득했습니다. 특히 급변하는 시장 상황에서는 데이터 분석을 통해 신속하게 의사결정을 내리고 실행하는 것이 중요했습니다."

- **강력한 커뮤니케이션 및 설득력:** "본사와의 소통은 항상 도전이었습니다. 저는 한국 시장의 특수성과 우리의 전략을 본사에 명확하고 논리적으로 설득하기 위해 수많은 프레젠테이션과 이메일, 화상 회의를 거쳤습니다. 특히 단순한 보고를 넘어, 본사의 비전과 우리의 전략이 어떻게 연결되는지, 어떤 시너지를 낼 수 있는지를 설득력 있게 전달하는 데 집중했습니다. 결국 본사의 신뢰를 얻고 더 많은 자율권을 확보하는 데 이러한 전략이 결정적인 역할을 했습니다."

- **지속적인 학습과 성장(Learning Agility):** "28년간의 커리어 동안 저는 끊임없이 새로운 것을 배우고 적응해야 했습니다. 새로운 기술 트렌드, 시장 변화, 경쟁 환경 등 모든 것이 빠르게 변했죠. 저는 항상 '학습 민첩성'을 발휘하려 노력했습니다. 새로운 분야의 책을 읽고, 온라인 강의를

수강하며, 전문가들과 교류했습니다. 특히 실패했을 때는 그 원인을 철저히 분석하고 다음에는 다른 방식으로 시도하는 것을 주저하지 않았습니다. 배움을 멈추는 순간, 성장은 멈춘다는 것을 몸소 깨달았습니다."

실패를 통해 얻은 교훈:

- **문화적 차이 간과:** "초기 리더 시절, 저는 본사의 성공적인 마케팅 전략을 한국 시장에 그대로 적용하려다 큰 실패를 경험했습니다. 본사의 전략이 너무 공격적이고 한국 소비자의 정서와 맞지 않았음에도 불구하고, '글로벌 스탠다드'라는 이유로 현지 팀원들의 우려를 간과했습니다. 결과는 참담했고, 저는 현지 시장에 대한 깊은 이해와 문화적 차이 존중의 중요성을 뼈저리게 깨달았습니다."

- **비전 공유 및 공감대 형성 부족:** "한때 제가 야심 차게 추진했던 프로젝트가 팀원들의 공감대를 얻지 못해 좌초될 뻔한 적이 있습니다. 저는 저의 비전이 너무나 명확했기에 팀원들도 당연히 이해할 것이라고 생각했습니다. 하지만 충분한 소통과 설득 과정 없이 일방적으로 비전을 제시했고, 자연히 팀원들의 저항과 낮은 참여율로 이어졌습니다. 이 경험을 통해 리더는 비전을 제시하는 것만큼이나, 팀원들이 그 비전에 공감하고 주도적으로 참여하도록 만드는 것이 중요함을 깨달았습니다."

- **급격한 변화 추진과 저항 관리 실패:** "조직의 효율성을 높이기 위해 너무 급진적인 조직 개편을 단행했다가 큰 혼란을 겪은 적이 있습니다. 충분한 설명과 준비 없이 변화를 밀어붙였고, 직원들의 불안감과 반발을 초래했

습니다. 결국 변화는 성공적으로 안착하지 못했고, 저는 변화를 추진하기 위해서는 점진적인 설득의 과정을 거쳐야 하며, 변화에 대한 두려움과 저항을 미리 파악하고 관리하는 능력이 중요함을 배웠습니다."

- **권한 위임 및 신뢰 부족:** "제가 모든 것을 통제하려 했던 시기도 있었습니다. 팀원들을 믿지 못하고 사소한 것까지 직접 확인하고 지시했습니다. 그 결과 팀원들의 자율성을 저해하고, 결국 그들의 역량을 제한하며 동기를 저하시켰습니다. 이 경험을 통해 저는 적절한 권한 위임과 팀원에 대한 신뢰가 조직의 자율성과 혁신을 촉진하고, 더욱 큰 성과를 가져온다는 것을 깨달았습니다."

- **위기 관리 능력 부족:** "예기치 않은 시장 경쟁 심화와 본사의 예산 삭감이라는 이중고에 직면했을 때, 초기에는 당황하여 효과적으로 대응하지 못했습니다. 명확한 위기 관리 계획 없이 주먹구구식으로 대응하는 태도는 팀원들의 불안감을 가중시켰습니다. 이 경험을 통해 사전에 위기 시나리오를 예측하고, 신속하고 투명하게 대응할 수 있는 위기 관리 시스템과 리더십의 중요성을 절감했습니다."

- **결론적으로,** 외국계 기업 경영진으로서 성공과 실패를 경험하며 얻는 가장 큰 교훈은 결국 **글로벌 스탠다드와 현지화 사이의 균형을 찾아가는 지혜, 그리고 사람과 소통의 중요성**에 있습니다. 끊임없이 배우고, 문화적 다양성을 포용하며, 위기 속에서도 냉철함을 유지하는 능력이 바로 외국계 기업 경영진이 궁극적으로 갖춰야 할 핵심 역량이라고 할 수 있습니다.

| 에필로그 |

우리는 왜 '기술 전문가'를 넘어 '리더'가 되어야 하는가

오랜 시간 동안 다양한 기업의 문화를 경험하며, 저는 한 가지 공통된 질문을 품게 되었습니다. '왜 한국인들은 뛰어난 실력에도 불구하고 글로벌 무대에서 리더의 자리에 오르기 어려운가?' 이 질문은 지난 28년간의 제 커리어를 관통하는 가장 중요한 화두였습니다. 미국계, 독일계, 그리고 한국계 기업을 오가며 다양한 사람들을 만나고 수많은 프로젝트를 이끌어가는 과정에서, 저는 이 질문에 대한 나름의 답을 찾아낼 수 있었습니다. 이 책은 바로 그 답을 여러분과 공유하기 위한 작은 시도입니다.

우리는 흔히 실리콘 밸리를 비롯한 글로벌 시장에서 유대인과 인도인들의 성공 사례를 접합니다. 그들은 단순히 똑똑하거나 운이 좋아서 성공한 것이 아닙니다. 그들의 성공 뒤에는 수십 년, 혹은 수백 년에 걸쳐 형성된 강력한 **커뮤니티**와 **네트워킹 문화**, 그리고 **리더십**을 중시하는 독특한 배경이 존재합니다. 유대인들이 금융과 법률 분야에서, 인도인들이 IT 분야에서 압도적인 영향력을 행사하는 것은 우연이 아닙니다. 그들은 어려서부터 서로를 끌어주고 밀어주는 문화를 체화했으며, 기술을 넘어 경영과 리더십을 배우는 것을 당연하게 여겼습니다. 이와 달리, 한국인들은 개인의 뛰어난 **기술적 역량**에 모든 것을 쏟아붓는 경향이 강합니다. '열심히 일하면 언젠가 인정받을 것'이라는 믿음은 때로는 우리를 '뛰어난 기술 전문가'의 틀에 가두고, 더 넓은 세상으로 나아가지 못하게 하는 한계로 작용하기도 합니다.

저는 이 책을 통해 단순히 '어떻게 하면 성공할 수 있는가'라는 뻔한 조언을 하려는 것이 아닙니다. 대신, 우리가 가진 장점을 극대화하고, 동시에 부족한 점을 채워나갈 수 있는 구체적인 **전략과 방향**을 제시하고자 합니다. 저는 지난 28년간의 경험을 바탕으로, 우리가 넘어야 할 **세 가지 핵심 장벽**에 대해 이야기하고자 합니다. 바로 **커뮤니티, 소프트 스킬,** 그리고 **경력 경로**입니다.

우선, 우리는 '나 혼자 잘해서 성공한다'는 고정관념에서 벗어나야 합니다. 글로벌 조직에서는 **네트워킹**이 곧 힘입니다. 유대인과 인도인 커뮤니티가 그러했듯이, 우리 역시 서로를 지지하고 정보를 공유하는 **강력한 네트워크**를 구축해야 합니다. 혼자서는 해결하기 어려운 문제도 함께 머리를 맞대면 의외로 쉽게 풀릴 수 있습니다. 서로의 멘토가 되어주고, 기회를 열어주는 문화를 만들어가는 것. 이것이 우리가 가장 먼저 시작해야 할 일입니다.

둘째, 우리는 **기술력**이라는 하드 스킬만큼이나 **소프트 스킬**의 중요성을 깨달아야 합니다. 경영진이 되기 위해서는 뛰어난 기술력만으로는 부족합니다. 다른 사람의 의견을 경청하고 설득하는 **소통 능력,** 팀의 잠재력을 끌어내는 **리더십,** 그리고 복잡한 문제를 해결하는 **협상 능력**이 필수적입니다. 이 책에는 제가 직접 부딪히고 배우며 익힌 소프트 스킬 향상을 위한 실질적인 조언들이 담겨 있습니다.

마지막으로, 우리는 **경력 경로**에 대한 생각을 확장해야 합니다. '한 번 엔지니어는 평생 엔지니어'라는 공식은 더 이상 유효하지 않습니다. 기술직에서 관리직, 나아가 경영진으로 **경력의 전환**을 모색하는 것은 글로벌 리더로 성장하기 위한 필수적인 과정입니다. 기술 전문가의 길과 리더십의 길은 서로 다른 길이지만, 충분히 연결될 수 있습니다. 제가 경험했던 다양한 경로들을 통해, 여러분이 자신만의 길을 찾아가는 데 도움이 되었으면 합니다.

이 책은 단순히 성공한 사람들의 이야기가 아닙니다. 저 역시 수많은 시행착오와 좌절을 겪었습니다. 언어와 문화의 장벽 앞에서 좌절하기도 했고, 혼자라는 외로움에 힘겨워 하기도 했습니다. 하지만 그 모든 경험들이 오늘날의 저를 만들었습니다. 그리고 이 경험들을 통해 얻은 제 노하우가, 지금 이 순간 글로벌 무대에서 고군분투하고 있는 수많은 후배들에게 조금이나마 힘이 될 수 있다고 믿습니다.

이 책이 여러분에게 '나도 할 수 있다'는 용기를 심어주고, 앞으로 나아가야 할 방향을 제시하는 나침반이 되기를 바랍니다. 뛰어난 기술력을 가진 우리가, 서로를 돕고 리더십을 키워 나간다면, 언젠가 세계를 이끄는 수많은 한국계 리더들이 탄생할 것입니다. 그 시작의 작은 불꽃을 이 책이 지펴 주기를 기대합니다.

외국계 기업에서 꿈을 이뤄가는 당신에게

성공적인 꿈을 이루신 당신께 진심으로 축하의 말씀을 전합니다! 외국계 기업의 경영진이라는 목표를 달성하기까지 수많은 도전과 노력이 있었을 것입니다. 그 모든 과정을 이겨내고 이 자리에 서신 당신의 열정과 헌신에 깊은 존경을 표합니다.

이제 새로운 시작점에 서서, 당신이 이룬 성과를 마음껏 누리시길 바랍니다. 동시에, 다음 단계의 성장을 위한 몇 가지 조언을 드리고 싶습니다.

- **초심을 잃지 마세요:** 처음 이 꿈을 꾸었던 순간의 열정과 목표 의식을 기억하세요. 바쁜 일상 속에서도 당신을 이끈 근본적인 동기를 되새기며, 지치지 않고 나아갈 힘을 얻으세요.

- **지속적인 학습과 성장을 멈추지 마세요:** 정상에 올랐다고 해서 배움을 멈춰서는 안 됩니다. 빠르게 변화하는 글로벌 비즈니스 환경에서 당신의 역량을 계속해서 업데이트하고, 새로운 지식과 기술을 습득하는 데 투자하세요.

- **영향력을 선한 곳에 사용하세요:** 당신의 리더십과 영향력은 이제 더 많은 사람들에게 긍정적인 변화를 가져올 수 있습니다. 팀원들의 성장을 돕

고, 조직의 지속가능한 발전에 기여하며, 더 나아가 사회적 가치를 창출하는 데 당신의 리더십을 활용하세요.

- **균형 잡힌 삶을 유지하세요:** 성공적인 커리어만큼이나 중요한 것이 개인의 삶의 질입니다. 건강, 가족, 취미 등 소중한 것들을 잃지 않도록 균형을 유지하며, 재충전의 시간을 통해 더욱 단단해지세요.

- **겸손과 감사를 잊지 마세요:** 당신의 성공은 혼자만의 힘이 아니라, 수많은 사람들의 도움과 지지 덕분임을 기억하세요. 주변 사람들에게 항상 감사하는 마음을 표현하고, 겸손한 자세로 배우고 소통하세요.

당신은 이미 놀라운 성과를 이루어 냈습니다. 앞으로도 당신의 리더십이 더욱 빛나고, 더 큰 꿈을 향해 나아가는 멋진 여정이 되기를 진심으로 응원합니다. 다시 한번 축하 드립니다!

'조용한 신입'에서 '적극적인 동료'로, 그리고 마침내 '최고의 리더'로 성장하기까지의 여정은 결코 쉽지 않았습니다. 저도 수많은 시행착오를 겪었고, 때로는 '내가 과연 해낼 수 있을까?'라는 의심에 빠지기도 했죠. 하지만 이 모든 경험을 통해 한 가지 확실한 진리를 깨달았습니다. 성공은 혼자만의 힘으로 이뤄지는 것이 아니라, 함께 만들어가는 것이라는 사실입니다.

이 책은 단순히 성공하는 법을 알려주는 가이드북이 아닙니다. 낯설고 치열한 외국계 기업이라는 무대 위에서 당신만의 길을 찾아가는 '나침반'이자, 고립감에 흔들릴 때 다시 일어설 용기를 주는 '멘토'가 되기를 바랍니다. 물론 이 책이 모든 해답을 줄 수는 없겠죠. 만약 이 책이 당신의 모든 문제를 해결해줬다면, 저는 벌써 빌 게이츠 옆자리에서 코딩하고 있었을 겁니다. (아마 빌 게이츠도 그렇게 생각할 거예요.)

하지만 이 책은 당신의 커리어 여정에 든든한 동반자가 되어줄 것입니다. 어두운 밤바다를 항해하는 선장처럼, 당신의 리더십이라는 키를 잡고 목적지로 나아갈 수 있는 용기를 불어넣어 줄 것입니다.

당신의 이야기는 지금부터 시작이다

당신의 이야기는 아직 끝나지 않았습니다. 아니, 이제부터 시작입니다. 이 책을 덮는 순간, 당신은 이미 '성장'이라는 위대한 여정을 시작하게 될 테니까요.

그러니 이제, 당신의 자리에 앉아 더 이상 망설이지 마세요. 이 책을 읽으며 얻은 지혜를 바탕으로, 당신의 아이디어를 팀원들과 나누고, 새로운 도전을 시작하세요. 어쩌면 당신의 멋진 도전은 새로운 유니콘 기업의 탄생으로 이어질 수도 있습니다. 아니면 최소한, 동료들과 함께 퇴근 후 맛있는 저녁을 먹으며 "오늘 하루도 멋졌다"라고 말할 수 있는 소소한 행복을 얻게 될 것입니다.

당신의 멋진 도전을 응원합니다!